M. E. Pandura

Write me a Lovesong

Roman

Gegenstromschwimmer Verlag

Besuchen Sie uns im Internet:

www.gegenstromschwimmer-verlag.de

GEGENSTROMSCHWIMMER VERLAG

1. Auflage

Copyright © GEGENSTROMSCHWIMMER VERLAG, Barbing 2019

Umschlaggestaltung: © vannycreates Autorenservice

Bildmaterial: © Shutterstock & Can Stock Photo / Kobackpacko,

nfaustino, robynmac

Druck: bookpress, 1-408 Olstzyn (Polen)

ISBN Print: 978-3-947865-04-8

Für Mona,
meinen Fels in der Brandung,
meinen Anker in einer Welt ohne sicheren Hafen.

Meine Seelenschwester,
du hast meine Augen für die Wunder der Welt geöffnet.
Du hast mir den Glauben an mich selbst gegeben,
mich Geduld gelehrt
und was es bedeutet,
bedingungslos zu lieben.

Danke für 8 Jahre und 364 Tage voller Höhen und Tiefen,
in denen ich über mich hinauswachsen durfte.

In einer anderen Welt werden wir uns wiedersehen.

Prolog

N: Hi! Ich melde mich, weil du auf meinen Beitrag in der Songwriter-Gruppe geantwortet hast! :) Würdest du wirklich mal rein hören?

E: Hallo!
Klar, immer her damit!

N: Danke, dass du mir hilfst. Ich habe noch nicht viele Rocksongs geschrieben und bin deshalb unsicher, wo man noch was rausholen und verbessern kann.
StrangeWorld.mp3
ForgottenSeas.mp3

E: Kein Problem, ich hör es mir gleich an.

N: Dankeschön!
Ich schreibe sonst nur Country, habe erst vor kurzem mit Rock angefangen.

E: Toll, ich liebe Country! Also dafür, dass du noch nicht viel Erfahrung damit hast, ist es schon wirklich gut. Der Text gefällt mir. An der Melodie finde ich nicht viel auszusetzen. An der einen Stelle zwischen der zweiten und der dritten Strophe könntest du das Keyboard noch mehr in den Vordergrund holen, sonst ist es richtig gut.

N: Oh, vielen Dank, das notiere ich mir gleich!
*Welche Songs schreibst du denn? *neugierig bin**

E: Bin schon sehr lange beim Rock, da hängt mein Herz dran, deshalb bin ich da gerade gut im Fluss. ^^ Habe mich zuletzt vor, puh, ich glaube 12 Jahren an Country versucht, falls du es dir mal anhören magst...

N: Ja, natürlich! Ich helfe gerne, eine Hand wäscht die andere!

E: Sunset.mp3
LastLightOfDay.mp3

N: Dafür, dass du noch nicht viel Country geschrieben hast, finde ich nichts an der Melodie auszusetzen. ;)
Aber in der dritten Strophe von Sunset *könntest du hier mit einer kleinen Umformulierung erreichen, dass der Text flüssiger gesungen werden kann, dann klingt er geschmeidiger, und bei* Last Light Of Day *würde sich in Strophe zwei ein Synonym anbieten, außer, die Wortwiederholung ist stilistisch beabsichtigt... Wenn du mir den Text als .doc zukommen lässt, mache ich dir gerne Anmerkungen dazu.*

E: Wow, vielen Dank! Du schreibst wirklich gut, Texte sind deine Stärke, hm?

N: Dafür kann ich dir mit den Melodien rein gar nicht helfen, da scheint es nichts mehr zum Verbessern zu geben. Das macht aber wohl einfach die Erfahrung...

E: Naja, ich schreibe ja schon eine Weile. ;) Hab nur eine Zeitlang aufgehört.

N: Ich auch, habe erst vor zwei Jahren wieder angefangen. Die Lieder haben mir im Krankenhaus so viel Mut gemacht, seitdem kann ich nicht mehr aufhören...

E: Wenn es dir gut tut, dann solltest du das auch nicht. Die Musik bedeutet dir die Welt, das hört man, und du machst das wirklich gut. Weiter so! Ich bin mir sicher, so wirst du deinen Weg machen.

N: Du auch, deine Lieder haben definitiv Potential. Wenn ich mal Hilfe bei einem neuen Song brauche, darf ich mich wieder melden?

E: Aber klar! Muss jetzt leider schlafen gehen, morgen hab ich Frühschicht.

N: Ich leider auch, seufz. Das ist sooo mühsam. Ich wünschte, ich könnte von der Musik leben.

E: Geht mir auch so...

Nici lächelte, als ihre Augen über die Zeilen huschten, mit denen vor zwei Jahren alles begonnen hatte, dennoch war es ein trauriges Lächeln.

Alles war vorbei, und sie war daran schuld.

Sie und ihr dummes, naives Herz.

Erster Song

End Of Time

Nicoletta, von jedem liebevoll Nici genannt, legte das Buch weg, streckte sich und stand vom Sitz auf, um ein paar Schritte durch ihr Zugabteil zu gehen. Der Roman hatte sie eine gute Weile auf der langen Zugfahrt beschäftigt, aber jetzt schliefen ihr fast die Füße ein. Sie hatte kaum gemerkt, wie lange sie reglos da gesessen hatte, gefesselt von dieser spannenden Fantasy-Geschichte.

Die Landschaft flog am Fenster vorbei und einen Moment blieb sie stehen und sah ihr dabei zu. Seit sie aufgebrochen war, hatte sich das Bild nicht allzu sehr verändert: Da Felder, dort ein paar Hügel, hier ein bisschen Wald, Flüsse und andere Gewässer. Trotzdem liebte sie es, nach draußen zu sehen.

Von der Steiermark aus war sie mit dem Zug über Wien und Linz gefahren und würde bald in Frankfurt/Main aussteigen.

Sie konnte es immer noch nicht fassen, dass ihr der Durchbruch als Sängerin gelungen war! Sie würde in ein paar Tagen ihren ersten großen Auftritt in Frankfurt absolvieren und davor noch Studioaufnahmen machen. Dazwischen hatte sie frei und konnte endlich ihren langjährigen Internetfreund Elias persönlich kennenlernen, der sich als Songwriter selbstständig hatte machen können. Auch ihm war dieses Meisterstück vor kurzem gelungen, und dabei hatten sie sich gegenseitig motiviert, von unbekannt zu unbekannt. Und dennoch, er kannte sie wohl besser als viele andere Menschen, die im wahren Leben Zeit mit ihr verbrachten.

In gewissem Sinne hatten sie den Durchbruch einander zu verdanken. Mit ihren Songs auf Youtube hatte Nicoletta unter dem Künstlernamen *Leonita* schon eine kleine Fanbase gehabt, und ihre Songs hatten viele Leute berührt, aber irgendwie hatte das gewisse Etwas gefehlt, um den Absprung zu schaffen.

Elias schrieb geniale Musiknummern samt Text, aber hielt sich eher im Hintergrund. Auftritte, Medienpräsenz und ähnliches lagen ihm nicht. Das machte es ihm schwer, seine Songs an den Mann zu bringen. Er schaffte es nicht oft, welche an Agenturen oder kleinere Bands zu verkaufen und zog selten Aufträge an Land, aber keines dieser Lieder hatte es je in die Radiocharts oder auf große Bühnen geschafft.

Irgendwann hatte er ihr eine Melodie als Audioaufnahme per WhatsApp geschickt und die Noten dazu. Schon lange lasen sie die Songs des anderen, um sich Feedback zu geben. Doch das war etwas anderes gewesen, ging über den gewöhnlichen Austausch ihrer kreativen Stunden hinaus. Nici hatte die Musik gehört und die Noten betrachtet und ein leichtes Kribbeln gespürt. Das Lied war etwas Besonderes, das hatte sie sofort begriffen. Die Melodie berührte etwas in ihr. Als sie ihn fast anbettelte, er solle ihr den Text schicken, weil sie es singen wollte, gab Elias beschämt zu, dass ihm keiner einfiel. Ihm war das passiert, was jeder Künstler fürchtete: Er hatte eine Blockade. Er wusste, dass *End Of Time* gut war, aber ihm fehlte etwas Entscheidendes – die Inspiration für einen passenden Text.

Nicoletta hatte sich, die Melodie in Dauerschleife auf ihrem MP3-Player spielend, daraufhin in den Garten gesetzt und darüber nachgedacht. Sie hatte die Noten mit der Gitarre und dem Klavier gespielt und sie gesungen, noch ohne Text.

Und dann, als sie mit ihren Hunden durch die Wälder gestreift war und über Elias und ihre seltsame, fast schicksalhafte Freundschaft nachgegrübelt hatte, waren die Worte gekommen, hatten sie mitgerissen wie ein Fluss.

Sie war nach Hause gerannt und hatte begonnen zu schreiben. Sie hatte gefühlt hundert Notizzettel vollgekritzelt, auf die Tastatur ihres Laptops eingehackt und die Rohfassung dutzende Male vor sich hin gemurmelt und leise vor sich hin gesungen, bevor sie es wagte, Elias den Textvorschlag zu schicken. Er war begeistert gewesen und hatte sie gebeten, das Lied aufzunehmen.

Und das hatte sie getan.

Er fand es großartig, also hatte sie es mit seinem Einverständnis auf Youtube hochgeladen, mit einem Querverweis auf ihn als Songwriter.

Das Lied war auf Facebook viral gegangen und innerhalb weniger Tage hatte ihr Youtube-Kanal tausende Abonnements dazu bekommen. Die Zahl derer, die das Video ansahen, ging durch die Decke, und die ersten regionalen Radiosender luden sie, das neu gefeierte Stimmwunder, in die Studios ein.

Kurz darauf klopften – sprichwörtlich – die ersten Produzenten an ihre Türen und wollten das Lied, und sie, die Künstlerin.

Leonita war plötzlich begehrt und jeder wollte ihre Songs. Und die von Elias, der die Melodie zu diesem Lied geliefert hatte.

Sie war nicht berühmt, zumindest noch nicht, obwohl sie schon vom Gesang leben konnte. Im Alltag kam sie gut unerkannt durch, und das war ihr auch recht. Das lag nicht zuletzt daran, wie anders sie als *Leonita* auf der Bühne aussah: Dort wurde sie geschminkt und trug eine Perücke, ihre echten Haare trug sie in einer kecken Kurzhaarfrisur, mit der sie jünger wirkte, als sie war, und ihre Bühnenkleidung war bunt und zeigte Haut. Auf der Straße bevorzugte sie Tops und Blusen, bequeme Jeans und Turnschuhe. Nur zum Tanzen sah man sie in Cowboy-Stiefeln.

Sie hatte es abgelehnt, in einem voll ausgestatteten Wohnwagen auf Tournee zu gehen und in den Vier-Sterne-Hotels, auf denen der Produzent bestand, um die einfachsten Zimmer gefeilscht. Luxusleben war nicht ihr Ding. Wenn jemand ihr Auto gesehen hätte, den alten Dreitürer-Golf, der von vorne bis hinten Rostflecken zeigte, würde er nie glauben, dass sie im letzten Jahr das fünffache dessen verdient hatte, was bei ihrem früheren Job als Verkäuferin für sie raus gesprungen war. Sie machte Musik, weil sie es liebte, nicht wegen des Geldes. Sie steckte lieber alles in ihren Hof, eine Mischung aus Tierheim und Hundepension. Dort arbeitete sie auch als selbstständige Hundetrainerin. Deshalb hatte sie sich auf eine Europa-Tour beschränkt, bei der sie zwischendurch nach Hause konnte und es vorerst abgelehnt, nach Amerika zu fliegen. Sie wollte die Tiere nicht zu lange unter der Aufsicht ihrer Freundin Yamuna, der Pfleger und anderen Trainer allein lassen, auch wenn sie bei ihnen in guten Händen waren – sie liebte ihren Hof zu sehr, um ihn lange zu verlassen. Es gab keinen Ort, an dem sie sich so verwurzelt fühlte. Dort bekam sie neue Kraft und Motivation. Aber vor allem fand sie dort Tag für Tag neue Inspiration. Sie konnte nirgends so viel und vor allem so viel *Gutes* schreiben wie am Brunnen unter den Apfelbäumen in ihrem Garten oder in den Wäldern rund um ihr Dorf.

Sie warf einen Blick nach unten auf ihre rechte Hand, wo ihr stählerner Ehering glänzte. Sie hatte ihn nach der Scheidung von ihrem Mann Thomas umarbeiten lassen – sein Name und ihr Hochzeitsdatum waren unter einer dünnen Schicht Silber verschwunden. In diese war nun eine neue Gravur geprägt: *Music & Texting.*

Sie liebte diese Symbolik. Tja, sie war mit ihrer Arbeit verheiratet! Und die letzten Monate hatten ihr deutlich gezeigt, dass das für sie das Richtige war. Sie hatte ihre Leidenschaft in der Ehe sehr unterdrücken müssen, weil ihr Mann damit nicht zurechtgekommen war. Nun konnte sie sie ausleben und wenn das bedeutete, dass sie single sein musste, war es eben so.

Nie wieder würde die Musik für sie an zweiter Stelle stehen!

Viele würden es vielleicht befremdlich finden, wenn sie wüssten, dass sie ihren Ehering noch trug – noch dazu am Ringfinger, als wäre sie noch verheiratet. Aber für sie fühlte es sich richtig an. Sie wollte die Zeit mit ihrem Ex nicht aus ihrem Gedächtnis streichen – sie waren einige Jahre verheiratet und noch viel länger zusammen gewesen. Auch wenn sie den Ring nicht mehr tragen würde, wäre es ein Teil ihres Lebens. Man konnte die Vergangenheit nicht löschen, und das war gut und richtig so.

Sie musste zugeben, dass sie schon lange nicht mehr glücklich gewesen waren. Wann ihr Mann ihr zuletzt Komplimente gemacht hatte, hätte sie im Nachhinein gar nicht mehr sagen können. Ihren Kurzhaarschnitt hatte er als unweiblich bezeichnet und gemeint, sie sähe aus wie ein Mann, und bei jedem neuen Tattoo konnte sie sich zuhause auf ein Donnerwetter gefasst machen, weil ihm diese nicht gefielen.

Sie konnte sich noch fast wortwörtlich an einen ihrer Streits erinnern...

»Wenn ich dir gefallen würde, würdest du mich auch mit kurzen Haaren und Tattoos mögen!«, hatte sie ihm gekränkt vorgeworfen.

»Tut mir leid, aber ich finde, Frauen mit kurzen Haaren sehen nun mal aus wie Männer! Wenn du nicht so eine große Oberweite hättest, würde man dich nicht als Frau erkennen. Das ist nun mal so! Ich finde das unweiblich!«

Ihre nächste Bemerkung war ziemlich bissig gewesen, sie bereute sie trotzdem nicht. »Wer die Weiblichkeit einer Frau an der Haarlänge festmacht, weiß mit dem Rest offenbar nichts anzufangen!«, hatte sie verbittert gefaucht. Bei dieser Bemerkung war er zusammengezuckt, aber es war ihr egal gewesen.

»Und was die Tattoos angeht, ich finde das hässlich!«, schoss er zurück.

»Für mich hat jedes einzelne eine Bedeutung! Es ist Kunst, nur trage ich sie eben auf der Haut!«

Er hatte sie wütend angesehen. »Tja, mir gefällt so etwas nun mal nicht!«

»Gewöhn dich endlich dran, nun hab ich ja schon welche!«

»Wenn es noch eines mehr wird, hast du keinen Mann mehr! Dann bin ich irgendwann weg!«

»Ich gefalle dir nicht mehr, wegen einiger Tätowierungen?«

»Und wegen der kurzen Haare!«

Sie war immer frustrierter geworden und Tränen waren ihr in die Augen getreten. »Dann solltest du dich lieber mal dran gewöhnen! Ich lasse sie *nicht mehr wachsen! Ich finde, wenn man einen Menschen liebt, gefällt einem alles an ihm!«*

»Bei mir ist es umgekehrt!«, hatte er kalt festgestellt. »Ich kann manches akzeptieren und mich an ein paar Sachen gewöhnen. Aber wenn ich zu viele Sachen, die mir nicht gefallen an jemandem sehe, den ich liebe, dann gefällt mir irgendwann auch das Gesamtpaket nicht mehr!«

Sie hatte ihn nur sprachlos ansehen können.

Innerlich hatte sie an diesem Tag mit ihrer Ehe abgeschlossen, auch wenn es noch zwei Jahre gedauert hatte, bis sie es geschafft hatte, selbstständig zu werden und ihn aus dem Haus auszuzahlen, das sie mit Mitte zwanzig gemeinsam gekauft hatten.

Mit einem Kopfschütteln versuchte sie, diese Erinnerungen zu verdrängen. Bald darauf ertönte die Ansage für den Bahnhof Frankfurt. Nici kontrollierte noch einmal, ob nichts mehr im Abteil lag, steckte das Buch in ihre Handtasche und nahm ihren Rollkoffer von der Ablage. Sie zog ihn hinter sich her bis zur Tür, während der Zug langsamer wurde, und sah neugierig aus dem Fenster. Die junge Frau war noch nie in Frankfurt gewesen. Sie angelte die Visitenkarte des Hotels aus ihrer Hosentasche, um noch einmal die Adresse anzusehen. Es lag nicht mitten in der Stadt, sondern ein Stück außerhalb, was ihr sehr gelegen kam. Sie schätzte die Ruhe.

Der Zug fuhr in den Bahnhof ein und im ersten Moment fühlte sie sich überfordert. Shit, war der riesig! Hoffentlich erwischte sie hier in der Nähe ein Taxi.

Immer mehr Leute fanden sich in der Nähe der Tür ein. Nici verspannte sich etwas, als sich die Menschen rund um sie drängten. Sie bevorzugte einen gesunden Sicherheitsabstand, aber daran würde sie sich gewöhnen müssen. Schließlich konnte sie in den Städten und in öffentlichen Verkehrsmitteln nicht immer Abstand zu allem und jedem halten.

Als der Zug hielt, hob sie ihren Koffer hoch und hüpfte auf den Bahnsteig. Ihr Herz schlug ihr bis zum Hals, als sie sich umsah, um sich zu orientieren. Erst musste sie sehen, wo sie ein Taxi fand, um sich zum Hotel bringen zu lassen.

Ihr Handy gab einen Piepton von sich: Eine WhatsApp-Nachricht.

Während sie den Koffer auf den Ausgang zuzog und rundherum von Leuten überholt wurde, die an ihr vorbei hasteten – sie für ihren Teil hatte keine Eile – nestelte sie das Handy aus ihrer Tasche und öffnete den Sperrbildschirm. Unwillkürlich huschte ein Lächeln über ihr Gesicht. Es war Elias!

E: Hey, Miss! Gut angekommen?

Sie schmunzelte und tippte schnell eine Antwort.

N: Woher weißt du, wann mein Zug einfährt? Stalkst du mich?

Das mit dem Stalken war mittlerweile ein Running Gag zwischen ihnen.

E: O:) Nein, ich bin einfach der letzte noch lebende Gentleman.

N: Heißt jetzt was?

E: Ich hab zugehört und aufgepasst, wann du ankommst. ;)

N: Sehr aufmerksam von dir.

E: Schönen Frauen muss man zuhören!

Sie schmunzelte. Er behauptete immer, er wäre schüchtern... Na, wenn sie sah, wie wortgewandt er bei der Kommunikation über Handy oder PC war, glaubte sie ihm nicht ganz.

N: Bin gespannt, ob du morgen immer noch so schlagfertig bist...

E: Erwischt, Miss. Ich werde kein Wort hervorbringen. Schon ein Taxi gefunden?

N: Noch nicht...

E: Dann bis später. Pass auf dich auf!

Sie schmunzelte. Elias und sein Beschützerinstinkt. Das war sie nicht gewöhnt.
Kurz darauf piepte es noch einmal und sie warf erneut einen Blick auf ihr Handy.

E: Und meld dich, wenn du gut angekommen bist, Miss!

Und erst diese süße Anrede! Sie wusste sogar noch, wie es dazu gekommen war, denn irgendwann während ihres Geflachses über

WhatsApp hatte er sie mit »Miss« angesprochen, und seither nannte er sie so. Jeder sonst nannte sie Nici.

Nur für ihn war sie eine Miss, seit sie ihm vor einem Auftritt auf einem Country-Fest ein Foto von sich in einem ihrer Showoutfits mit Cowboyhut gezeigt hatte.

Die Sonne blendete sie, als sie aus dem Bahnhofsgebäude trat. Nici schob ihre Sonnenbrille von ihren Haaren auf die Nase, bevor sie nach den Taxistellplätzen Ausschau hielt.

Sie hatte Glück und erwischte nach wenigen Minuten ein freies Taxi. Der Fahrer stieg aus und half ihr, den Koffer in den Wagen zu heben. »Wohin darf's denn gehen?«, fragte er freundlich, als sie sich auf dem Rücksitz niedergelassen hatte.

»Ins Hotel zum Majestätischen Raben, bitte!«, antwortete sie lächelnd und wollte die Adresse nennen.

Doch da winkte der Fahrer bereits ab, aber nicht, ohne ihr im Innenspiegel einen überraschten Blick zuzuwerfen. Sie konnte es ihm nicht verdenken – sie sah wohl nicht aus wie das Klientel, das in so einem Hotel abstieg. »Ach, das kenne ich! Noble Gegend!«, meinte er und fuhr los. Er wirkte immer noch irritiert, und sie konnte es ihm nicht vorwerfen. Selbst das günstigste und kleinste der Zimmer kostete pro Nacht ein Viertel dessen, was sie früher im Monat verdient hatte, und sie trug nach wie vor weder Markenklamotten noch teuren Schmuck oder sonstige Statussymbole. Auch heute war sie in einfachen Jeans unterwegs, trug abgelatschte Turnschuhe, ein Spaghettiträger-Top und darüber ein kariertes Hemd. Vermutlich fuhr dort selten jemand mit dem Taxi hin – die meisten, die in ein so nobles Hotel fuhren, hatten eigene, ziemlich teure Autos und checkten direkt ein, anstatt mit Zug und Taxi anzureisen.

17

Nici lehnte sich zurück und sah neugierig aus dem Fenster, um den sprudelnden Verkehr zu beobachten. Obwohl sie nicht in einer Stadt dieser Größenordnung leben wollte, konnte sie nicht leugnen, dass das bunte Treiben sie faszinierte. So viele Menschen, Autos, und alles war so voll! Sie war froh, im Taxi zu sitzen, denn in solchen Städten Auto zu fahren, hätte sie zu Tode geängstigt. Sie bevorzugte die ruhigen Landstraßen ihrer Heimat.

»Was verschlägt Sie denn in den Majestätischen Raben?«, fragte der Taxifahrer sie höflich und unterbrach damit ihre Gedanken. Vermutlich wollte er einfach Konversation betreiben. Sie wusste nicht, wie lange die Fahrt dauern würde, aber im Moment standen sie im dichten Verkehr vor einer roten Ampel.

»Mein Produzent hat darauf bestanden, mir dort ein Zimmer zu nehmen«, antwortete sie lächelnd und schob die Sonnenbrille auf ihre Stirn hoch. »Ich habe einen Auftritt und Studioaufnahmen in Frankfurt. Nächste Woche führt mich meine Reise nach Hamburg, München und Berlin, und zu guter Letzt nach Linz und Wien, bevor ich ein paar Wochen zuhause bin.«

»Oh, Sie sind Musikerin?«

Sie schmunzelte. »Ja, aber noch nicht lange.«

»Kennt man Ihre Songs schon?« Der ältere Mann wirkte ehrlich interessiert.

Sie nickte und zupfte ihr Shirt zurecht. »Der erste ist seit kurzem in den Charts.«

Er zog überrascht die Augenbrauen hoch. »Ich hätte Sie nicht für einen Star gehalten.«

Nici grinste schief. »Nun, noch bin ich keiner. Es fängt gerade erst alles an.«

»Nicht deshalb«, antwortete der Fahrer und druckste diplomatisch herum. »Ich hätte gedacht, jemand, der Musik macht, ist ein... nun ja, schrillerer Vogel. Sie dagegen wirken ganz normal.«

Die junge Frau lachte herzlich. »Das nehme ich mal als Kompliment!«, lächelte sie.

Der Fahrer schmunzelte. »So war es auch gemeint.«

Nici holte ihr Notizbuch aus der Handtasche, um ein paar Stichworte hinein zu kritzeln. *Crazy Bird*, notierte sie, bevor sie es wieder zuklappte und wegsteckte. Manchmal halfen ihr schon solche Stichworte dabei, einen neuen Song zu verfassen. Sie hatte gelernt, Inspiration in vielen kleinen Dingen des Alltags zu finden. Dazu würde ihr sicher was einfallen... Ob Elias die Melodie dazu schreiben würde?, dachte sie kurz darauf und schob den Gedanken wieder von sich.

Zum einen schrieb sie Songs meist ohnehin alleine, auch wenn Elias herausragende Arbeit ablieferte. Sie liebte jedes einzelne seiner Lieder und bewunderte seine Fingerfertigkeit im Umgang mit Worten und Noten. Zum anderen hatte er sicher genug zu tun, da wollte sie ihn nicht auch noch stören. Er hielt sie täglich über seine Projekte auf dem Laufenden und sie konnte nur fassungslos den Kopf darüber schütteln, wie er das alles schaffte. Im Moment schrieb er an einem kompletten Country- und Rockalbum für eine international bekannte Band. Am liebsten hätte sie ihn öfter gebeten, ihre Songtexte zu lesen, aber er fand nicht viel Zeit dafür und sie wollte ihn nicht drängen, um ihn nicht unter Druck zu setzen. Dazu war ihr ihre Freundschaft zu wichtig.

Der Taxifahrer schaltete zwischen den Radiosendern hin und her, als hoffe er in seiner Neugier, ausgerechnet jetzt würde einer ihrer Songs zu hören sein.

Nici unterdrückte ein Grinsen.

»Wie heißt denn das Lied in den Charts? Ich höre ja täglich viel Radio und ich mag viel von der modernen Musik, da sind echt schöne Sachen dabei. Vielleicht kenne ich den Song sogar?«, wagte er schließlich zu fragen.

Sie lächelte und zupfte an ihren Fingernägeln herum. »*End Of Time.*«

Dem Mann klappte das Kinn runter und er drehte sich einen Moment zu ihr um. Sie war inständig dafür dankbar, dass sie gerade an einer roten Ampel gehalten hatten. »Nein, oder?«, rief er verblüfft. »*Sie* sind *Leonita*? *Die* neue Stimme Österreichs? Ich... ich bin ein großer Fan! Meine Enkelin hat mir schon vor Monaten Ihre Videos auf Youtube gezeigt, weil sie so begeistert von Ihnen ist! Und *End Of Time* ist ihr Lieblingssong! Sie hört ihn rauf und runter!«

Die Sängerin lachte leise. »Damit macht sie ihre Eltern vermutlich wahnsinnig, oder?«

Er grinste breit und trat wieder aufs Gas, als die Ampel umsprang. »Darauf können Sie Gift nehmen, aber das ist bei Teenagern doch normal!« Er schüttelte noch einmal ungläubig den Kopf, während Nici wieder das Notizbuch aus der Handtasche angelte und hinten vorsichtig eine Seite heraustrennte. »*Leonita*! Leonita ist mit *meinem* Taxi in ihr Hotel gefahren!«, murmelte der Fahrer.

»Wie heißt Ihre Enkelin?«, fragte Nici beiläufig und zückte ihren Autogrammstift.

»Sandra. Wieso?«

Mit einem Grinsen setzte Nici ihr Autogramm samt persönlicher Widmung auf den Zettel und beugte sich nach vorne, um das Papier auf den Beifahrersitz fallen zu lassen. »Bitteschön, mit herzlichen Grüßen von Leonita. Sie ist übrigens die Erste, die ein Autogramm mit persönlicher Widmung von mir bekommen hat.«

Der ältere Herr schnappte nach Luft, bevor er breit lächelte. »Oh, sie wird durchdrehen vor Freude! Das wird sie sich vermutlich einrahmen!«

Sie schmunzelte. »Warum auch nicht? Wenn sie meine Musik so mag...«

»Sie mögen ist noch maßlos untertrieben! Sie liebt sie einfach! Und ich höre die Nummern auch gerne!«

Nici unterdrückte ein Lachen und schob die Sonnenbrille wieder auf ihre Nase. »Das höre ich am liebsten.«

Das stimmte tatsächlich. Sie liebte es, Musik zu machen, und wenn ihre Songs nur einen Menschen berühren konnten, hatte sie schon etwas richtig gemacht.

Sie erreichten den Stadtrand und der Fahrer fingerte eine Visitenkarte aus der Mittelkonsole, die er ihr nach hinten reichte. »Hier, damit können Sie mich direkt rufen, wenn Sie ein Taxi benötigen. Sie werden das Hotel ja auch verlassen. Ich stehe Ihnen gerne zur Verfügung!«

Erfreut nahm Nici die Karte und schob sie in ihre Geldbörse. »Für das Konzert und die Studioaufnahmen werde ich abgeholt, aber ich habe einen Tag nach dem Auftritt einen Tattootermin, da komme ich gerne drauf zurück.«

»Oh, sehr schön, gut gemachte Tattoos sind eine Kunst! Wo lassen Sie es denn machen?«

Nici grinste verwegen. »Meinen Sie die Körperstelle oder das Studio?«, spöttelte sie und lachte, bevor sie den Namen des Studios nannte. »Ein Drache auf der linken Wade. Das wird ein zweitägiger Termin, an einem die Lines, am nächsten die Farben. Aber morgen treffe ich mich erst einmal mit meinem Songwriter, ich habe ja erst übermorgen die ersten Termine, damit ich mich vorher einleben kann.«

»Ach, Sie haben *End Of Time* nicht allein geschrieben?«

Sie schüttelte den Kopf. »Die meisten Songs schon, aber dieses Lied verdanke ich auf jeden Fall Elias.«

»Ist er ein Freund von Ihnen?«

»Ein sehr guter sogar«, erwiderte sie mit einem nachdenklichen Lächeln.

Ja, wie bezeichnete man jemanden, den man noch nie gesehen hatte und trotzdem gut kannte?

Er war schon lange ihr Fels in der Brandung. Lange vor ihrer Scheidung hatten sie sich bereits viel unterhalten, er munterte sie auf, machte ihr Komplimente, sie las seine Texte und Noten und er ihre. Sie schickten einander Musik, die sie mochten, sie lasen dieselben Bücher und hatten denselben Filmgeschmack, abgesehen von Horrorfilmen, mit denen sie nicht wirklich etwas anfangen konnte. Wenn er Sorgen oder Probleme hatte und eine unabhängige Meinung hören wollte, wandte er sich an sie, und umgekehrt verhielt es sich genauso. Er wusste Dinge über sie, die sie kaum jemand anderem anvertraut hatte, und durch die Musik und die Texte, die sie beide liebten, hatte sich eine einzigartige Kommunikation zwischen ihnen entwickelt, die sie vorher nicht für möglich gehalten hatte. Manche seiner Songs berührten sie so sehr, dass sie weinte, wenn sie sie nur las, von Hören ganz zu schweigen, während er es gern hatte, wenn sie ihm Videos zurückschickte, auf denen sie seine Lieder sang, auch, wenn diese nicht auf Youtube landeten.

Ja, das konnte man wohl eine gute Freundschaft nennen.

»Nun, er ist der beste Freund, dem ich je *nicht* begegnet bin!«, erwiderte sie abschließend und beobachtete die Stadt, die an ihnen vorbei flog, während das Taxi sich durch die Randgebiete Frankfurts dem Hotel näherte.

Der Majestätische Rabe erhob sich auf einem leichten Hügel und war umgeben von hohen, alten Bäumen. Der Stil war modern und doch klassisch und man sah sofort, dass es teuer und edel war. Die Hecken waren gestutzt, die Blumenbeete sorgfältig gepflegt und in einem großen Gartenteich schwammen farbenfrohe, herrlich gezeichnete Koi-Karpfen ihre Runden. Das Hotel war groß und die umgebenden Grünanlagen erinnerten an einen Park. »Wow«, murmelte Nici.

Sie stieg aus dem Taxi und verabschiedete sich von dem Fahrer, der ihr die Hand schüttelte, nachdem er ihren Koffer ausgeladen hatte. »Frank Schneider, ich stehe jederzeit zu Ihren Diensten! Danke für das Autogramm!«

Sie lächelte ihn herzlich an. »Gern geschehen!«

Dann zog sie den Griff ihres Rollkoffers aus und bugsierte ihn in Richtung Haupteingang. Gott sei Dank war alles übersichtlich beschriftet, die Anlage war echt groß.

Eine etwas mollige, hübsche Rezeptionistin, die sogar noch kleiner war als Nici, hob den Blick, als sie den mit verschiedenfarbigen

Marmor ausgelegten Eingangsbereich betrat und ihre Sonnenbrille in ihre Haare hochschob, um sich umzusehen. »Herzlich willkommen im Majestätischen Raben! Was kann ich für Sie tun?«

Nici lächelte und nahm die ihr angebotene Hand, um sie zu schütteln. »Nicoletta Strasser. Mein Manager hat ein Zimmer für mich reserviert.«

»Oh ja, von den GreatSound-Studios, oder? Bitte, nehmen Sie Platz!« Die Rezeptionistin bot Nici einen Stuhl an und holte eine Mappe und die Zimmerschlüssel aus einem Hinterzimmer, während die junge Frau sich niederließ und fassungslos mit den Fingerspitzen über den Empfangstisch strich, der kunstvoll gearbeitet war und aus dunklem, rötlichen Holz bestand. Tischlerarbeit, sicher sogar. Dieser eine Tisch hatte vermutlich mehr gekostet als ihr altes Auto. Und die Sessel! Hatte sie ihren Hintern überhaupt jemals auf so einem bequemen Sessel platziert? Dieser war sicher auch teuer gewesen...

Die Rezeptionistin stellte sich ihr vor und erzählte ihr alles, was es über das Hotel zu wissen gab, wie die Buffetzeiten, wo der Wellnessbereich und die Sauna waren und wo man Massagen buchen konnte. Dann deutete sie in Richtung der Aufzüge und gab ihr die Schlüsselkarte. »Ihr Zimmer ist im dritten Stock. Einfach links und den Schildern nach. Vom Balkon aus hat man einen tollen Ausblick in den Garten!«

»Vielen Dank.« Nici rang sich ein Lächeln ab und stand auf. Sie fühlte sich gerade etwas überfordert und war froh, gleich in ihr Zimmer zu kommen. Die lange Zugfahrt hatte sie mehr geschlaucht, als ihr selbst klar gewesen war, obwohl sie auch dort ein paar Stunden gedöst hatte.

Ihren Koffer hinter sich herziehend lief sie in Richtung der Aufzüge. Ihr kamen nur wenige Leute entgegen, offenbar war das Hotel gerade nicht ausgebucht, es waren alle unterwegs oder im Wellnessbereich. Sie lief über Teppiche, die so edel aussahen, dass sie sich fast schämte, sie mit ihren alten Turnschuhen zu betreten, und bewunderte die Bilder und Dekorationen an den Wänden der Hotelflure. Da sie selbst malte, wenn auch nur als Hobby, betrachtete sie neugierig eines der Bilder näher. Sie konnte Pinselstriche erkennen – das war zumindest kein Druck aus einem Baumarkt. Puh. Nobel.

Als sie ihr Zimmer letzten Endes betrat, war sie fassungslos. *Das* war das billigste Zimmer, das sie im Majestätischen Raben hatten? Es glich noch immer einer kleinen Suite. Eine riesige Couch stand gegenüber eines Flachbildschirmfernsehers, der an der Wand hing, es gab ein Bad mit ebenerdiger Dusche und einer Badewanne, die groß genug für eine Familie wäre, in einer anderen Ecke des Zimmers fand sie einen Schminktisch vor, daneben einen Schreibtisch, wo sie sich schon freute, dort an ihrem Laptop zu arbeiten... und dann dieses Himmelbett! Wow!

Sie ließ ihren Koffer im begehbaren Kleiderschrank stehen (ein begehbarer Kleiderschrank?! Und dann noch mit einem mannshohen Spiegel! War das hier ein Filmset?) und trat ihre Turnschuhe von den Füßen, bevor sie die Socken auszog, um das Gefühl der flauschigen Teppiche zu genießen, wenn sie darüber lief. Sie grinste unwillkürlich – Himmel, war es angenehm, nach so langer Zeit endlich die Schuhe loszuwerden. Sie würde sich gleich frisch machen und sich in ihren alten, bequemen Trainingsklamotten auf den Balkon setzen, um zu schreiben!

Nici öffnete die Balkontür, um frische Luft zu schnappen.

Der Balkonboden bestand aus rauen, von der Sonne erwärmten hölzernen Terrassendielen. Und an der Decke des Balkons hing... eine Schwebeliege! Wahnsinn! Sie liebte diese Dinger. Nici kicherte und fühlte sich wie ein kleines Mädchen im Wunderland, als sie sich auf die Schwebeliege fallen ließ, die leicht zu schaukeln begann. Sie streckte sich und lächelte in den sonnigen Nachmittagshimmel auf, als ihr Handy piepte. Elias... natürlich!

E: Huhu! Schon ein Taxi gefunden?

Grinsend schoss sie ein Foto von der Aussicht vom Balkon, ohne sich von der Liege zu erheben – die war gerade eindeutig zu bequem – und schickte es ihm statt einer Antwort, begleitet von einem Emoji mit Herzchen-Augen. Die Antwort kam sofort.

E: Wow! Schön!

N: Ja, oder?

E: Wie geht's dir jetzt? Wie war dein Tag?

N: Anstrengend, lange Zugfahrt eben. Und deiner?

E: Ging so. Hab zwei Songs geschrieben, aber der Feinschliff fehlt noch.

N: Ooooh, darf ich reinhören?

E: Ich schick dir die Dateien im Messenger!

Also würde sie jetzt den Laptop brauchen.

Zweiter Song

The Life I Want

Nici stand auf, streckte sich und holte ihren Computer, um sich an den Schreibtisch zu setzen. Dort lag eine Broschüre mit Infos zum Zimmer, zum Hotel, der Umgebung und der Stadt. In der dünnen Mappe war auch das Passwort für das Hotel-W-Lan zu finden. Während ihr altes Notebook hochfuhr, verputzte Nici die Pralinen, die der Broschüre beigelegen hatten, und warf einen Blick auf die Uhr. Das Nachmittagsbuffet hatte sie versäumt, aber in einer Stunde konnte sie zum Dinner gehen. Ein Fünf-Gänge-Menü! Unglaublich. Das hatte sie nicht oft gehabt, mit ihrem Mann war sie nur zweimal während ihrer zehn Jahre andauernden Beziehung in den Urlaub gefahren und das Teuerste, was sie sich auswärts geleistet hatten, war das jährliche Candle-Light-Dinner zum Hochzeitstag.

Und auch das nur, wenn Nicis Schwiegermutter ihnen einen Gutschein zu Weihnachten geschenkt hatte.

Da ihr alter Computer noch damit beschäftigt war, zu laden, streckte sie sich und ging erst einmal duschen. Wenigstens würde sie mit ihren kurzen Haaren nicht lange brauchen, um sich zurechtzumachen. Nur fünf Minuten später hatte sie sich abgetrocknet und saß in einem flauschigen Bademantel vor dem Laptop, um sich im W-Lan einzuloggen. Schon zeigte Facebook ihr eine Nachricht an. Elias hatte ihr zwei Dokumente und zwei Musikdateien geschickt.

28

Seine Stimme war zum Singen nicht geeignet, behauptete er, obwohl er sehr musikalisch war. Er spielte Gitarre und Klavier, genau wie sie, und seine Kompositionen hatten das gewisse Etwas. Sie sprühten vor Leidenschaft. Man spürte mit jeder Faser, dass der Mensch, der da spielte, die Musik von Herzen liebte und in dieser Aufgabe voll und ganz aufging.

Sie spielte die erste MP3 ab, während sie den dazugehörigen Text öffnete. Ihr Fuß wippte im Takt mit, und ihre Lippen bewegten sich wie von selbst, als sie den Text las. Schon setzte sich in ihrem Kopf ein Stück zusammen, und sie wusste, wie der Song klingen könnte. So erging es ihr immer, als würde die Musik in ihren Gedanken lebendig. Ein tolles Gefühl, unvergleichlich mit allem, was sie kannte.

Wow... Der Song war gut. Sie machte Anmerkungen an seinem Text und schickte Elias die Vorschläge zurück.

N: Musik perfekt, so wären die Texte etwas flüssiger.

E: Danke, du bist die Beste! Das ist für die Band, der neue Auftrag. Und was hältst du vom Zweiten?

N: Hab ich noch nicht angesehen! Glaubst du, ich kann hexen? ;)

E: Wenn nicht du, wer sonst? ;)

N: Ich hör mal rein.

E: Mach das und sag mir dann, wie es dir gefallen hat.

N: Wenn du mir ständig schreibst, brauch ich noch länger! :P

E: Bin schon still!

Sie grinste und öffnete den Text, bevor sie ihre dicken Kopfhörer aus der Laptoptasche kramte. Sie hatte viel Geld in diese Dinger gesteckt, damit boten sie einen ausgezeichneten Sound – einen deutlich besseren als die Lautsprecher des alten Laptops. Sie stöpselte die Hörer ein und setzte sie auf, bevor sie die Musik anwarf.

Der letzte Song war schon gut gewesen.

Aber jetzt...

Oh. Mein. Gott, konnte sie nur denken.

Eine Gänsehaut prickelte über ihren Nacken, als die Musik sich ihren Weg durch ihre Ohren direkt ins Herz bahnte. Ihr Puls setzte einen Takt aus, bevor er sich den Gitarrenanschlägen anpasste und im Rhythmus der Musik weiter schlug. Nici las den Text dazu. Bis auf kleine Schwächen war dieser wie immer aussagekräftig. Sie machte auch hier wieder einige Anmerkungen, aber deutlich weniger als bei dem Lied davor.

Die Sängerin öffnete ihren Browser wieder. Elias wurde im Chat als online angezeigt.

E: Uuuuuuund? O:)

Nici kicherte und gab sich reserviert. Sie schrieb ihr Lob und wie sehr das Lied sie begeisterte in das Textdokument gaaaaanz am Ende hin, bevor sie die Datei losschickte und eine Nachricht ins Fenster tippte.

N: Joa. Nicht übel...

E: Nicht übel? :(

N: Hab dir Anmerkungen gemacht.

E: So schlimm?

N: Schau halt nach! :P

Er schrieb zwei Minuten nichts und sie lehnte sich mit einem Grinsen in den Schreibtischsessel zurück. Dann kam er wieder online.

E: Du bist gemein! Du bist keine Miss, das war nicht nett von dir!

N: Hehe. Ich hab nie gesagt, er gefällt mir nicht. O:)

E: Also findest du den Song wirklich gut?

N: Hätte ich das sonst rein geschrieben?!

E: Jaja... Also ist er gut?

N: Wie oft noch? JA!

E: Hattest du wirklich Gänsehaut?

N: Warum sollte ich lügen?

E: Hast du auch geweint? ;)

*N: Übertreib mal nicht... ^^*

E: End Of Time hat dich zum Weinen gebracht.

N: Das war was besonderes. Der Song ist genial, aber weniger traurig als End Of Time.

E: Nun... momentan will ich nichts trauriges schreiben.

Nici merkte auf und schmunzelte.

N: Ohhhh, verheimlichst du mir was?

E: ... Nein.

N: Raus damit!

E: Niiiichts...

N: Komm schon!

E: Ohh Man. Ja, es geht mir einfach gut, ok? Ich bin froh, endlich von der Musik leben zu können. Ich hab diesen Arbeitszwang kaum noch ausgehalten.

N: Ist doch schön, wenn dich das motiviert und glücklich macht.

E: ... Das verdanke ich aber deiner Stimme. Hättest du End Of Time nicht auf Youtube hochgeladen, wäre ich jetzt kein Songwriter.

Nici schüttelte mit einem Seufzen den Kopf. Musste er sein Licht immer unter den Scheffel stellen?

N: Wenn du es mir nicht geschickt hättest, hätte ich jetzt keine Auftritte... und keine Studioaufnahmen in Frankfurt. Ich verdanke meine Karriere deinem Song. Wir sind quitt.

E: Fühlt sich nicht wie quitt an. Du hast was gut bei mir.

N: Okay, dann lad mich morgen einfach in ein Kaffeehaus ein.

E: In ein was???

N: In ein Café!!! Echt mal, lern österreichisch! ;)

E: Müsst ihr für alles ein eigenes Wort erfinden?

Diese Bemerkung ignorierte sie lieber.

N: Gibt es eine Trafik in der Nähe unseres morgigen Treffpunkts? Ich will sehen, ob mein neues Interview schon in der Zeitung steht.

E: Eine was??

N: Echt jetzt? Einen Laden, wo es Zeitungen und Tabakwaren gibt.

E: ... Das nennt sich Zeitschriftenladen. Oder Tabakwarenladen.

N: Pf. Ihr Deutschen seid kompliziert.

E: Ich kenne das Wort »Trafik« nicht und du nennst uns Deutsche kompliziert?

N: Ja. Trafik ist kürzer.

E: Auweia. Das wird ein Kulturschock morgen, für uns beide.

N: ^^ Schon möglich.

E: Wie kommst du in die Stadt? Oder soll ich dich beim Hotel abholen?

N: Ich bin das erste Mal hier, ich möchte schon was von Frankfurt sehen. Ich werde ein Taxi nehmen.

E: Dann brauchen wir einen Treffpunkt...

N: Gut, wo soll ich hin?

E: Such dir was aus. :)

N: Ähm... ich bin hier der Tourist und du der Insider. Ich weiß nicht, wo man sich gut treffen kann.

E: Ups, hatte ich nicht bedacht...

N: Hihi. Also, wo soll ich hin?

E: Magst du Museen?

N: Kommt auf das Museum an. ;)

E: Naturmuseen? :P

N: Ja!!

E: Dann komm zum Senckenberg Naturmuseum. Ich warte am Eingang um 10.

N: Alles klar...
Moment! Wie erkenne ich dich denn?

E: Ich bin fast 1,90 Meter groß! Ich kann mich nicht wirklich verstecken. :P Ich mach mir mehr Sorgen, dass ich dich in den sommerlichen Touristenmassen übersehe, kleine Miss. ;)

N: Pf. Ich bin nicht klein. Ich bin nur aufs Beste reduziert. ^^

E: Hm. Ich hab ne Idee.

N: Was?

E: ... Setz deinen Cowboyhut auf. Dann übersehe ich dich garantiert nicht.

Nici starrte einen Moment fassungslos auf den Computerbildschirm, bis sie zu kichern begann und ihm ein paar Emojis zurückschickte, die Tränen lachten.

N: Ist das dein Ernst? Wäre dir das nicht peinlich, so mit mir rum zu laufen?

E: Mir nicht. Dir vielleicht? O:)

N: Nicht, wenn du deinen auch aufsetzt. Immerhin, es ist Sommer. Da kann man Hüte tragen. Und mit Cowboyhut siehst du echt gut aus.

E: Mach mich nicht verlegen.

N: Was denn, wirst du wieder rot?

Nici kicherte erneut. Sie liebte es, Elias in Verlegenheit zu bringen.

E: Hm. Vielleicht?

N: Das mit dem Komplimente annehmen hast du immer noch nicht drauf, hm?

E: Dann müssen wir eben weiter üben.

N: Ich hab damit kein Problem. ;)

E: Ok, aber nur wenn ich dir auch Komplimente machen darf!

N: Daran gewöhne ich mich nie...

E: Solltest du aber. Du wirst noch viele hören. :)

Das erwischte sie eiskalt. Ihr Exmann hatte ihr seit Jahren kaum noch Komplimente gemacht. Elias hingegen war alles andere als zurückhaltend damit. Er machte ihr nicht nur Komplimente zu ihrem Aussehen, wenn er Fotos von ihr sah oder sie ein Youtube-Video hochlud. Nein, er schwärmte von ihren Texten, betonte, wie sehr er es mochte, sie Musik machen zu sehen, weil sie dann so versunken und leidenschaftlich wirkte, schwärmte, dass er ihre Augen schön fand, weil man ihr ansähe, dass sie eine intelligente Frau wäre... Auch, wenn es nett war, Freunde zu haben, die einem das alles sagten, ganz für voll nahm sie ihn nicht. Immerhin kannte sie auch ein paar seiner Songs, in denen der Sänger für eine Frau schwärmte – für elfenhafte, zarte Kreaturen mit langen Haaren und großen, unschuldigen Augen. Obwohl sie ihn sehr mochte, hatte das dafür gesorgt, dass sie auch einmal die Augen verdreht hatte. Noch so ein Kerl, der ätherische, hilflose Puppenfigürchen süß fand... Das war wohl der einzige Fehler an diesem sonst perfekten Mann. Wobei, was hieß da »Fehler«? Es war eben Geschmackssache, und wenn ihm das gefiel...

Sie gab sich keinen Illusionen hin – er machte ihr Komplimente, weil er ein Gentleman war und es sich unter Freunden so gehörte, dass man ihnen sagte, sie sähen gut aus.

Nun ja, sie meinte ihre Komplimente umgekehrt wirklich ernst. Sie hatte Fotos von ihm auf Facebook gesehen, und dass er acht Jahre älter war als sie, war ihr herzlich egal – er war ein durchaus attraktiver Mann.

Das Chatfenster leuchtete wieder auf.

E: Alles in Ordnung bei dir, Miss? Du brauchst sonst nicht so lang zum Antworten. Bist du eingeschlafen?

Noch bevor sie eine Antwort tippen konnte, schrieb er schon weiter.

E: Geht's dir gut? Mach mir Sorgen.
Hat dich das in Verlegenheit gebracht?
War nur ein Witz, du kennst mich doch.
Ich hab zu viel gesagt, oder?
Gib nicht zu viel drauf, ja? Ich mach dir ja ständig Komplimente. ^^

Nici grinste und schrieb zurück.

N: Beruhig dich! Ich kann gar nicht so schnell schreiben, wie du tippst. Ich muss gleich zum Abendessen gehen. Wir hören uns später, ja? Ich muss mich jetzt hübsch machen, weißt du?

E: Noch hübscher? :)

N: Ist ja nicht schwer...

E: Ach Quatsch...
Übrigens...
Dein Mann war ein Riesenidiot.

Nici runzelte die Stirn.

N: Wie kommst du jetzt darauf?

E: Eine so hübsche, kluge und starke Frau zu vergraulen... Für diese Dummheit müsste man ihn durchschütteln.

N: Du bist ja süß... <3

E: Ich werd schon wieder rot.

N: Wie war das noch gleich? Gewöhn dich dran. Bis später!

E: Bis später, Miss.

Nici klappte den Laptop zu, packte ihren Koffer aus und legte alle Sachen in die Regale. Sie lebte ungern aus der Tasche und richtete sich erst häuslich ein. Sie nahm eines der wenigen schönen Kleider, die sie besaß und die sie mitgebracht hatte, um sich zum Abendessen schick anziehen zu können. Nici trug nur dezentes Make-Up auf, nachdem sie in ihr verspieltes, schwarzes Kleid mit dem zarten Rankenmuster geschlüpft war. Sie überlegte kurz, welche Schuhe hier am besten passen würden, und entschied sich für die schlichten, schwarzen Stöckelschuhe. Während sie ihre kurzen Haare mit etwas Gel frech stylte, piepte das Handy erneut. Sie zupfte noch ein paar Haarsträhnen zurecht, bevor sie es in die Hand nahm und entsperrte.

E: Ach, und, Miss?

N: Was denn, hast du was vergessen?

E: Ja. Wegen dem zweiten Song. Gefällt er dir wirklich so gut?

N: Total. Ich beneide den Künstler, der ihn performen darf.

E: Warum? Ist doch deiner.

N: Wie meinst du das?!

E: Naja, das war kein Auftrag von der Band. Den hab ich geschrieben. Der ist für dich... O:)

N: Wieso das?

E: Weil du mich berühmt gemacht hast.

N: Ich sagte doch, dein Song hat mich auch berühmt gemacht. Wir uns gegenseitig. Das war eine Gemeinschaftsarbeit. Wir sind quitt!

E: Nein, erst wenn du dieses Lied singst. Spiel es deinem Produzenten vor. Das sollte zu deinem neuen Album passen.

N: ... Das ist dein Ernst, ja? Du willst dich nicht dafür bezahlen lassen?

E: Ich verdien jetzt genug, dank deiner Performance. ;) Das ist ein Geschenk unter Freunden, ok?

N: Wow.

E: Was?

N: ... Danke! :)

E: ;) Hast du deine Gitarre dabei? Und dein Keyboard?

N: Mein Manager meinte, er lässt es ins Hotel bringen. Sollte eigentlich nach dem Abendessen kommen.

E: Schick mir den Song, wenn du ihn gesungen hast. Ich will wissen, wie er mit deiner Stimme klingt. Ich korrigiere bis dahin den Text. O:)

N: Mach ich. Und jetzt muss ich was essen gehen, sonst kipp ich um!

E: Na, das kann ich nicht zulassen... Bis später!

N: *Bis später. Danke nochmal!*

E: *Da nicht für!*

Nici lächelte, packte ein Buch, ihr Handy und die Schlüsselkarte in ihre Handtasche und verließ ihr Zimmer.

Beim Abendessen war Nici zappelig, weil sie es kaum erwarten konnte, den neuen Song von Elias zu singen. Vor dem Essen wurden die neuen Gäste von den Hotelbesitzern höchstpersönlich mit Sekt empfangen. Ein älteres und augenscheinlich nicht am Hungertuch nagendes Ehepaar am Nebentisch versuchte, sie während des Dinners in ein Gespräch zu verwickeln, wohl, weil sie allein am Tisch saß, aber Nici ging nicht darauf ein. Sie wusste, dass man ihr ansah, dass sie nur eine einfache Frau vom Lande war, und hatte keine Lust, ihre Anwesenheit in einem der teuersten Hotels in einer der größten Städte Deutschlands zu erklären. Zwischen den Gängen las sie weiter in dem Buch, das sie zuhause noch vor der Zugabfahrt gekauft hatte.

Nach dem Essen begab sie sich an die Rezeption und fragte, ob etwas für sie abgegeben worden war. Die Tagesrezeptionistin, die sie empfangen hatte, schien nach Hause gefahren zu sein, die neue stellte sich als Celine vor und fragte nach. Tatsächlich waren in der Zwischenzeit ihr Keyboard und ihre Gitarre geliefert worden.

»Brauchen Sie einen Wagen, um es in Ihr Zimmer zu bringen? Oder soll ich Ihnen schnell helfen?«

Nici hängte sich lächelnd die Gitarrentasche um und packte die Griffe der Tasche mit dem Keyboard. »Nicht nötig, vielen Dank.«

Damit spazierte sie in Richtung ihres Zimmers, wo sie sofort das Keyboard auf dem Schminktisch aufbaute und ihre Gitarre auspackte.

Elias hatte ihr in der Zwischenzeit die aktuellen Noten samt dem korrigierten Text geschickt. Sie öffnete die Datei und scrollte über das Dokument. Mit geschultem Blick nahm sie die Melodie in sich auf und wie von selbst ergriff die Musik von ihr Besitz.

So war es immer.

Sie stimmte die Gitarre und sang ein bisschen, bevor sie das neue Lied anstimmte. Beim Titel musste sie lächeln. *The Life I Want* - ein guter Name für ein Lied.

Sie musste einmal unterbrechen, weil sie das Gefühl hatte, nicht richtig in den Rhythmus gefunden zu haben, dann sang sie es zweimal durch, bevor sie zufrieden war.

Dann war jetzt das Video für Elias dran.

Sie stellte ihre kleine Kamera mit dem Stativ vor dem Couchtisch auf und startete sie, bevor sie sich hinsetzte und die Gitarre zur Hand nahm.

»Nun, Elias, hier bekommst du dein neues Lied exklusiv von Leonita zu hören... Cooler Titel übrigens.«

Sie strich über die Seiten und begann, *The Life I Want* zu singen. Danach schloss sie die Kamera an ihren Laptop an, schnitt die ersten paar Sekunden des Videos weg, bis sie Elias ansprach, und die letzten paar, in denen sie nach der Kamera gegriffen hatte. Sie prüfte die Tonqualität, formatierte es als MP4 und schickte es ihm im

Messenger. Er öffnete die Datei sofort. In den paar Minuten, die es dauerte, das Lied anzuhören, wurde sie immer zappeliger.

Er antwortete nicht gleich.

Seufzend stand sie auf, zog sich das Kleid aus und schlüpfte in ihren Lieblingspyjama: blaue Shorts und ein Spaghettiträger-Top, bevor sie sich wieder an den Laptop setzte.

E: Miss, das war perfekt.

N: Naja, perfekt noch nicht, aber ich glaube, ich hab es gut hinbekommen. :)

E: Ist mein Ernst. Mit deiner tollen Stimme... Du hast das Lied genauso rüber gebracht, wie ich es mir vorgestellt habe. Es war richtig, es für dich zu schreiben. Jemand anders würde das nicht so hinbekommen.

N: Das fällt mir nicht schwer. Deine Lieder... berühren mich. Du findest immer die richtige Melodie und die richtigen Worte.

E: So gut gefällt es dir?

N: Ja.

E: Ich hätte nie gedacht, dass meine Lieder mal so etwas auslösen würden, aber... Danke.

N: Ich werde es meinem Produzenten vorspielen. Er wird begeistert sein.

E: Mach das, Miss.

Sie chatteten noch eine Weile, bis sie lange nach Mitternacht schlafen gingen und sich eine gute Nacht wünschten. Nici hätte nie gedacht, die letzten Worte mal ernsthaft schreiben zu können. Bisher hatten sie immer nur gechattet!

N: Bis morgen!

E: Schlaf gut. Ich freu mich auf unser Treffen.

N: Vergiss den Cowboyhut nicht! ;)

E: Ich doch nicht, Miss!

Nici kicherte und schaltete das Handy stumm, bevor sie schlafen ging.

Dritter Song

Das Mädchen Mit Dem Silberhut

Nici war ein Nervenbündel.

Oh verdammt verdammt verdammt VERDAMMT.

Elias im echten Leben zu treffen. Was hatte sie sich nur dabei gedacht?!

Zum einen: Sie hatte den schlichten braunen Cowboyhut zuhause gelassen.

Ausgerechnet den braunen Hut hatte sie vergessen müssen?! Echt jetzt.

Missmutig starrte sie den weißen Cowboyhut an.

Den *weißen* Hut.

Mit den in der Sonne glitzernden silbernen Pailletten!

Sollte sie Elias schreiben, dass sie lieber ohne Hut kommen würde?

… Vielleicht sollte sie gleich eine Magenverstimmung vortäuschen, um das Treffen sausen zu lassen. Das ungewohnte Essen. So ein Pech aber auch.

In einer halben Stunde würde das Taxi vorfahren und sie war noch nicht fertig. Naja, sie *war* fertig … mit den Nerven!

Ihr Handy piepte.

E: Hey, Miss! Schon auf den Beinen?

N: Na klar!

E: Ausgeschlafen?

N: ... halbwegs.

E: Alles ok?

N: ... Mir ist schlecht.

E: Haha. Netter Versuch. Du windest dich nicht da raus. Wir haben gesagt, wir treffen uns und ich zeig dir die Stadt! Und die Plätze, an denen ich schreibe!

N: Nein, wirklich...

E: Das nennt man nur Lampenfieber.

N: Mir geht es wirklich nicht gut! Wir verschieben das.

E: Ich hab dir versprochen, dir die Schauplätze meiner Lieder zu zeigen und das halte ich! Und wenn ich dich aus dem Hotel schleifen muss. :P Also, was ist los?

N: ... ich hab nur den silbernen Cowboyhut mit.

E: Und das ist ein Problem, weil...?

N: ... der ist so schrill.

E: Ist mir trotzdem nicht peinlich, mit dir unterwegs zu sein.

N: Dir vielleicht nicht. Aber was ist mit mir?

E: Du schiebst den Cowboyhut doch nur vor. Was ist dein Problem? Ich meine, wirklich?

Nici zupfte unruhig an ihrem schwarzen Shirt und dem darüber getragenen, karierten Hemd herum und betrachtete sich kritisch im Spiegel. Wie immer hatte sie kaum Make-Up aufgetragen, sondern nur ihre Wimpern getuscht und einen Lippenpflegestift in dezentem Rosa verwendet. Sie hatte vor Nervosität nicht gut geschlafen, und das sah man: Sie hatte furchtbare Augenringe. Sollte sie die nicht doch abdecken?

Sie ließ ihren Blick über ihre Gestalt wandern und plötzlich fielen ihr all die Dinge auf, die sie vorher nicht beachtet hatte. Zum Beispiel ihre leichten X-Beine. Und die noch immer minimal vorhandenen Speckpölsterchen an ihren Hüften. Trotz Ernährungsumstellung und regelmäßigem Sport waren die nicht ganz weg, obwohl sie in den letzten zwei Jahren langsam, aber sicher achtzehn Kilo abgenommen hatte.

E: Miss? Ignorierst du mich?

N: Natürlich nicht.

E: Nun sag schon!

N: ... Ich hab Angst, dass du enttäuscht bist, wenn du mich siehst.

E: Warum sollte ich das sein?

N: Du kennst die Fotos, die Fotografen geschossen haben, aber das war ja immer nur die Schokoladenseite. In echt sehe ich ganz anders aus.

E: Hör auf, solchen Unsinn zu reden.

N: ... Ich hab kurze X-Beine.

E: Lol. Und?

N: Augenringe.

E: Hab ich auf deinen Videos schon gesehen, wenn du wieder durchgemacht hast, um zu texten. Sonst noch was?

N: Mein Lächeln sieht furchtbar aus. Ich hab dann ein kugelrundes Gesicht. Und Pausbacken. Wie ein Hamster. Ich würde mich gar nicht trauen, zu lächeln...

E: Ich mag Hamster, ich bring dich schon zum Lachen. Sonst noch Probleme?

Naja, damit hatte er sie schon wieder zum Lächeln gebracht. Der Knoten in ihrem Bauch wurde kleiner.

N: Nur ein paar...

E: Gut, die kannst du ja heute alle aufzählen, damit ich dir sagen kann, was für ein Blödsinn das ist.

N: Bist du denn gar nicht nervös?!

E: Mehr, als du dir vorstellen kannst, Miss.

N: Wieso? Du bist ja wirklich ein attraktiver Kerl.

E: Mach mich nicht verlegen... Hm... Ich hab einen Waschbärbauch.

N: Den hab ich auf den Fotos nicht groß gefunden.

E: Ich bin Landesmeister im Bauch einziehen. ^^

N: Und?

E: ... stehst du nicht auf Sixpack?

N: Lol. Was mach ich mit einem Sixpack? Da hat man ja nix zum Kuscheln.

E: Das hab ich jetzt aber überlesen. O:) Ok, ich hab mein Hemd nicht gebügelt. Ich trag nur Holzfällerhemden. Waschmaschine, ab auf Kleiderbügel, fertig. Ich kann nicht bügeln.

N: Haha. Und was machst du bei T-Shirts?

E: Wie gesagt... ich hab ein Bäuchlein. Die bügel ich beim Tragen.

Bei der Bemerkung platzte Nici vor Lachen laut heraus und entspannte sich endgültig, bevor sie wieder eine Antwort eintippte.

N: Ich hab keine schönen, großen Augen... Das Schönheitsideal ist ganz anders. Jeder steht auf Kulleraugen á la Scarlett Johansson.

E: Blödsinn. Ich nicht.

N: Das glaub ich dir aber nicht, dass dir das nicht gefällt.

E: Ist aber so.

N: Du bist wohl der einzige Mann der Welt, der große Augen bei Frauen unattraktiv findet...

E: Unattraktiv ist vielleicht etwas hart ausgedrückt... aber ich finde das langweilig.

N: Glaub ich dir nicht.

E: Du hast auf Facebook dieses schöne Selfie hochgeladen. Als Profilbild. Da haben deine Augen richtig Charakter. Da sieht man, dass da was dahinter steht. Und wie sagt man so schön: dass dahinter auch jemand zuhause ist.

N: Ich hoffe, du sagst das alles nicht nur, damit es mir besser geht.

E: Nein, tu ich nicht. Und jetzt mach dich fertig, wehe, du kommst nicht zu unserem Treffpunkt!

N: Sonst was?

E: Komm ich ins Hotel und hol dich.

*N: Die dürfen keine Zimmernummern rausgeben. ^^*

E: Dann klopf ich an jede Tür. ;)

N: Dann rufen die die Polizei...

E: Würdest du echt zulassen, dass die mich verhaften?

N: Ich würde sogar aussagen, dass du mich stalkst!

E: Miss, komm schon!

N: Jaja... ich bin eh schon fertig. Das Taxi kommt gleich. :)

E: Bis nachher.

N: Freu mich!

E: Ich mich auch. Und wehe, du lässt den Hut zuhause!

N: ... Ich hatte gehofft, du hast ihn mittlerweile vergessen... Muss das sein?

E: Über den Hut werde ich ein Lied schreiben...

N: Da bin ich gespannt.

E: Ist mein Ernst. Das Mädchen mit dem Silberhut... *Oh, das wird ein Schlager!*

N: Nein, kein Schlager! Bitte bleib bei Country und Rock! :O

E: Das ist keine leere Drohung!

N: Schon gut, ich setz ihn auf! Jetzt gib Ruhe!

Seine letzte Antwort war ein breit grinsender Emoji.
Nici schüttelte den Kopf, während sie nach ihrer Handtasche griff. Bevor sie das Zimmer verließ, nahm sie den silberweißen Cowboyhut von der Ablage. Sie hatte den Taxifahrer vom Vortag angerufen, Frank. Er hatte heute wieder Dienst und freute sich darauf, sie in die Stadt zu bringen.

Vierter Song

You Make Me Strong

Frank begrüßte sie so herzlich, als wären sie alte Freunde.

Als sie den schrillen, silbernen Cowboyhut auf ihren Knien ablegte, um sich anzuschnallen, grinste er breit.

»Nanu, sind Sie nicht sonst lieber inkognito unterwegs?«

Sie verdrehte die Augen. »Bitte, fragen Sie nicht... ich flehe Sie an!«

Frank lachte und wendete den Wagen. »Wo darf ich Sie denn hinbringen?«

»Zum Senckenberg Naturmuseum.«

»Ihr Wunsch ist mir Befehl!«

Nici lehnte sich zurück, um es sich bequem zu machen. Währenddessen erinnerte sie sich daran zurück, wie sie das erste Mal gemerkt hatte, dass Elias für sie ein unentbehrlicher Freund geworden war...

Obwohl sie sich zu dieser Zeit gerade etwas über einen Monat geschrieben hatten!

Nici liebte ihr neues Album. Besonders die neuen Lieder New World *und* Starting A Journey *gehörten zu ihren Lieblingen. Es war, als würden sie diese aus ihrem unglücklichen Alltag tragen, in eine Welt, in der alles möglich war. Sie hatte einige Leute gefunden, die sich die Arbeit anhören und die Texte lesen wollten. Ein paar Musikbegeisterte und auch einige, die selbst Musik machten.*

Das Feedback war ziemlich positiv. Sie bekam einige Anregungen und Verbesserungsvorschläge, aber im Großen und Ganzen kamen die Lieder gut an. Glücklich machte sie sich an die Arbeit, um noch einen Text für ein Lied zu entwerfen, das ebenfalls zu diesem Album passen könnte.

Across The Mountains – *sie lächelte zufrieden. Sie fühlte sich im Moment so inspiriert, das war unglaublich.*

Während sie schrieb, leuchtete ein Facebook-Chatfenster auf. Sie öffnete es ein wenig geistesabwesend, aber freute sich schon auf neues Feedback. Das hatte ihr einiges gebracht und sie war sich sicher, dass die Lieder nun noch besser werden würden. Ihr gefiel jede einzelne Änderung, die sie vorgenommen hatte. Man wurde eben mit der Zeit etwas betriebsblind, deshalb half es ihr, wenn andere die Texte vorab lasen.

Es war eine der Testerinnen, Lissy.

Während sie begann, alles zu lesen, was sie ihr geschrieben hatte, schlief Nici das Gesicht ein und ihr wurde das Herz furchtbar schwer. Sie war noch nicht einmal halb durch, als ihr bereits die Augen brannten und sie musste sich zusammenreißen, um nicht zu weinen.

Am liebsten hätte sie sich bei ihrer ... naja, sie hatte sie beste Freundin genannt, aber im Moment stritten sie sehr viel ... jedenfalls, bei Tatjana ausgeheult. Aber sie wusste, dass das nicht helfen würde. Sie brachten momentan kaum Verständnis füreinander auf, Tatjana würde ihr nur wieder sagen, dass sie sich anstellte oder ähnliches.

Dann fiel ihr Elias ein. Sie schrieben noch nicht lange, aber er war ebenfalls Songwriter. Er verkaufte zwar nicht viele Lieder, dennoch hatte er sicher schon viel Kritik einstecken müssen. Wie er wohl damit umging?

Sie öffnete ein neues Chatfenster und suchte nach Elias. Trotz der späten Uhrzeit war er noch online. Sie warf einen Blick auf die Uhr und hob überrascht die Augenbrauen. Ein Uhr vorbei? Donnerwetter. Dabei hatten sie vor fast zwei Stunden aufgehört, miteinander zu chatten. Was für eine Nachteule...

Andererseits galt ja dasselbe für sie. Bei diesem Gedanken lächelte sie humorlos.

Frustriert und traurig wie sie war, fiel Nici ohne große Begrüßung mit der Tür ins Haus.

N: Ich glaube mittlerweile, ich schreibe doch bei weitem nicht so gut, wie ich dachte.

Einige traurige und frustriert drein blickende Emojis zierten die Nachricht.

N: Hab eine neue Testhörerin gefunden. Sie hat mir schon viel nützliches Feedback gegeben, die Kritik ist gut begründet. Dagegen will ich nicht mal was sagen.

Aber das ändert nichts an der Tatsache, dass sie nicht einmal ein Viertel des Albums angehört hat. Es gefällt ihr nicht mal zum fertig Anhören gut genug. Sie hat nach vier Liedern aufgehört.

Meine Motivation ist gerade absolut im Keller...

Ja klar nehm ich das ernst und zum Anlass, das Album noch mal gründlich unter die Lupe zu nehmen und zu überarbeiten. Aber endlich war ich halbwegs zufrieden! Jetzt mag ich es gerade gar nicht mehr und frage mich, wie ich damit je einen Agenten finden soll oder einen Produzenten, der es aufnehmen möchte.

Und meinen Zeitplan für 2018 kann ich eh knicken. Bis das Album wieder neu überarbeitet ist, die Tester durch sind und ich anhand ihrer Meinungen neu drüber gegangen bin, ist garantiert schon Sommer.

Klischeehaft. Alles schon da gewesen, meint sie. Blaue Flüsse, grüne Ebenen und hohe Berge, die perfekte Welt und das alles im Country-Kleidchen. Sie fand es unerträglich.
Ich fühl mich in der Luft zerfetzt...

E: Ähm – Stopp.
Hör sofort damit auf, Nici!

N: Jetzt hab ich gerade ohnehin so ein Tief, dass ich schon überlege, mich wieder in Behandlung zu begeben, zumindest einmal monatlich. Bis auf das Schreiben und die Hunde macht mir gerade nichts Freude. Und jetzt so was. Das tut echt weh.

Erst, als sie das abgeschickt hatte, bemerkte sie Elias' Antwort und nahm seufzend die Hände von der Tastatur, um zu warten, was er schreiben würde.

E: So, jetzt hör mir mal genau zu.
Du hast doch einigen deine Texte zu lesen gegeben und die Musik zum Anhören, oder!?
Jetzt sagt eine von denen, dass es ihr nicht gefällt... und du bist kurz davor, alles hinzuschmeißen? Das kann nicht dein Ernst sein!

Zögernd tippte sie weiter.

N: Das Problem ist beim erneuten Drüberhören und Reinlesen, dass manche Kritikpunkte wirklich Berechtigung haben.

E: Und wie kommst du darauf? Habe ich etwas in diese Richtung gesagt? Oder einer der anderen Testhörer?

Was sollen das überhaupt für dumme Aussagen sein? Weil du eine perfekte Welt beschreibst? Na und? Das ist eine Welt, die du dir erträumst. Das ist Fantasie, das darf so sein. Eine unperfekte Welt haben wir eh schon hier, warum solltest du über eine schreiben? Andere machen das auch und verkaufen jede Menge Alben. Nimm als Beispiel mal Ed Sheeran! Er schreibt von einer Frau, die er perfekt findet. Ernsthaft? Es gibt keine perfekten Menschen! Trotzdem ist er mega erfolgreich.

Daher: Dumme Aussage, die solltest du nicht ernst nehmen!

Wie müsste das denn in ihren Augen sein, damit du Musik schreibst, die ihr gefällt?!

Nici lehnte sich zurück. Unruhig trommelten ihre Fingerspitzen auf den Schreibtisch. Er hatte nicht unrecht, aber dennoch... Mit einem Aufatmen setzte sie sich auf und schrieb weiter.

N: Naja, ich will auch nicht viel an der Welt ändern. Sie soll schön und lebenswert und perfekt sein. Aber andere Punkte...

E: Was du mir eben geschrieben hast, dass sie das angemerkt hat, ist jedenfalls Müll.

N: Sie hat gemeint, ich hör mich an wie Hermes' Houseband 2.0.

E: ... Uuuuund? Ich versteh jetzt nicht, was du mit dieser Aussage für ein Problem hast.

N: Mein Stil ist denen zu ähnlich. Dass ich in einer ähnlichen Sparte schreibe, reicht ihr nicht als Argument.

E: Tja, es ist aber so. Du tanzt zu Musik von denen, und … verdammt nochmal, es ist nun mal so, dass das Country und Rock ist. Klar ähneln sich manche Dinge, wenn man auch Country und Rock schreibt! Sonst würdest du die Musikrichtung völlig neu erfinden! Du schreibst gut. Basta.
Nimm dir das nicht so zu Herzen! Du bist nun mal ein Country Girl, Miss. Ein Cowgirl. Du tanzt zu Country und schreibst dazu. Deine Showoutfits, egal ob für Bühnenauftritte oder wenn du mit deiner Gruppe tanzen gehst, passen auch dazu. Bleib wie du bist, arbeite weiter dran. Du wirst deinen Weg machen.

Sie konnte endlich wieder lächeln, als sie das las.

N: … Miss? :D

E: Naja, passt doch, oder? ;)

Sie lachte leise.

*N: Hm... irgendwie schon. Gefällt mir sogar besser als Nici. ^^*

E: Sehr gut. Geht es dir besser?

N: Etwas... Danke fürs Zuhören. :) Wie gehst du eigentlich mit Kritik um? Das war heute echt furchtbar für mich. Wie schaffst du es, nach so vernichtenden Urteilen weiterzumachen?

E: Puh, willst du das wirklich wissen? ^^ Frag nicht, was ich zu einigen Liedern schon für Feedbacks bekommen habe. Teilweise aber zu denen, die du am liebsten magst! ;)

N: Was denn? :O

E: Dass die Strophen komisch aufgebaut wären, dass die Melodie abgehackt ist, dass man so was unmöglich singen kann, die Wortwiederholungen wären ein Beweis für meinen unterirdischen Stil und wenn man das liest, würde man meinen, ich wüsste nicht, was ich da mache.

N: Nicht im Ernst, oder?

E: Und... aufgepasst. Einer hat tatsächlich kritisiert, dass das Rock ist auf meinem Album...

N: ... Ja, ne, ist klar. Wer rechnet schon auf einem Rock-Album mit Rock? Echt jetzt, schäm dich! ;)

E: Jaja, ich geh mich schon verstecken, ich bin so ein schrecklicher Songwriter. Wie kann ich es wagen, ein Rockalbum mit Rocksongs zu schreiben? Passt doch nicht zusammen! ^^
Und außerdem wäre meine Musik flach, hat keine Tiefe.

N: ... Ja ne, ich hab ja nur zu manchen Songs geheult, weil mich die Texte so mitgenommen haben! O.o

E: Und es wäre nur ein Abklatsch von ACDC...

N: Hm ist aber irgendwie klar, dass sich bestimmte Muster in der Musik wiederholen, oder? Mich stört es nur, wenn man die kaum noch unterscheiden kann.

E: Weißt du, ich war letztes Jahr auch kurz davor, alles hinzuwerfen. Einige Freunde haben mich wieder aufgebaut – also genau das, was ich gerade bei dir probiere. ;)
Aber hey... erst gestern hab ich wieder einen Song verkauft. Zwar nicht an eine Band, die in den Charts unterwegs ist, aber das heißt, dass meine Musik offensichtlich nicht so schlecht ist, wie manche behaupten.
Man kann es nie jedem Recht machen. Dafür sind die Geschmäcker zu verschieden. Das geht nicht, also verabschiede dich von dem Gedanken, perfekt sein zu wollen. Das ist einfach unmöglich!

N: Wieder ein neuer Song verkauft? Toll... Gratuliere! :)

E: Es gibt noch immer genug Leute, die denken und auch sagen werden: „Mann, was wurde da für Bockmist verzapft?" Aber das ist egal, denn auf jeden, der deine Songs nicht mag, kommen hundert, die sie lieben werden.
Das ist hart und ich kenn das.
Aber... schreib deine Texte nicht anhand der Korrekturvorschläge tot, nur weil sie einer Person nicht gefallen. Das ist es nicht wert.
Du wirst deine Fans bekommen. Und die werden deine Musik lieben.

Ich hab schon einige deiner Texte gelesen und manche deiner Lieder gehört.
Meine Meinung zu all diesen Liedern hab ich dir bereits gesagt. Und das
war meine ehrliche Meinung – sie haben mir gefallen. Punkt!
Ich hätte auch letzte Woche nicht deine Musikerseite auf meiner verlinkt,
wenn ich nicht an dich glauben würde.

Nici seufzte, während sie weiterschrieb.

N: Ich weiß, dass ich es nicht jedem Recht machen kann, aber so was zu
hören ist trotzdem hart. Vor allem an New World hab ich so lang und
liebevoll gearbeitet und ich finde die Entwicklung meiner Lieder schon
beeindruckend, wenn ich das sagen darf. Ich verbessere mich laufend und
arbeite an mir. Manchmal schicken mir meine Freundinnen Mila und
Yamuna – die zwei Hauptkritiker – schöne Bilder von Landschaften und
meinen: Wenn ich deine Lieder höre, hab ich das Gefühl, sie bringen mich
genau dahin! Die Welt ... sie soll nicht perfekt sein. Aber außergewöhnlich.
Und das soll sie bleiben.

E: Gute Einstellung! Dein Stil ist toll, lass ihn dir nicht nehmen, nur weil
er einem Menschen nicht gefällt.
Und ... vergiss deine Zeitpläne.
Wir sind Künstler. Das Leben schreibt unsere Geschichten mit uns mit. Die
Inspiration kann sich in Luft auflösen oder uns so überrollen, dass wir vor
lauter Schreiben kaum zum Schlafen kommen. Ich würde auch am liebsten
fünf Songs pro Woche schreiben. Trotzdem ist es manchmal nur einer im
Monat. ;)

Mach dir weniger Druck. Du sollst dir natürlich Ziele setzen, die dich anspornen. Aber solange wir keine Vollzeitmusiker sind, musst du nicht so streng sein. Sei nicht zu hart mit dir, wenn du die Ziele mal nicht erreichst.

N: xD Ich bin nur leider einer jener Menschen, die ohne Ziel, Zeitplan und Deadline kaum noch einen Finger krumm machen.

E: Ach, ich bin doch genauso. ^^ Manchmal komm ich nach der Arbeit heim und will einen Song schreiben, aber dann sitz ich erst mal ne halbe Stunde vor dem Computer und schau eine weiße Seite an. Oder bleibe erst recht in Facebook hängen. ;) Einfach, weil mir nichts einfällt.
Dann nehme ich mir bewusst ein paar Tage Auszeit. Treffe mich mit Freunden oder chatte (wie jetzt mit dir) oder gehe nur zum Zocken an den PC. World of Warcraft und ähnliches. :D
Nach ein paar Tagen fehlt mir das Komponieren und ich setze mich mit neuer Energie dazu. Dann läuft es von selbst.

N: Das hört sich nach einem vernünftigen Plan an... ^^ :)

E: Vergiss nicht, dass du kein Roboter bist. ;)
Wir sind keine Vollzeitmusiker, aber letzteres nur NOCH nicht.
Zwing dich nicht zu sehr.
Denn dann passieren nur zwei Sachen:
Zum einen würdest du nur noch Blödsinn schreiben! ;)
Und zum zweiten... du würdest den Spaß dran verlieren. Die ganze Leidenschaft wäre weg. Aber gerade das ist das Wichtigste dran! Ich meine... macht dir deine Musik Freude? Versinkst du gern in den Welten, in die sie dich entführt? Zu weiten Ebenen, blauen Ozeanen und

malerischen Flüssen, umgeben von hohen Bergen? Mal ehrlich, das hat das Zeug zum Musikvideo!!! ^^ Bist du gern dort?

N: ... Was für eine Frage.
Ich mag meine Musik nicht.
Ich LIEBE sie! :P
Ich liebe die Melodien, die Rhythmen, jedes einzelne Wort jedes einzelnen Textes...

E: Na, eben! Dann lass dir das nicht von einer Person verderben.

Es fühlte sich so an, als würde man ein schweres Gewicht von Nicis Brust nehmen. Sie lächelte glücklich, als sie ihre Antwort in die Tasten schlug, während sich in ihrem Herzen ein neues Lied zu formen begann, von dem sie schon wusste, dass es von Elias inspiriert war. Der Titel würde ihr noch einfallen.

N: Danke, dass du dir so viel Mühe gibst. Es geht mir deutlich besser. :)
Tut mir leid, dass ich so viel gejammert habe... Ich wusste nicht, mit wem ich darüber reden soll. :(

E: Dafür bin ich doch da! :)

N: Dass sie sogar das Anhören unterbrochen hat, weil sie nicht in die Musik reingekommen ist, war wie ein Hammerschlag. BÄHM... Du bist nicht so gut wie gedacht. So richtig... ZACK.

E: Hör mal, darf ich dir dazu noch einen Tipp geben?

N: Klar, her damit.

E: Schreib nicht für die Masse, sondern nur für dich. Such dir ein oder zwei Leute und schreib so, wie du denkst, dass sie es lieben werden. Die scheinst du ja schon zu haben. ;) Hör auf ihre Anmerkungen und Kritiken.
Und pfeif auf alle anderen! :)

N: Das kommt mir wie ein guter Ansatz vor. :)
Ich hab mir sogar Kritiker für meine Musik gesucht, mit denen ich nicht befreundet oder verwandt bin. Wieso? Weil meine Freunde mich nicht oder zu wenig kritisieren aus Angst, mir wehzutun. Aber nur mit Lob fang ich nichts an, ich will mich ja weiterentwickeln.

E: Ist auch vernünftig, dennoch darfst du dich von Kritik nicht kaputtmachen lassen.
Ich für meinen Teil suche mir zum Anhören und Lesen meiner Arbeiten keine Leute, die ich nicht kenne... Vielleicht ist das der falsche Weg, aber ich hab auch einen dabei, der mir so lange auf den Senkel geht, bis ich das Beste aus jedem Lied geholt habe. Aber er schafft es auf eine Art, die mir nicht wehtut! ;)

N: Das klingt nach einem wahren Freund. ^^

E: Naja. Der, der immer meine Countrysongs zur Probe hört, ist auch ein guter Freund. Und der haut mir seine Kritik regelrecht vor die Füße, damit ich sie ja nicht übersehe. ^^ Aber da weiß ich, dass er Ahnung hat und mir nur helfen möchte.

N: Haha – zwei habe ich über ein Musikforum kennengelernt, die mir Feedback zu meinen Liedern geben, und mit denen BIN ich mittlerweile befreundet. :D

Nici musste bei diesen Worten breit grinsen. Yamuna und Mila... sie waren wohl neben Tatjana mit die besten Freundinnen, die sie je hatte.

E: Na bitte. Aber weißt du, Fremden so was anzuvertrauen, kann nach hinten losgehen. Freunde kritisieren vielleicht weniger. Aber Fremden ist es egal, wenn sie dir deinen Lebenstraum kaputtmachen. Da muss Balance gegeben sein.

N: Was mir wehgetan hat, war weniger die Kritik am Fluss der Melodie, da konnte ich wirklich noch was verbessern. Aber am Text... Da hab ich mir ja was gedacht. Mit meiner Traumwelt. Das sind MEINE Berge und Wiesen... Für mich fühlen sich Lieder an, als wären sie ein Teil von mir, und den hat sie kritisiert.

E: Lass das nicht mehr zu, Miss. Entwickle dich weiter, das schon, aber nimm nicht alles so ernst.
Klar gefällt nicht jedem alles. Aber denk daran, auch der Musikgeschmack der Leute ändert sich laufend. Früher hab ich gern Alan Jackson gehört, den muss ich jetzt nicht mehr so haben.

N: Geht mir ähnlich mit Bon Jovi. Ein paar Hits liebe ich noch, bei anderen komme ich nicht mehr rein. Dafür mag ich Ed Sheeran lieber als früher.

E: Na bitte. Weißt du, ich verehre all die großen Musiker. Aber ich muss nicht wie sie werden, um glücklich zu sein. Wenn ich irgendwann von der Musik leben kann und damit die Menschen berühre, reicht mir das. :)

N: Ich muss auch keine Millionärin werden. ^^ Wie du sagst... ich bin happy, wenn ich davon leben könnte.

E: Naja, Hauptsache wir enden nicht wie die Künstler, die völlig verarmt sterben und erst nach dem Tod berühmt werden!

N: Jaaaaa, das klingt nicht besonders verlockend! :D

E: Also, fühlst du dich schon besser?

Nici wollte eine ehrliche Antwort geben, deshalb lauschte sie kurz in sich hinein. Sie fühlte sich wieder friedlich, ruhig und sicher. Mit einem Lächeln schrieb sie weiter.

N: Ja, wesentlich... :)

E: Ok. Ich will nie wieder von dir hören, dass du aufgeben willst oder irgendwas anderes in diese Richtung! Und wenn du wieder so negative Kritiken kriegst, sag den Leuten folgendes: Danke für deine Meinung – hör es dir halt nicht an!

N: Ich will wirklich nicht aufgeben... Aber manchmal frag ich mich, ob irgendjemand außer meinen Freunden das je hören wird. Die kennen das ja alle. Ach, ich hatte heute einfach ne miese Phase.

1000 Dank, dass du mich aufgebaut hast. :)
Während sie das schrieb, wurde Nici klar, wie das Lied heißen würde, das ihr gerade im Kopf rumspukte... You Make Me Strong.

E: Jederzeit wieder! Über so etwas kannst du immer mit mir reden und wenn dich irgendwas in die Richtung bedrückt, schreib mir. Ich bin für dich da und helfe dir gern. :)

Nicis Herz fühlte sich leicht und glücklich an, als sie das las. Sie war unheimlich dankbar, einen so wunderbaren Menschen ihren Freund nennen zu dürfen.

Als Frank begann, ein bisschen Konversation zu machen, wurde Nici aus ihren Erinnerungen gerissen und wandte sich dem freundlichen Taxilenker zu, um sich mit ihm zu unterhalten. Wie es schien, hatte sich seine Enkelin sehr über das Autogramm gefreut und alle ihre Freundinnen beneideten sie darum.

Mit einem Lachen sah sich Nici genötigt, noch ein paar Seiten aus ihrem Notizbuch zu trennen und diese mit Autogrammen zu versehen.

Fünfter Song

Love To See You Smile

Während dem Rest der Fahrt schaute Nici neugierig aus dem Fenster und beobachtete den Straßenverkehr, während die Stadt an ihr vorbei flog. Je weiter sie fuhren, umso nervöser wurde sie.
Unruhig spielte sie auf ihrem Handy herum, bis sie Elias schließlich eine Nachricht schickte.

N: Wie begrüßt man sich eigentlich, wenn man sich kennt, aber noch nie gesehen hat?

E: Wie wäre es mit einem Hallo? ;)

N: Kindskopf...

E: Ich weiß wirklich nicht, was du meinst. Wie begrüßt man sich denn?

N: Naja, Hände schütteln?

E: So förmlich? Du kränkst mich. Wie begrüßt du Freunde denn üblicherweise?

N: Freundinnen werden von mir umarmt. Freunde hatte ich noch nie.

E: Dann umarm mich einfach auch. ^^

N: Hättest du wohl gern. Ich umarme keine Männer.

E: Da hat die Männerwelt was versäumt...

N: Bleib mal ernst! ^^

E: Du bist doch selbst nicht ernst! ^^

N: ... du weißt, wieso.

E: Weiß ich doch, Miss. Alles gut. Daran arbeiten wir noch.

N: Woran?

E: Dass du dich nicht mehr vor Umarmungen fürchtest.

N: Ich hab keine Angst vor Umarmungen. Nur vor großen Männern.

E: Ich hoffe, ich kann das noch ändern!

N: Wenn es jemand kann, dann du. ;)

E: Ok, wenn ich dich nicht umarmen darf... Darf ich dir einen Handkuss geben? :)

N: So richtig gentleman-like? Wie ein Cowboy? ;)

E: Hältst du das für eine leere Drohung?

N: Du hältst, was du versprichst, soviel weiß ich.

E: Letzte Warnung, Miss...

N: Kein Handkuss!!!

E: Schade! :(

N: Hm... Händeschütteln. Und wenn du nett bist, umarme ich dich zum Abschied. Deal?

E: Du machst mich zwar traurig, aber... Deal! ;)

Nici hopste fast auf dem Sitz auf und ab vor Unruhe, als das Taxi wenige Minuten vor zehn vor dem Museum hielt. »Da vorne ist der Haupteingang!«, wies Frank sie freundlich hin und nannte die Kosten für die Fahrt. Nici drückte ihm das Geld in die Hand und rundete ein großzügiges Trinkgeld auf, war aber nur halb bei der Sache. Vor dem Museum standen Dinosaurierplastiken, und neben dem Haupteingang... wartete ein großer Mann mit Cowboyhut, der sich suchend umsah. Er hatte einen gepflegten, dunklen Bart, breite Schultern und unter dem ungebügelten Hemd... ein kleines Bäuchlein.

Aber was ihr sofort ins Auge stach, war der verdammte *Hut*.

Oh Gott, er hatte ihn wirklich aufgesetzt! Nici wusste nicht, ob sie lachen oder entsetzt sein sollte. Nun hatte sie keine Ausrede mehr, ihren Hut im Taxi »zu vergessen« - dabei würde Frank ihr garantiert den Gefallen tun und ihn bis zu ihrem Tattootermin im Kofferraum aufbewahren, darauf würde sie wetten.

Und sommerliche Touristenmassen, von wegen! Natürlich waren Fußgänger unterwegs, aber von Massen konnte keine Rede sein. Das Erkennungszeichen wäre definitiv nicht nötig gewesen!

Und nun würde sie den ganzen Tag mit einem silberweißen Cowboyhut herumlaufen, der durchaus das Potential hatte, Autofahrer zu blenden. Oh verdammt... Worauf hatte sie sich eingelassen?

»Alles in Ordnung, Frau Strasser?«, fragte Frank freundlich. Sogar an ihren Nachnamen erinnerte er sich. Irgendwie war das süß von dem älteren Mann.

Nici holte tief Luft, schluckte und nickte schließlich mit einem erzwungenen Lächeln. »Ja, Dankeschön. Ich bin nur nervös. Ich habe mich noch nie allein mit jemand Fremden getroffen.«

Frank nickte nachdenklich. »Machen Sie sich Sorgen? Ich meine, eine hübsche junge Frau und ein fremder Mann...? Wenn Sie unsicher sind, melden Sie sich bei mir, ja? Ich hole Sie jederzeit und überall ab.« Als er das sagte, wirkte er fest entschlossen. Nici musste über dieses väterliche Verhalten des Mannes lächeln.

»Das ist es weniger, aber ... ach, ich weiß auch nicht. Wenn man Leute nur virtuell kennenlernt, stellt sich die Wirklichkeit oft anders heraus...«

»Oh.« Frank wirkte einen Moment überrascht, dann lächelte er, als würde ihm etwas klar werden, das Nici nicht verstand. »Ach, machen Sie sich keine Sorgen. Sie sind eine hübsche, charmante junge Frau. Wäre ich fünfundzwanzig Jahre jünger, würde ich mit Ihnen flirten!«, lachte er mit einem frechen Zwinkern.

Falls er sie aufmuntern wollte, wirkte es. Nici lachte und entspannte sich etwas. »Darum ging es mir eher weniger, aber... danke, Frank. Wenn Sie mich nach dem Konzert zu meinen Tattooterminen fahren, bekommen Sie ein paar Autogramme für Ihre Enkelin und ihre Freundinnen!«, erwiderte sie lächelnd und griff nach der Autotür.

Frank murmelte noch irgendetwas von wegen, er müsse seine Sofortbildkamera suchen, aber Nici war sich nicht sicher, ob sie ihn richtig verstanden hatte. Sie stieg aus dem Auto, hängte sich ihre Handtasche locker über die Schulter, holte tief Luft...

Und setzte ihren Hut auf.

Sie überquerte den kleinen Platz und hielt mit einer Hand ihre Tasche auf ihrer Schulter fest. Die andere zupfte zappelig an ihrem Hemd herum. Ihr war noch nie aufgefallen, was sie sonst mit ihren Händen machte. Sie schob die Linke mit einem Durchatmen in die Tasche ihrer Hose, was sich komisch anfühlte, weshalb sie den Daumen einfach in die Gürtelschlaufe der Jeans hakte. Besser.

Elias sah in ihre Richtung, als sie den Platz vor dem Museum fast hinter sich gelassen hatte. Sofort machte sich ein Grinsen auf seinem Gesicht breit.

Verdammter silberner Hut.

»Oh Mann, sag ja nix!«, seufzte sie und senkte den Kopf, um sich hinter ihrer Hutkrempe zu verstecken.

Elias lachte. »Hallo, Miss. Schön, dich zu sehen. Und der Hut steht dir übrigens ausgezeichnet.«

73

Sie hob den Blick, als sie knapp vor ihm stand und grinste verlegen. »Ähm... Hallo.«

Elias hielt ihr die Hand entgegen und lächelte sie an. Er schien nicht zu wissen, was er sagen sollte, aber seine Augen blitzten schalkhaft, während er darauf wartete, dass sie seine Hand ergriff. Schüchtern? Ernsthaft?

Nici reichte ihm ihre Hand mit einem unsicheren Lächeln und umfasste seine. Seine Hand war warm und leicht rau von den Instrumenten, die er spielte, sein Griff sicher und fest. Bevor sie reagieren konnte, zog er sie zu sich heran, legte den anderen Arm kurz und sanft um sie und drückte sie leicht. Sie hielt unwillkürlich die Luft an. Aber es dauerte vielleicht zwei Sekunden, bis er sie wieder los ließ und einen Schritt zurücktrat, um auf sie herabzulächeln. Nici musste den Kopf in den Nacken legen, um Elias anzusehen. Himmel, er hatte zumindest nicht geflunkert: Er *war* groß! Und nun, da sie so nahe voreinander standen, merkte sie, dass er warme, braune Augen hatte.

Er klopfte mit zwei Fingern auf ihre Hutkrempe, sodass ihr der Hut etwas tiefer in die Stirn rutschte. »Ha! Umarmt. Und du lebst noch!«

Nici grinste und schob seine Hand weg, bevor sie ihren Hut zurechtrückte. »Ach, sei still. Bei dir ist es was anderes.«

Er machte ein erschrockenes Gesicht und legte sich eine Hand auf die Brust, als hätten ihre Worte ihn tief getroffen. »Weil ich kein Mann bin?«

Sie zuckte die Schultern und lächelte, nun wieder ernsthafter. »Weil du ein Freund bist. Ich vertrau dir. Gewonnen, du bekommst eine Umarmung am Ende des Tages.«

Elias musterte sie einen Moment, bevor er noch breiter grinste. »Jackpot!«

»Aufpassen, sonst überlege ich es mir anders«, kicherte Nici und warf einen Blick auf den Eingang des Museums. »Gehen wir rein?«

»Das war also kein Witz? Du magst Naturkundemuseen?« Elias wirkte überrascht, als hätte er es nicht ganz geglaubt.

»Warum hätte ich das nur behaupten sollen? Magst du sie denn nicht?«, fragte Nici stirnrunzelnd und wandte sich ihm wieder zu.

Ein Lächeln huschte über sein Gesicht. »Doch. Und freut mich, dass du sie auch magst. Manchmal behaupten Leute so was doch nur, um Eindruck zu machen.«

»Du solltest mich doch besser kennen.«

»Darf ich dich dran erinnern, dass du mich fünfmal gefragt hast, ob ich es ernst meinte mit unserem Treffen?«, zog er sie auf.

Sie antwortete mit einem beschämten Achselzucken. »Touché. Also, gehen wir rein?«

»Klar.«

Sie betraten das Museum und Nici sah sich neugierig um, nachdem sie den Eintritt bezahlt hatten. Ein paar Touristengruppen mit Fremdenführern waren bereits unterwegs, sonst schien es noch relativ ruhig zu sein, schließlich hatte das Museum noch nicht lange geöffnet. Elias ging mit einem Schritt Abstand neben ihr her, die Hände entspannt in die Hosentaschen geschoben. »Also, wo willst du zuerst hin? In den Shop? Oder in eine der Ausstellungen?«

»Egal, Hauptsache, wir sehen alles!«, lachte Nici und lief aufs Geratewohl los. »In den Shop will ich am Schluss. Ich will einen Magneten für den Kühlschrank oder einen Schlüsselanhänger. Oder beides. Ich nehme von überall, wo ich hinfahre, eine Kleinigkeit als

Andenken mit! Minimalismus sieht anders aus, aber ich liebe nun mal Krimskrams!«

Elias lachte darüber. »Vergiss nicht, dass du mit einem Nerd sprichst. Ich sammle Actionfiguren und Comics. Vor mir brauchst du dich mit deinem Sammelwahn nicht zu schämen.«

Nici grinste, als sie schon den Ausstellungssaal mit den Dinosaurierskeletten erreichten. Wow. Die Exponate waren beeindruckend. Nici lief von einem zum anderen, las fasziniert die Info-Kärtchen und nahm die Eindrücke in sich auf.

»Du bist ja wie ein Kind an Weihnachten!«, lachte Elias.

Nici drehte sich grinsend zu ihm herum. »Ich mag Dinosaurier eben! Schon als Kind habe ich dicke Lexika darüber gelesen, und ich liebe die sechsteilige BBC-Dokumentation.«

Elias schien das irgendwie witzig zu finden, aber wirkte gleichzeitig nachdenklich, während Nici den Kopf in den Nacken legte, um fasziniert zum Kopf des T-Rex-Skelettes aufzusehen. Himmel, waren das lange Zähne!

»Warum fasziniert dich etwas, das es schon so lange nicht mehr gibt?«, fragte er und klang ernsthaft interessiert, während er ihr durch den Ausstellungssaal folgte.

Nici musste darüber tatsächlich kurz nachdenken. Sie wollte ihm keine oberflächliche Antwort geben. Schon in den Chats hatten sie sehr viel und ausschweifend über ihre Interessen geredet und vor allem, *warum* sie etwas beschäftigte. Es war spannend, das zu hinterfragen. Man entdeckte neue Seiten an sich selbst. Viele von Elias' Ansichten hatten sie überrascht und umgekehrt galt dasselbe.

»Schwer zu sagen, da spielen mehrere Faktoren eine Rolle«, meinte sie stirnrunzelnd und ging um den Schädel eines Triceratops herum.

»Einerseits die verstrichene Zeitspanne. Ich meine, sie sind so unglaublich alt! Es erinnert mich daran, wie jung die Menschheit ist. Dinosaurier gab es über viele Millionen Jahre auf der Welt. Es ist spannend, sich vorzustellen, wie sie gelebt haben – was dafür gesorgt hat, dass sie so erfolgreich waren. Natürlich kann man vieles rekonstruieren, aber Fakt ist: Das meiste davon bleibt Theorie. Man wird nie hundertprozentig sagen können, ob sie wirklich die Hautfarbe hatten, die man vermutet, oder wie sie sich in der Herde verhalten haben. Haben sie Jungtiere und schwächere Herdenmitglieder beschützt, sofern sie in Herden unterwegs waren? Oder haben sie sie Räubern überlassen, um selbst zu überleben? Man wird es nie mit Sicherheit sagen können. Tiere, die heute leben, kann man beobachten, da erfährt man vieles. Das weckt manchmal den Wunsch in mir, in der Zeit zurückreisen zu können, um das alles herauszufinden...«

Sie drehte sich zu Elias um, der ihr noch immer folgte und aufmerksam zuhörte. Der letzte noch lebende Gentleman, tatsächlich. Er wirkte nicht einmal gelangweilt. Sie fuhr lächelnd fort.

»Außerdem... weckt es Ehrfurcht in mir. Was für fantastische Wesen... Groß. Stark. Mächtig. Und dennoch so sterblich... wenn ich die Doku sehe, muss ich jedes mal weinen, wenn der Meteor einschlägt und diese Tiere aussterben. Es war das Ende einer Ära...«

»Das ist wahr. Aber ohne dieses Ende hätte es keinen Neuanfang für viele andere Spezies gegeben«, gab Elias zu bedenken.

»Das stimmt, ja. Und wenn ich die Welt so betrachte, bin ich dankbar für alles, was es gibt und was darauf gefolgt ist.«

»Über solche Dinge denkst du nach?«

Die beiden hatten mittlerweile einen anderen Teil des Museums erreicht, der den Haien gewidmet war. Nici drehte sich mit einem frechen Grinsen zu Elias um und deutete auf die Haie. »Wenn man mich fragt, ja. Ich meine, allein das hier... Ich liebe Haie! So schön, so faszinierend... Und so alt wie die Dinosaurier. Lebende Fossilien, noch immer hier! An der Spitze der Nahrungskette der Meere...« Dann verdüsterte sich ihr Blick. »Und wir Menschen jagen sie wegen ihrer Flossen, dringen in ihr Revier ein und wundern uns, wenn wir gebissen werden. Uns ist nicht zu helfen. Und mittlerweile sind sie wegen unserer Dummheit vom Aussterben bedroht!« Sie seufzte. »Uns ist *echt* nicht zu helfen. Wir bekommen diesen wunderschönen Planeten geschenkt und dann sieh, was wir draus gemacht haben...«

»Wenn sich alle Menschen so viele Gedanken darüber machen würden wie du, gäbe es in diese Richtung deutlich weniger Probleme auf der Welt«, murmelte Elias und wirkte nachdenklich, während sie weiter durch das Museum wanderten. Nici betrachtete staunend die unzähligen bunten, ausgestopften Vögel in den Ausstellungsräumen. Was für eine Vielfalt... Sie liebte Vögel, ihre Farben, ihre Geschicklichkeit im Flug und natürlich ihren Gesang. Es gab nichts Schöneres als das Vogelgezwitscher zu Sonnenaufgang.

Ihre Gärten zuhause waren alle pestizidfrei und in den Nebengebäuden des alten Hofes hatten sich schon etliche Vogelpärchen Nester gebaut. Erst im letzten Jahr war ein ziemlich großes Rotschwanz-Küken aus seinem Nest gefallen und sie hatte es wieder rein gesetzt. Ein paar Wochen später war es mit seinen Eltern herumgeflogen, worüber sie sich riesig gefreut hatte. Sie liebte es, sich unter die Apfelbäume zu setzen und ließ das Gras immer recht hoch wachsen. Es summte und brummte nur so vor Bienen, und sie hoffte, es würde noch lange so bleiben. Dass das Insekten- und Vogelsterben so schnell voranschritt, machte sie traurig und sie wollte ihren Beitrag leisten, damit diese Wesen noch sichere Refugien fanden.

Sie spazierten durch das ganze Museum und sahen sich alles in Ruhe an, bis Elias vorschlug, in den Shop zu gehen. »Wir wollen heute ja noch mehr unternehmen!«, feixte er. »Also reiß dich los!«

Nici verdrehte die Augen, nickte aber lächelnd. »Jaja.«

Im Shop durchforstete Nici neugierig die Regale. Während sie stöberte, rief Elias nach ihr. »Schau mal!« Er hielt eine Dinosaurier-Tasse hoch. »Wäre das nichts für dich?«

Sie schüttelte grinsend den Kopf. »Tassen habe ich mehr als genug, aber danke. Und so ein Dinofan bin ich auch wieder nicht!«

Kurz darauf fand sie einen hölzernen Kühlschrankmagneten mit dem eingebrannten Bild eines Mammuts. Dann sprang ihr noch ein Schlüsselanhänger mit eingearbeiteten Bernstein-Stücken ins Auge. Da sie sich nicht entscheiden konnte, ging sie einfach mit beidem zur Kasse. Elias kam nach, während sie ihre Souvenirs in der Handtasche verstaute, und legte einen Plüsch-Brachiosaurus auf die Ladentheke. Nici lachte bei dem Anblick. Einen fast 1,90 Meter großen Kerl mit Cowboyhut zu sehen, wie er ein Kuscheltier kaufte, war ein nettes Bild. »Oh, bist du ein heimlicher Sammler von Plüschtieren?«, zog sie ihn auf.

»Nö! Ich hab nur noch meinen alten Lieblingsteddy!«, antwortete er fröhlich und bat die Kassierin, das Etikett des Kuscheltieres zu entfernen. Sekunden später drehte er sich um und drückte der überrumpelten Nici das Plüschtier in die Hand. »Der ist für dich!«

Sie blinzelte ihn perplex an, dann auf das Stofftier in ihren Armen. »Ist das ein Witz?«

Elias grinste schief. »Behaupte nicht, dass du keine Plüschtiere magst! Du hast selbst zugegeben, dass du die Lieblingsstofftiere deiner Kindheit noch hast... Von den Einhörnern ganz zu schweigen!«

»Du... schenkst mir... ein Stofftier?«, fragte Nici noch einmal, dann musste sie wieder lachen, während sie den Shop verließen. »Du bist verrückt!«

Elias stieg in ihr Lachen ein. »Sagt die Kuscheltiersammlerin... Wenn der Dino keinen Ehrenplatz bekommt, bin ich beleidigt, Miss!«

Diesen Spitznamen zu hören, brachte sie zum Lächeln. So gefiel er ihr noch besser als geschrieben. Sie würde das jetzt immer im Ohr haben, wenn er sie beim Chatten so nannte, und sie stellte fest, dass sie das nicht störte. Sie setzte den Dinosaurier so in ihre Handtasche, dass der Kopf herausguckte, was ihr irritierte Blicke der Passanten einbrachte, als sie das Museum verließen. Gut, vielleicht erregte nur ihr silberner Cowboyhut diese Aufmerksamkeit... »Bekommt er. Ich schicke dir Zuhause ein Beweisfoto!«, versprach sie.

»Übrigens bist du selbst etwas verrückt!«, verkündete Elias, während er sie zur nächsten U-Bahnstation führte.

Nici runzelte die Stirn und sah irritiert zu ihm auf. »Wieso?«

Er grinste auf sie herab. »Wenn du lächelst, siehst du entzückend aus. Überhaupt nicht wie ein Hamster!«

Nici spürte, wie sich ihre Wangen röteten und senkte rasch den Blick. »Ähm... Danke, oder so.«

Elias lachte und sie betraten die U-Bahn. Er grinste sie schräg an. »Darüber schreib ich einen Song, meine Liebe. *Love to see you smile...* Das hat Potential.«

Im Lauf des frühen Nachmittags kehrten sie in dem Café ein, in dem Elias seine ersten Songs geschrieben hatte und er zeigte ihr den eisernen Steg, der eine tolle Aussicht auf die Skyline Frankfurts bot. »Hier hängen Verliebte Schlösser für ihre Liebe hin!«, erklärte er ihr, während sie über die Brücke spazierten, an deren Geländer tatsächlich unzählige Schlösser hingen, manche davon mit Ketten. »Vor allem frisch Vermählte hängen hier ein Schloss auf und werfen den Schlüssel in den Fluss, als Symbol.«

Nici schüttelte den Kopf. »Ich fand dieses Ritual immer eher befremdlich.« Skeptisch beäugte sie den Haufen von Schlössern am Geländer der Brücke.

Das brachte Elias zum Lachen. »Immer noch eine Zynikerin in Sachen Liebe?«

Sie verdrehte die Augen und wedelte mit ihrem umgearbeiteten, ehemaligen Ehering. »Das ist der Beweis dafür, dass ich mit meiner Arbeit verheiratet bin!«, spöttelte sie. »Ich glaube nicht an Happy Ends. Zumindest nicht an zwischenmenschliche.«

Elias schüttelte den Kopf. »Ach Miss, das macht mich traurig... aber vielleicht wird das noch?«, fragte er sanft. Er war schlagartig ernst geworden.

Nici seufzte und wieder huschten ihr Erinnerungsfetzen an ihre unglückliche Ehe durch den Kopf. »Eher nicht. Ich dachte, ich hätte mein Happy End, als ich meinen Ex kennengelernt habe. Und der hat sich als Arsch entpuppt.« Ihr Gesichtsausdruck verfinsterte sich.

Elias beobachtete sie, während sie über ihre Antwort nachdachte. »Anfangs will der Mann einen noch beschützen. Dann kontrollieren und besitzen und man wird unterdrückt... Und irgendwann im Streit kriegt man einen Stoß und hat am nächsten Tag blaue Flecken. Und dafür wird einem noch die Schuld in die Schuhe geschoben, man hätte ja die Klappe halten können... Das interessiert mich nicht mehr.«

»So sind wir doch nicht alle...«, gab Elias stirnrunzelnd zu bedenken.

Nici atmete tief durch. »*Du* vielleicht nicht.« Sie sah von der Seite zu Elias auf, aber er blickte nachdenklich auf den Fluss hinunter. »Bei dir könnte ich mir wirklich nicht vorstellen, dass du deine körperliche Überlegenheit nutzen würdest, um jemandem wehzutun.«

Elias ballte die Hände zu Fäusten. »Du kannst dir nicht vorstellen, wie wütend mich die Bilder machen, die ich davon im Kopf habe!«, brummte er und sah sie kurz von der Seite an. »Noch dazu jetzt, wo ich dich live gesehen habe. Ja, ein zerbrechliches Püppchen bist du nicht, das stimmt. Trotzdem gibt das niemandem das Recht, dich herumzuschubsen. Und Schuld daran bist du schon gar nicht! Lass dir das nicht einreden. Ich dürfte niemanden dabei erwischen, wie er Schwächeren wehtut, da würde ich meine guten Manieren vergessen. Ich mag keine Ungerechtigkeiten. Bei mir selbst ertrage ich sie eine Weile. Aber bei anderen... Das macht mich wütend.«

Nici näherte sich dem Brückengeländer und stützte sich mit den Armen darauf ab, um auf das Wasser hinunter zu sehen. »Dich könnte ich mir in der Schule auch nicht als Mobber vorstellen.«

Elias lehnte sich so dicht neben sie, dass sie die Wärme spüren konnte, die sein Körper ausstrahlte, aber ohne, dass er sie berührte.

»War ich auch nicht. Ich wurde selbst gehänselt, bis ich innerhalb eines Schuljahres plötzlich einen Kopf größer gewesen bin als jeder andere in der Klasse. Da war seltsamerweise sofort Schluss damit. Und ab da hab ich andere in Schutz genommen.«

Das brachte Nici zum Lächeln, aber es war ein trauriges Lächeln. Sie verspannte sich etwas, als sie sich an die Tritte erinnerte, an das Geschubstwerden... »Einen Beschützer hätte ich gut gebrauchen können«, murmelte sie verzagt. »Da wären viele schlimme Dinge sicher nicht passiert.«

Elias seufzte und tippte mit der Hand auf ihren Hut, damit sie sich ihm zuwandte. »Miss, hör mir mal zu. Vielleicht hast du das auf schriftlichem Wege nie so ernst genommen, wie du solltest, deshalb will ich dir das jetzt noch einmal sagen, von Angesicht zu Angesicht.« Nici drehte sich zu ihm um und sah zu ihm auf. »Du bist eine schöne, intelligente, junge Frau. Ich schreibe gern mit dir, ich unterhalte mich gern mit dir. Du hast Humor und hinterfragst die Welt. Dass ich dich kenne, hat mich zu einem besseren Menschen gemacht.«

Nici runzelte die Stirn und setzte dazu an, etwas zu sagen, aber Elias hob den Zeigefinger, um ihr zu bedeuten, still zu sein. »Ich bin noch nicht fertig. Lass mich ausreden. Du hast ein gutes Herz und ein offenes Ohr für jeden. Ich kann mir keine bessere Freundin als dich vorstellen. Du steckst voller Leidenschaft. Deine Musik, wenn du tanzt... Keine Ahnung, wo du das herhast, aber ich bewundere es.«

Nici seufzte. »Es tut gut, das alles zu hören, wirklich. Aber ganz glauben kann ich dir trotzdem nicht.«

»Es gibt noch mehr zu sagen!«, unterbrach Elias sie. »Es mag sein, dass viele Dinge nicht hätten passieren sollen. Aber dann wärst du nicht der Mensch, der du jetzt bist. Das wäre verdammt schade, denn du bist toll, so wie du bist! Ich bin dankbar, dich zu kennen, aber ich kenne dich, wie du bist, wegen dem, was die Welt aus dir gemacht hat.«

Nicis Herz zog sich zusammen, doch sie lächelte zu ihm auf. »Danke«, flüsterte sie heiser. Ihre Augen brannten, aber sie holte tief Luft, um die Tränen zu unterdrücken. Weinen kam jetzt überhaupt nicht infrage! »Warum gibst du dir eigentlich so viel Mühe? Manchmal muss das doch echt anstrengend sein mit mir!«, scherzte sie, aber ein Teil von ihr wollte das wissen.

Elias zog die Augenbrauen zusammen und nahm diese Frage offensichtlich ernst. Er grübelte kurz. »Weil du mir den Glauben an mich selbst zurückgegeben hast«, sagte er schließlich langsam, als müsse er jedes Wort auf die Goldwaage legen. »*End Of Time* war Teil eines Albums, weißt du noch? Du kennst jedes einzelne dieser Lieder.«

Nici nickte nachdenklich. »Natürlich.«

Elias sah sie ernst an. »Nun... ich wollte es verwerfen und alles löschen. Ich dachte, es wäre schlecht und würde nie jemanden interessieren. Irgendwas hat mich davon abgehalten, und als ich es dir schließlich geschickt habe...« Er zuckte die Achseln. »Du warst so... begeistert. Du hast die Nummern geliebt. Deine Leidenschaft hat mich mitgerissen, mich motiviert. Du hast mir Mut gemacht, meinen Traum zu leben. An der Musik gab es nicht viel zu rütteln, aber deine Textvorschläge haben das Beste aus jedem Song geholt. Von deinem Text zu *End Of Time* ganz zu schweigen. Du hast ein Potential in all dem gesehen, an das ich gar nicht glauben konnte. Ohne dich wäre all das gelöscht worden, ich hätte nie daran weiter gearbeitet. So war ich wieder... motivierter. Und allein dafür kann ich dir nie genug danken.«

Nici lächelte gerührt und versuchte, gleichmäßig weiter zu atmen, weil es ewig her war, dass jemand ihr das Gefühl gegeben hatte, wertvoll zu sein. »Wow... mir fehlen die Worte.«

Das brachte Elias dazu, verschmitzt die Augenbrauen zu heben. »*Dir* fehlen die Worte?«, scherzte er und lockerte die Stimmung damit auf. »Bist du sicher, dass du wirklich Nicoletta bist? Die Königin der Texte?«

Sie lachte und gab ihm einen kleinen Klaps auf den Oberarm. »Ach, hör auf!«, grinste sie und verschränkte die Arme vor der Brust, um zu ihm aufzusehen. Als sie seinem Blick begegnete, wurde es einen Moment still um die beiden. Elias sah sie an und um seine Augen bildeten sich winzige Fältchen, als er leicht schmunzelte. Sein Gesicht wurde wieder weicher nach dem ernsten Thema, das sie gerade noch beschäftigt hatte.

Sie musste zugeben, dass er ihr gefiel, wenn er lächelte.

»Du würdest mich jetzt gern umarmen, oder?«, fragte er mit einem Augenzwinkern.

Sie nickte gespielt widerwillig. »Irgendwie schon. Aber gewöhn dich nicht dran.«

Er breitete grinsend die Hände aus. »Ach, komm her.«

Zögernd legte sie die Arme um seine Taille und ließ sich von Elias umarmen. Ihr Herz schlug ihr bis zum Hals, als er sie leicht an sich drückte. Sie musste zugeben, dass seine Nähe keine Erinnerungen an all das weckte, was ihr angetan worden war. Im Gegenteil. In den paar Sekunden, die diese Umarmung dauerte, fühlte sie sich... wohl. Und sicher. Das kleine Bäuchlein, das sich unter seinem Hemd verbarg, war perfekt, um sich an ihn anzulehnen – sie hatte zwar noch nie einen durchtrainierten Kerl umarmt, aber sie konnte sich nicht vorstellen, dass das schöner wäre als das hier. Seine Arme um ihre Schultern fühlten sich fest und gut an. Nici war kräftig gebaut für eine Frau und ihre breiten Schultern ließen sie alles andere als zerbrechlich wirken, aber in dem Moment fühlte sie sich auf eine geborgene und angenehme Weise winzig, einfach weil Elias so viel größer war.

Er schob sie wieder zurück und tippte ihr mit dem Zeigefinger an die Hutkrempe. Unwillkürlich schenkte sie ihm ein verlegenes Grinsen. »Und, war das jetzt so schlimm?«, zog er sie auf.

»Nicht so schlimm wie erwartet!«, gab sie im selben Tonfall zurück und rückte ihren Hut zurecht. »Vielleicht wiederholen wir das sogar.«

Elias lachte und sie setzten sich wieder in Bewegung. »Das hoffe ich doch.«

Nici warf einen Blick auf ihre Armbanduhr. Elias schmunzelte. »Noch Termine heute, Miss?«

Sie lächelte zu ihm auf. »Nur einen Soundcheck und die Generalprobe für morgen. Aber erst in ein paar Stunden, etwas Zeit habe ich noch.«

In dem Moment klingelte ihr Handy. Nici runzelte die Stirn und wollte den Anruf schon ablehnen. Sie hielt es für unhöflich, ranzugehen oder zu schreiben, wenn man mit Leuten unterwegs war, aber Elias nickte ihr zu, als auf dem Bildschirm groß der Name ihres Managers aufleuchtete. »Geh ruhig ran. Vielleicht ist es wichtig.«

»Gut möglich. Ich hab ihm gestern den neuen Song geschickt«, gab Nici zu und hob schnell ab, wobei sie ein paar Schritte von Elias wegging.

»Hey, Superstar!«

Nici lächelte zurückhaltend. An die überdrehte Art ihres Managers musste sie sich noch gewöhnen. »Hey, Al.«

»Süße, wo zum Teufel hast du den neuen Song bis gestern versteckt? Das könnte der nächste Megahit werden! Der Produzent ist begeistert! Wo bist du gerade?« Die junge Frau runzelte die Stirn. »In Frankfurt. Am eisernen Steg. Ich bin mit einem Freund unterwegs. Dem, der die Melodie zu *End Of Time* geschrieben hat.«

»Tut mir leid, aber ihr werdet ein anderes Mal weiter plaudern müssen. Der Produzent will dich sehen! Hol deine Instrumente aus dem Hotelzimmer und komm sofort ins Studio! Brauchst du einen Fahrer?«

»Nein, ich ruf mir ein Taxi. Aber, Al, ich kann Elias nicht hier stehen lassen. Der neue Song ist von ihm, nicht von mir.«

»Oh, umso besser. Nimm ihn einfach mit.«

»Ähm...« Nici drehte sich um und warf Elias einen Blick zu, der sie aus dem Augenwinkel beobachtete. »Da muss ich mal mit ihm reden. Ich weiß ja nicht, ob er schon was vorhat.«

»Dann mach das mal!«

Nici hielt vorausschauend erst das Mikrofon ihres Telefons zu, bevor sie seufzte und auf Elias zuging. »Uh... hast du heute noch was vor?«

Elias schüttelte den Kopf und sah sie irritiert an. »Ich hab mir den ganzen Tag für dich freigehalten und sonst nichts mehr geplant. Ist alles okay?«

Nici starrte misstrauisch auf ihr Handy. »Ich soll dich ins Studio mitnehmen. Der Produzent will mich sofort sehen wegen dem neuen Song. Und als ich gesagt habe, dass ich mit dir unterwegs bin und der Song nicht von mir ist, hat Al gemeint, du kannst mitkommen.« Elias wirkte immer noch durcheinander, grinste jedoch wieder. »Na gut, dann wollen wir deinen Produzenten nicht warten lassen.«

Sechster Song

Last Gentleman

Nici und Elias hatten das nächste freie Taxi genommen, das sie erwischten, und waren kurz nach dem Anruf unterwegs zum Majestätischen Raben.

»Ich hab das Hotel noch nie gesehen, aber das muss ja ein ziemlich feiner Schuppen sein!«, meinte Elias.

Nici verdrehte die Augen und nickte. »Frag nicht. Ich habe Angst, mich mit meinem 200-Euro-Kleid blicken zu lassen. Dabei ist es das teuerste Kleidungsstück, das ich besitze.«

Elias lachte. »Das Kleid will ich unbedingt sehen.«

»Träum weiter.« Nici nahm den Hut vom Kopf und fuhr sich durch die Haare, die danach zerrauft in alle Richtungen abstanden. Sie zupfte sie zurecht.

Elias sah sie von der Seite an und grinste verschmitzt.

Sie drehte sich zu ihm um und zog die Augenbrauen hoch. »Was? Hab ich was im Gesicht?«

Elias schüttelte den Kopf und schien verlegen, als er sich abwandte und sich an den Hut tippte. »Ach, nichts.«

»Raus damit!«

Er lächelte schüchtern. Tatsächlich! *Schüchtern!* Dann sah er sie wieder an. »Ich verstehe nicht, wie man diese Frisur als unweiblich bezeichnen kann. Das steht dir total gut! Du wirkst... jünger. Weil die Haare frech aussehen.«

»Oh... Ähm... Danke«, murmelte Nici und strich sich die längeren Strähnen aus der Stirn. Dass sie sich an Komplimente gewöhnen musste, hatte Elias scheinbar ernst gemeint. »Einen Sidecut will ich auch irgendwann probieren. Dafür müssen sie aber wieder länger werden.«

»Das wird dir sicher gut stehen!«, gab Elias lächelnd zurück und sah sie an. »Wobei ich relativieren muss. Dir steht sowieso alles.«

»Hier schleimt heute aber jemand!«, grinste Nici und wandte ihr Gesicht ab, um ihre roten Wangen zu verbergen. »Übrigens, lass dir wieder einen Vollbart wachsen. Und ihn dir nicht wieder ausreden. Das hat dir gut gepasst. Auch, wenn ich ihn nur von Fotos kenne.«

Elias strich sich über das Kinn und wirkte nachdenklich. »Im Ernst? Wenn ich ihn wachsen lasse, wird der Bart weiß!«

Nici kicherte. »Na und? Gandalf hat auch einen weißen Bart.«

»Na, herzlichen Dank!«, gab Elias gespielt empört zurück.

Nici grinste ihn an. »George Clooney und diverse andre Schauspieler sahen erst mit grauen Haaren richtig gut aus. Das wollte ich nur gesagt haben.«

»Und ich dachte, du findest mich bereits attraktiv! Du brichst mir das Herz!«, seufzte Elias und tat, als wäre er zutiefst getroffen.

Nici musste einfach über seinen Gesichtsausdruck lachen. »Ja, zumindest mit Cowboyhut siehst du nicht übel aus...«, flachste sie.

»Die Sache mit dem Handkuss ist noch nicht vom Tisch, Miss!«, konterte Elias und lehnte sich lächelnd in den Sitz zurück.

»Wag es nicht!«, rief sie. Er lachte nur.

Kurz darauf erreichten sie das Hotel. »Bitte warten Sie hier, ich hole nur schnell etwas!«, bat Nici den Fahrer und stieg aus. Schon hörte sie, wie die zweite Autotür geöffnet wurde und drehte sich überrascht um. Elias war ebenfalls aus dem Taxi gestiegen. »Wo willst du denn hin?«

Er legte den Kopf schräg, um sie charmant anzulächeln. »Ich helfe dir tragen. Dann weiß ich gleich, welches Zimmer deines ist, wenn du dich wieder vor unserem Treffen drücken willst!«

»Nächstes Mal, wenn ich in Frankfurt bin, lasse ich mir ein anderes Zimmer geben. Ach was, ein anderes Hotel! Dann kannst du mich suchen, bis du schwarz wirst!«, zog ihn Nici auf und streckte ihm die Zunge raus.

Elias nahm ihr den silbernen Cowboyhut aus den Fingern, setzte ihn ihr auf und klopfte zweimal auf ihren Kopf. »Red keinen Unfug, Miss. Tu nicht so, als wäre der Tag nicht nett gewesen. Das werden wir sicher wiederholen.«

Dass er jetzt schon davon redete, sie wiedersehen zu wollen, stimmte sie irgendwie froh. Sie lächelte, während sie auf den Haupteingang des Hotels zugingen. Nici führte ihn zu ihrem Zimmer, das in der Nachmittagssonne besonders einladend wirkte.

»Wow. Edel.« Elias wirkte genauso beeindruckt, wie sie sich am Vortag gefühlt hatte. Sie grinste und holte die Taschen ihrer Instrumente aus dem begehbaren Kleiderschrank. Sie warf Elias die Tasche des Keyboards zu. Er grinste, als er sah, dass dieses auf dem Schreibtisch stand, wo sie mehr Platz hatte – den Laptop hatte sie auf dem Schminktisch aufgestellt. »Du machst sogar aus dem Schminktisch einen Arbeitsplatz!«, stellte er kopfschüttelnd fest und steckte die Kabel des Keyboards ab, um es in die Tasche zu schieben. Nici lachte, während sie ihre Gitarre einpackte. »Ist ja nicht so, als würde ich den viel benutzen.«

»Naja, du *brauchst* ihn auch nicht!«, komplimentierte er und zwinkerte ihr zu.

»Ach, hör auf.« Nici wurde rot.

»Ist mein Ernst, Miss. Dein natürlicher Look ist zehnmal hübscher, als wenn du dich total zukleistern würdest. Manche Frauen würde man ja nicht mehr erkennen, wenn sie sich das Gesicht gewaschen haben. Im Ernst, so was fände ich furchtbar! Das ist doch eine Mogelpackung!«

Nici musste lachen, weil Elias das so ernsthaft sagte. »Du nennst es natürlicher Look, ich nenne es zu ungeschickt und ein bisschen zu faul zum Schminken!«, erwiderte sie und warf den silbernen Hut mit Schwung auf eines der Regale ihres Kleiderschranks, während Elias die Kabel des Keyboards aufrollte, um auch diese einzupacken. Danach machte sie sich daran, vorsichtshalber den Laptop mitzunehmen. Immerhin waren dort alle Noten und der Text zu *The Life I Want* zu finden, und sie konnten jetzt nicht noch die Sachen von Elias holen. Der Produzent saß vermutlich auf Nadeln.

»So, ich hab alles!«, verkündete sie nach einem Rundumblick und hängte sich die Laptoptasche über die Schulter. Bevor sie noch etwas sagen konnte, schnappte sich Elias, der schon das Keyboard trug, die Tasche mit ihrer Gitarre.

»Ich bin durchaus in der Lage, die Sachen selbst zu tragen!«, zog sie ihn mit gerunzelter Stirn auf.

Elias grinste und hielt ihr einfach die Zimmertür auf. »Miss, ich weiß, dass du eine emanzipierte und starke Frau bist und dein Zeug selbst tragen kannst. Aber das ändert nichts an der Tatsache, dass es sich so gehört, der Frau beim Tragen zu helfen. Schließlich bin ich...«

»... ein Gentleman, ja, ich weiß! Danke, dass du mich daran erinnerst!«, lachte Nici und ging an Elias vorbei, der die Tür hinter ihnen zuzog.

»So ist es, Miss!«, erwiderte er verschmitzt und tippte sich an den Hut.

»Hmmm, vielleicht sollte ich einen Song über dich schreiben!«, murmelte Nici nachdenklich, während sie durch die eleganten Flure und über die edlen Teppiche in Richtung Haupteingang marschierten. Das ältere Paar, das beim Dinner den Tisch neben Nicis hatte, kam ihnen entgegen und sah sie – beziehungsweise ihren großen Begleiter mit dem Holzfällerhemd und dem Cowboyhut – irritiert an. Nici lächelte sie gerade deshalb besonders breit an. Die Frau zog die Nase kraus und ging schnell weiter, aber ihr Mann grinste und nickte Nici mit einem Schmunzeln zu.

»Ach ja? Und wie würde dieser Song heißen?«, fragte Elias. Nici konnte an seiner Stimme hören, wie sehr ihn der Gedanke amüsierte. Sie warf ihm über die Schulter einen Blick zu und lächelte frech. »*Last Gentleman*. Wie denn sonst?«

Siebter Song

Sing My Songs

Sie brauchten keine zehn Minuten, bis sie wieder im Taxi saßen. Der Fahrer hatte in der Zwischenzeit gewendet und es ging sofort weiter, nachdem Nicis Instrumente im Kofferraum verstaut waren. Ihre Laptoptasche stellte sie zu ihren Füßen ab.

»Was will dein Produzent denn?«

Nici zuckte die Achseln. »Vermutlich *The Life I Want* ins neue Album aufnehmen. Danach plant er ja schon das nächste. Die ersten Songs habe ich schon geschrieben, denen fehlt noch der Feinschliff. Mit den Texten bin ich zufrieden, aber die Musik... da könnte man noch mehr rausholen.« Sie runzelte nachdenklich die Stirn und seufzte leise.

Elias sah sie überrascht an und einen Moment war sie sicher, dass er gekränkt wirkte. »Warum sagst du mir nicht, dass du Hilfe brauchst?« Er schob die Augenbrauen zusammen und sah dadurch regelrecht finster aus.

Nici rutschte verlegen in ihrem Sitz herum und wich seinem Blick aus. »Du hast doch genug zu tun. Ich bin schon dankbar, dass du mich *The Life I Want* singen lässt. Aber...«

»Kein aber, Nici!«, unterbrach er sie. Als er sie bei ihrem Spitznamen nannte, zuckte sie leicht zusammen. Ihre Familie und die wenigen Freunde, die sie vor der Scheidung gehabt hatte, durften sie so nennen, aber da ihr Ex sie immer so genannt hatte, klang ihr alltäglicher Rufname mit Elias' Stimme furchtbar falsch. »Wir sind

Freunde, wir helfen einander. Wenn du Hilfe brauchst, sag einfach was! Ich nehme mir die Zeit für dich. Und wenn es nur heißt, dass ich mich hinsetze und dir mit deinen Songs helfe. Du hast auch genug zu tun, trotzdem hilfst du mir mit meinen Texten! Warum sollte ich dir mit deiner Musik nicht helfen?! Das ist doch lächerlich!«

»Ich will dich nicht stressen, du hast so viele Projekte«, erwiderte sie leise und wandte sich ab, um aus dem Fenster zu sehen.

Elias seufzte. »Was ist los, Miss?«, fragte er, diesmal sanfter.

Sie drehte sich wieder zu ihm, hielt den Blick aber noch gesenkt. Sie holte noch einmal Luft, um Mut zu fassen, bevor sie das Gesicht hob und sich Elias' aufmerksamem Blick stellte. »Ich mag es nicht, wenn mich neue Freunde Nici nennen... Der Name war süß, als ich noch ein Kind war. Aber seit es mit meinem Mann und mir so hässlich auseinander ging, hör ich ihn nicht mehr gern. Bei alten Freunden ist es okay, von denen kenne ich es nicht anders und die müssten sich sonst extra umstellen. Aber... bei neuen Bekanntschaften gefällt mir das nicht.«

»Oh...« Elias blinzelte kurz, dann lächelte er sie sanft an. »Tut mir leid, Miss. Wird nicht mehr vorkommen.«

Nici nickte und lächelte nun auch. »Dankeschön.«

Elias grinste verschmitzt und lehnte sich im Sitz zurück, wobei er sich offenbar Mühe geben wollte, die Stimmung zu lockern. »Hm. Das heißt, ich muss mir einen neuen Spitznamen für dich ausdenken. Was könnte man aus Nicoletta noch so machen? Letti?«

Nici prustete los vor Lachen. »Um Himmels willen, nein!«

»Letta? Oder wie wärs mit Coli?«

»Wie das Bakterium? Oder wie die Hunderasse? Weder, noch, ich flehe dich an!«

Elias stimmte leise in ihr Lachen ein. »Cola?«

»Ich bin doch keine Limonade!«

»Dann gehen mir die Ideen aus.«

Nici hob die Augenbrauen. »Einem so kreativen Menschen wie dir? Das glaub ich nicht.«

Elias legte den Kopf schräg. »Leider schon. Hilf mir, Miss. Wie soll ich dich nennen?«

Nici hob die Hände in einer hilflosen Geste. »Wie du mich schon die ganze Zeit nennst, du Schlauberger! Du musst dir keinen Spitznamen aus meinem Namen basteln, fällt dir das nicht auf? Du hast doch längst einen Namen für mich!«

Elias sah sie fragend an. »Du meinst doch nicht...?« Er beendete den Satz nicht.

Nici seufzte. »Es ist offensichtlich, oder? Du nennst mich seit Ewigkeiten Miss... und weißt du was?« Sie lächelte ihn an. »Das ist in Ordnung so.«

Ihr Manager wartete im Vorraum des Studios, mit dem er zusammenarbeitete und in dem Nici eigentlich erst in ein paar Tagen ihre Aufnahmen machen sollte. Al war wohl das, was Frank als einen »schrillen Vogel« bezeichnet hätte: Mit einem Sidecut, violett gefärbten Haaren und dem rosa Hemd, das er mit einer gelben Krawatte kombiniert hatte, hätte man ihm alles mögliche zugetraut, aber wohl kaum, dass er Musiker managte, und das sehr gut und erfolgreich. Er war gertenschlank und nur einen knappen Kopf größer als Nici. Ihr Vater, der fast täglich im Fitnessstudio war, hätte ihn wohl mit gutmütigem Spott als »Spargel« bezeichnet.

Trotz seines paradiesvogelbunten Äußeren und seiner hibbeligen Art (Nici argwöhnte, dass er wohl mehr als nur ein bisschen hyperaktiv war), die darüber manchmal hinweg täuschten, war der Mittvierziger nicht nur sehr intelligent, sondern auch energisch und legte Wert auf gute Konditionen für die Musiker, die er vertrat. Nici schien es ihm angetan zu haben, er bezeichnete sich manchmal spaßeshalber als ihren »Onkel Al«. Und obwohl seine Energie Nici manchmal überforderte, vor allem wenn er sie so wie heute am Telefon überfiel, mochte sie Al, mit vollem Namen Albert Neumann, sehr gern. Er hatte einen mitreißend optimistischen Blick auf die Welt, den sie zu schätzen gelernt hatte.

Yamuna hatte sie nach einem ihrer Telefonate, bei denen sie ihn nicht einmal auf Lautsprecher stellen musste, damit man ihn durchs halbe Haus hörte, mit hochgezogenen Augenbrauen gefragt, was das für ein Clown wäre – der war ihr nämlich sympathisch.

Bei einem ersten Treffen zum Vertragsabschluss für das Album *End Of Time* hatte Nici auch den Mann kennengelernt, mit dem Al die Musikeragentur betrieb, nach dem sie jetzt aber vergeblich Ausschau hielt. Michael war das genaue Gegenteil seines Kollegen. Mit einem gepflegten, kurzen Kinnbart, einem ausgewogenen Gesicht mit hohen Wangenknochen, seiner Größe von fast zwei Metern, dem durchtrainierten Körper und den breiten Schultern verkörperte er das Idealbild des eleganten, männlichen Geschäftsmannes. Er trug ausschließlich Maßanzüge, war besonnen, ruhig und freundlich, mit viel Humor und einer tiefen, leicht rauen und trotzdem samtweichen Stimme, die Nici zu gern einmal beim Singen gehört hätte. Beim gemeinsamen Abendessen mit den beiden hatte er von den Damen umstehender Tische viele interessierte Blicke geerntet.

Nicht, dass ihn diese interessiert hätten – Michael und Al waren nämlich glücklich liiert.

»Superstar!«, trällerte Al und sprang auf, noch bevor die Empfangsdame hinter ihrem Tresen auf Nici und Elias reagieren hätte können.

Nici konnte nicht anders, als ihn anzulächeln. Al war ein so herzlicher Kerl, dass man ihn gernhaben musste. »Hey, Al!«

Al kam ihr entgegen geflattert (ein anderes Wort fiel Nici dafür bei Gott nicht ein) und umarmte sie, bevor er ihr links und rechts einen Kuss auf die Wange drückte. »Schätzchen, mit dem neuen Lied musste ich den Produzenten sofort überfallen, *The Life I Want* ist grandios!«

Nici deutete lächelnd mit dem Daumen über ihre Schulter. »Bedank dich bei ihm. Er hat es geschrieben, um mein neues Album zu ergänzen.«

Al wandte sich strahlend Elias zu, der ihm die Hand entgegen streckte. Al umfasste sie mit beiden und schüttelte sie so begeistert, als stünde Elvis persönlich vor ihm. »Dass ich dich auch noch kennenlernen darf! Nici schwärmt ununterbrochen von deiner Musik!«

Nici spürte, wie ihre Wangen knallrot wurden. »Al!«

Elias grinste die junge Frau über Als Kopf hinweg verschmitzt an. »Ach ja, tut sie das?«

Nici wandte verlegen den Blick ab, um ihre roten Wangen zu verbergen. »So, wie man als Fan eben von Büchern, Filmen und Musik schwärmt, die man gern hat!«, nuschelte sie.

Die Männer lachten und Al ließ Elias' Hand wieder los. »Lass die Instrumente hier, sie werden gleich ins Studio gebracht. Na los ihr Hübschen, ab ins Büro!«

Der Produzent, Besitzer der GreatSound-Studios, Herr Keller, war ein Geschäftsmann durch und durch. Ruhig, abgeklärt, streng. Er war schwer zu begeistern und kein Freund von Risiken. Wenn er nicht daran glaubte, dass ein Musiker Erfolg haben konnte, gab er von diesem auch keine CD heraus, so einfach war das. Selbst wenn er jemanden mochte, zeigte er es kaum. Nici hatte ihn erst einmal getroffen und neigte in seiner Nähe dazu, sich eingeschüchtert zu fühlen, wie eine Schülerin im Büro des strengen Direktors, was nicht zuletzt an seinem Äußeren lag. Glattrasiert, kantig, mit einer Halbglatze und einer Brille, über deren Gläser er einen kritisch mustern konnte wie ein Forscher einen mittelmäßig interessanten Käfer, erfüllte der Endfünfziger durchaus das Hollywoodklischee eines Mafia-Bosses. Aber Al hatte mehrfach betont, dass auf Herrn Kellers Musikgespür und vor allem sein Urteil Verlass war – wenn er jemanden veröffentlichte, dann, weil er das Potential zum Star in ihm erkannte.

»Immer dran denken, Nici! Er produziert schon dein zweites Album auf CD – das würde er nicht machen, wenn er nicht an dich glauben würde!«, hatte er zu Nici gesagt.

Sie rief sich diese Worte fast zwanghaft ins Gedächtnis, während sie, Elias und Al Herrn Keller der Reihe nach die Hand schüttelten, bevor dieser sich in seinen Chefsessel zurücksinken ließ. Dort faltete er die Hände am Schreibtisch übereinander und musterte Nici mit diesem Blick über die Brille hinweg. Sie hob minimal das Kinn und straffte die Schultern, um sich aufrecht hinzusetzen. Sie hatte das Gefühl, dass Herr Keller kein Zeichen von Schwäche sehen wollte. Unwillkürlich stellte sie sich die Frage, ob er diese Strenge absichtlich zur Schau trug, um zu sehen, ob sich Leute davon einschüchtern ließen.

»Frau Strasser, ich möchte dieses Lied morgen auf Ihrem Konzert hören!«, brummte Herr Keller geradeheraus. Der Produzent war kein Mann, der Worte oder Zeit vergeudete. Er klappte den Laptop auf, der neben ihm auf dem Schreibtisch stand, und auf dem das Video mit *The Life I Want* bereits geöffnet war. Er drückte auf Play und die Datei wurde abgespielt. Da Nici es nur mit einer einfachen Kamera in ihrem Hotelzimmer aufgenommen hatte, war die Qualität natürlich nicht herausragend. Es war schließlich nicht für die Öffentlichkeit gedacht gewesen, bei ihren Youtube-Videos gab sie sich sonst mehr Mühe. Aber es reichte, um Elias, Al und ihr selbst eine Vorstellung davon zu geben, wie es klingen könnte und was für ein Potential das Lied hatte.

Der Produzent drückte auf Pause und schloss das Fenster. »Ich weiß natürlich, dass es nicht auf dem Album *End Of Time* drauf war, dem die Konzerttour jetzt gilt. Es wird mit den nächsten Studioaufnahmen für das Album *New Day* aufgenommen, aber wenn wir Ihre Fans auf dem Konzert damit überraschen, hat das neue Album gleich viel bessere Karten.«

Nici schluckte und fragte sich, ob es Sinn hatte, Widerworte zu geben. Sie hatte das Lied schließlich erst einmal gesungen und wusste nicht, ob sie morgen eine Bühnenperformance damit schaffen konnte. Hilfesuchend warf sie einen Blick zu Al, der sie anstrahlte, eifrig nickte und die Daumen in die Höhe reckte. Da Al jedoch ständig überall der Meinung war, sie könnte alles hinbekommen, konnte sie das nicht besonders ernst nehmen. Elias stieß sie leicht von der Seite an und als sie sich umdrehte, zwinkerte er ihr zu und deutete ein minimales Nicken an. Ihr Herz fühlte sich gleich viel leichter an. Er hatte das Talent, ihr einen Glauben an sich selbst zu schenken, den sie in ihrem eigenen Herzen selten fand.

Sie räusperte sich und lächelte, bevor sie selbstbewusst das Kinn hob. »Ja, gerne. Ich werde es nach dem Programm von *End Of Time* singen, wenn die Fans eine Zugabe möchten.«

Al lachte leise. »Als ob die Nein sagen würden. Die Brotfabrik war eine Stunde nach der Ankündigung des Konzerts ausverkauft!«

Nici spürte, wie ihre Wangen vor Aufregung, aber auch Vorfreude warm wurden. Sie hatte bisher nur auf kleinen Festen in ihrer Region Countrymusik gemacht. Das am nächsten Tag würde ihr erstes richtiges Konzert werden!

Der Produzent klopfte zweimal mit den Fingerknöcheln auf den Schreibtisch, um ihre Aufmerksamkeit zurückzubekommen. »Das Lied hat das Zeug dazu, international in die Charts zu kommen, wenn wir es gut vertonen und vermarkten«, fuhr er fort und wandte seinen stechenden Blick wieder Nici zu. »Wenn Sie sich richtig reinhängen, wird ihr nächstes Konzert hier nicht in der Brotfabrik stattfinden, dann brauchen wir die Frankfurter Festhalle. Ihr Stern ist noch im Steigen, Frau Strasser. Nutzen Sie die Chance morgen und singen Sie dieses Lied.«

Die Festhalle! Wo schon Stars wie Justin Timberlake aufgetreten waren! Nicis Mund wurde trocken und sie musste schlucken, dann atmete sie durch und straffte die Schultern. »Ich werde mein Bestes geben«, sagte sie fest und schenkte dem Produzenten noch ein Lächeln.

Er nickte ihr noch einmal zu und sie war sich sicher, dass sie sich das minimale Hochziehen seiner Mundwinkel nicht nur einbildete, bevor er die Hände auf dem Schreibtisch faltete und sich Elias zuwandte, der entspannt zurückgelehnt auf seinem Sessel saß. »Herr Fischer, das Lied ist von Ihnen? Selbstverständlich werden Sie daran beteiligt.«

Elias winkte ab und warf Nici ein Lächeln zu. »Ich habe es Nici geschenkt, Herr Keller. Es ist ihr Lied. Wenn sie damit Erfolg hat, gönne ich es ihr von Herzen.«

Herr Keller brummte nur, als hielte er das für sentimentalen Firlefanz. »Meine Assistentin arbeitet bereits einen Vertrag aus, der Ihnen einen fairen Anteil an den Einnahmen zusichert. Ihr Stil scheint gut zu Frau Strassers Gesang zu passen. Haben Sie gerade Kapazitäten frei, um an Leonitas nächstem Album mitzuschreiben?«

Nun zog Elias die Augenbrauen hoch, als hätte er nicht damit gerechnet. Nicis Augen wurden groß, als sie sich ihm zuwandte. Ja, sie hatten schon zusammengearbeitet und *End Of Time* war ihr gemeinsamer Song auf dem gleichnamigen Album, aber das wäre ihr erster richtiger Vertrag!

»Ich arbeite aktuell an einem Rockalbum für eine internationale Band, aber das ist im Endspurt«, sagte Elias langsam, als müsse er darüber nachdenken und könne selbst nicht glauben, was hier gerade passierte. »An Ideen und Inspiration mangelt es mir nicht. Ich denke, sobald dieses fertig ist, habe ich Platz für einen neuen Auftrag.«

»Gut, dann sind Sie hiermit engagiert. Vereinbaren Sie bitte mit meiner Sekretärin einen Termin für die Vertragsunterzeichnung. Ab jetzt sind Sie Leonitas Songwriter und arbeiten mit ihr zusammen. Ich rechne mit mehr *davon*!« Mit diesen Worten deutete er noch einmal auf den Computerbildschirm.

Al strahlte, als hätte er im Lotto gewonnen. »Ich wusste, dass das passen würde!«, verkündete er, als wäre er ein Showmaster im Fernsehen.

»Jaja«, murmelte Herr Keller und begann ihnen der Reihe nach die Hand zu reichen, als sein Handy läutete. »Entschuldigen Sie mich bitte, ich habe weitere Termine.« Herr Keller nickte ihnen zu und verschwand durch eine Seitentür aus dem Büro, während er den Anruf annahm.

Etwas überrumpelt stand Nici auf und folgte Al, der mit federnden Schritten in Richtung Vorraum unterwegs war. Elias war direkt hinter ihr, als sie das Büro verließen.

Während Al auf die Empfangsdame zusteuerte, lehnte sich Nici an die Wand, um zu warten. Sie hatte noch immer das Gefühl, nicht zu wissen, was hier passiert war. Elias schob seine Hände in die Taschen und stellte sich vor sie, um sie schräg anzugrinsen. Sie legte den Kopf zurück, um zu ihm aufzusehen, und erwiderte das Lächeln verlegen. »Okay, was zum Kuckuck war das jetzt?«

Elias hob entspannt die Schultern und tippte sich an den Cowboyhut. »So wie es aussieht, sind wir jetzt Kollegen, Miss!«, grinste er. »Ich muss einen Termin ausmachen, bin gleich wieder da.« Damit ging er zu der Empfangsdame, um mit ihr über einen Termin bei Herrn Kellers Sekretärin zu sprechen. »Übrigens habe ich schon eine Idee für das nächste Lied!«, rief er dabei noch über die

Schulter und drehte sich um, um ein paar Schritte rückwärts zu laufen, während er mit ihr redete.

Nici zog die Augenbrauen hoch. »Ach wirklich, und welche?«, rief sie ihm nach.

Er zwinkerte ihr zu und antwortete, bevor er sich wieder umdrehte. »*Sing My Songs*!«, rief er fröhlich.

Nici musste lachen.

Achter Song

Let's Have A Drink Again

Al winkte Nici kurz darauf ins Studio, das gerade frei war. Ihre Instrumente waren bereits aufgebaut, einige Tontechniker und andere Mitarbeiter wuselten durch den Aufnahmeraum und bereiteten alles vor. Nici fühlte sich jetzt noch überrumpelter. »Ähm...«

Al wurde energischer. »Nici, Herr Keller will das Lied in Studioqualität. Unplugged. Nur du und dein Instrument. Du brauchst keine großartige Vorbereitung, es geht nur darum, dass wir eine Aufnahme davon haben.«

Nici seufzte ergeben und winkte Elias zu, der breit grinste. »Dass meine Arbeit so gut ankommt. So hab ich mir das immer vorgestellt«, murmelte er, offenkundig erfreut. Bei diesen Worten ging Nici das Herz auf und sie betrat das Studio gleich motivierter. Immerhin war das Elias' Lied – sie wollte sich seiner Musik als würdig erweisen.

Sie musste es mehrmals singen, bis der Tontechniker mit den Aufnahmen zufrieden war. Da Nici erst ein Album aufgenommen hatte, fehlte ihr noch die Routine und weil sie nervös war, passierten ihr zwei kleine Fehler. Einmal fehlten ihr kurz die Worte in der zweiten Strophe und einmal verspielte sie sich mit der Gitarre. Nachdem sie ein Glas Wasser getrunken und ein paarmal tief durchgeatmet hatte, wurde sie ruhiger und ab da klappte alles reibungslos. Es ging nur darum, einige Stellen des Refrains anders zu betonen und mehr Kraft in ihre Stimme zu legen, dann waren alle zufrieden mit den Aufnahmen.

»Na wenigstens bin ich jetzt bereit, es morgen zu singen!«, meinte sie mit verdrehten Augen, als sie mit der Gitarrentasche über der Schulter und dem Keyboard in der anderen Hand aus dem Studio kam.

Al lachte gutmütig und Elias grinste sie verschmitzt an, während er ihr das Keyboard abnahm. Sie lächelte ihn dankbar an. Al klopfte ihr auf die Schulter. »Herzblatt, lass die Sachen hier, das wird später in die Brotfabrik gebracht. In zwei Stunden ist die Generalprobe, schon vergessen?«, erinnerte er sie freundlich.

Erschrocken warf Nici einen Blick auf ihre Armbanduhr. So schnell war die Zeit vergangen? Seufzend warf sie Elias einen traurigen Blick zu. Sie hätte ihren Nachmittag lieber noch eine Weile mit ihm verbracht, doch er zwinkerte sie aufmunternd an. »Miss, zwei Stunden sind lang. Weißt du was, wir gehen jetzt in ein Café und holen uns eine kalte Cola, bevor du in die Brotfabrik musst«, sagte er sanft. »Dann können wir noch plaudern.«

Nici strahlte. »Gern!«

Eine halbe Stunde später saßen sie auf der Terrasse eines kleinen Cafés und genossen die Sonnenstrahlen, während sie sich unterhielten.

»Hast du was dagegen, wenn ich eine rauche?«, fragte Elias sie nach einer Weile und zog eine Zigarettenpackung aus der Tasche.

Sie schüttelte den Kopf und lehnte sich entspannt zurück, wobei sie die Beine überschlug. »Natürlich nicht. Wir sitzen draußen, da geht das klar!«, meinte sie augenzwinkernd und schaute verträumt zum blauen Himmel hoch.

Elias seufzte. »Ich wünsche mir manchmal schon, ich hätte nicht mit diesem Blödsinn angefangen.«

Nici zuckte die Achseln. »Ich hab nie einen Zug genommen, ich kann das nicht beurteilen.«

Er hob ebenfalls die Schultern. »In der Schule war ich nicht gerade der Coolste. Ich war ein ziemlicher Streber. Beim Rauchen war ich nicht mehr so ein Außenseiter.«

Einen Moment musste Nici die Augen schließen, bevor sie eine Grimasse schnitt. »Der Zug war bei mir so oder so abgefahren!«, gab sie zurück und versuchte, es wie einen Witz klingen zu lassen.

Elias lächelte sie mitfühlend an. Er wusste, dass sie in der Schule nicht nur gemobbt, sondern auch mehrmals von Klassenkameraden attackiert worden war. Zu dem Thema gab es daher nicht mehr viel zu sagen. Bevor sie das Gespräch umlenken konnte, wurde sie abgelenkt.

Als ihr Handy läutete, nickte Elias ihr zu. »Schon gut, wir haben ja keinen Stress.«

Sie lächelte ihn an und hob ab, ohne auf den Bildschirm zu sehen – vermutlich war es ohnehin Al. »Hey Al, ich komm schon pünktlich in die Brotfabrik, keine Sorge! Ich sitze noch mit Elias bei einer kalten Cola.«

»Mit Elias, ja?«, ertönte eine Stimme, die sie nur zu gut kannte, daraufhin aus dem Handy.

Nici wurde abwechselnd heiß und kalt und sie setzte sich ruckartig auf. Ihre Augen starrten wie gelähmt in weite Ferne. Elias sah sie alarmiert an, als sie die Schultern straffte und die Luft anhielt.

»Tom...«, krächzte sie. »Warum rufst du an? Lass mich in Ruhe!«

»Ich... wollte reden. Fragen, ob du Zuhause bist. Ich glaube, ich hab noch Sachen bei dir.«

»Einen Scheiß hast du!«, flüsterte Nici tonlos. Sie war so froh gewesen, ihren Ex los zu sein, und nun rief er sie an, einen Tag vor ihrem Konzert und eine Stunde vor der letzten Probe...

»Von was für einer Brotfabrik hast du geredet, Nici? Wo bist du?« Die Stimme ihres Ex war schneidend. »Zuhause bist du ja wohl nicht, wenn du was von Elias faselst. Bist du in Frankfurt?«

»Das geht dich nichts an!« Nicis Hand zitterte noch stärker als ihre Stimme.

Elias bedeutete ihr, aufzulegen. Sie presste die Lippen fest aufeinander. »Nici, ich will doch nur reden...« Thomas sprach einfach weiter. »Es ging so schnell, und auf einmal warst du weg...«

»Schon gut, Miss«, flüsterte Elias. »Leg einfach auf. Er versucht dich nur zu manipulieren, deine Knöpfe zu drücken. Er weiß genau, wie das geht.«

Nici senkte langsam das Telefon, bis man Toms Stimme nur noch leise hörte und kein Wort mehr verstand. Ihr Daumen schwebte noch kurz über dem Display, dann drückte sie den roten Knopf. Als Thomas verstummte, fiel ihr ein Stein vom Herzen. Einen Moment schloss sie die Augen und atmete durch.

»Alles ok?«, fragte Elias sie leise.

Sie brauchte noch einen Moment, deshalb ließ sie die Augen geschlossen, nickte aber, um ihn zu beruhigen. »Ja... Es geht schon.«

Als sie die Augen öffnete, blickte Elias finster an ihr vorbei ins Nirgendwo. »Dass er immer noch versucht, dich zu manipulieren, dir ein schlechtes Gewissen zu machen, macht mich wirklich wütend«, brummte er. »Ich bin eigentlich ein ruhiger Mensch, aber wie kann man sich nur so verhalten?«

Nici zuckte leicht die Schultern und versuchte, etwas Verständnis für ihren Ex aufzubringen. Ihn auf diese Art und Weise zu verlassen, hatte an seinem Ego sicher Spuren hinterlassen. »Naja, es hat sich schon komisch angefühlt... ihn kennenzulernen, und neun Jahre später die Trennung zu planen noch bevor wir drei Jahre verheiratet waren«, gab sie zu. »Ich weiß, dass ich keine andere Wahl hatte, als eine Weile darauf hinzuarbeiten. Trotzdem hat es sich hinterlistig angefühlt. Ich hab wirklich ein schlechtes Gewissen deswegen.«

»Das war nicht hinterlistig, so einen Blödsinn solltest du nicht einmal denken!«, antwortete Elias scharf. »Dir blieb doch gar keine andere Wahl als es so zu machen, damit du ihn loswirst!«

Nici presste kurz die Lippen aufeinander, während sie nachdenklich auf ihre im Schoß liegenden Hände hinunter sah, in denen sie das Telefon hielt. »Ehrlich gesagt verstehe ich, dass er manchmal deswegen austickt«, flüsterte sie beschämt.

»Nein, dafür gibt es kein Verständnis!«, gab Elias erzürnt zurück.

Nici hob den Blick und sah ihn finster an. Elias musterte sie, als würde er an ihrem Verstand zweifeln. Sie hob leicht die Augenbrauen. »Also... wenn du ohne Vorwarnung verlassen werden würdest und dann rauskommt, dass deine Ex das über Monate oder gar Jahre geplant hat... wärst du nicht sauer?«, wollte sie skeptisch wissen.

Elias wirkte nachdenklich, aber schon seufzte Nici und schüttelte leicht den Kopf. »Obwohl... Warte. Ich nehme die Frage zurück.«

Elias hob eine Augenbraue. »Wieso?«

Sie zuckte die Schultern. »Man kann euch nicht vergleichen. Du bist ein viel vernünftigerer Mensch und reflektierst dich selbst, und er ist ein Arschloch.«

Elias grinste schief, was jedoch nicht lange anhielt, bis er ihre Frage beantwortete. »Natürlich wäre ich in so einem Fall sauer. Aber es besteht ein Unterschied darin, ob man wütend ist oder durchdreht. Es gibt keine Ausreden dafür, seiner Frau gegenüber auszurasten.«

Nici runzelte leicht die Stirn. »Dass er sauer war oder immer noch ist, verstehe ich ja. Aber wir reden hier von jemandem...« Sie biss sich auf die Lippe, als ihr einfiel, dass Elias nicht von allem wusste, was sie mit ihrem Mann schon erlebt hatte.

»Weil er dich damals gestoßen hat?«, hakte er leise nach.

Sie griff nach diesen Worten wie nach einem Rettungsring und nickte erleichtert. »Ja.«

Elias seufzte leicht. »Ich merke, dass da noch mehr hinter steckt, aber das ist ok. Erzähl es mir einfach, sobald du möchtest und bereit dafür bist«, sagte er sanft. »Ich bin immer für dich da und höre dir zu, das weißt du.«

Nici lächelte ihn dankbar an. »Ja, das weiß ich... du bist der Beste.«

Die Stimmung wurde lockerer, als Elias verschmitzt grinste. »Das könnte ich öfter hören.«

Nici lachte und winkte der Kellnerin, um zu bezahlen. »Gewöhn dich nicht dran.«

»Ich dachte, ich soll mich an Komplimente gewöhnen?«, konterte Elias. Bevor Nici die Rechnung zahlen konnte, als die Kellnerin an ihren Tisch kam, winkte er ab und drückte der Kellnerin das Geld in die Hand. »Ich lade dich ein.«

Nici verdrehte die Augen. »Ich bin als emanzipierte Frau durchaus in der Lage, meine Getränkerechnung selbst zu bezahlen!«, scherzte sie mit einem Augenzwinkern. »Aber vielen Dank!«

Elias grinste und stand auf. »Du schuldest mir einfach eine kalte Cola, wenn du das nächste Mal in Frankfurt bist, ok? Dann lädst du eben mich ein.«

Nici nickte und erhob sich ebenfalls. Schon schoss ihr die Idee für einen Song durch den Kopf. *Let's Have A Drink Again...*

Elias bemerkte ihren Gesichtsausdruck und lachte, als sie ihr Notizbuch aus der Handtasche kramte, um sich einige Stichworte zu notieren. »Sogar dazu fällt dir ein Lied ein?«, zog er sie auf.

Sie hob mit einem verlegenen Grinsen den Blick und klappte das Buch wieder zu, während sie sich in Richtung der Taxistellplätze auf den Weg machten. »Mir fällt zu fast allem ein Lied ein, was du sagst!«, lachte sie.

Elias wirkte kurz nachdenklich, bevor er mit einem leichten Lächeln nickte. Während sie nebeneinander hergingen, schob er seine Hände in die Taschen. »Ich hatte auch gerade eine Idee... Morgen schicke ich dir ein Lied.«

Sie sah ihn groß an. »Du weißt schon, dass morgen das Konzert ist?«

Er wandte ihr den Blick zu und grinste. »Jap. Dann siehst du es eben danach im Hotel!«

Sie lachte leise. »Deal. Hoffentlich kann ich mich jetzt noch auf das Konzert konzentrieren.«

»Aber sicher. Du wirst das großartig machen!«, versicherte er ihr. Das machte ihr Mut.

»Wenn du das sagst... Dann wird es stimmen!«, lächelte sie.

Bei den Taxis blieben sie stehen. »Ich kann leider nicht mitkommen Miss, die Arbeit ruft, das weißt du ja. Für das Konzert morgen wünsche ich dir viel Erfolg und später hören wir uns sicher, oder?«

Sie nickte. »Ja, natürlich. Ich schreibe dir, sobald ich ins Hotel zurückkomme!«, antwortete Nici.

Elias hielt ihr die Hand hin und als sie ihm ihre reichte, zog er sie wieder in eine kurze, einarmige Umarmung. Diesmal, ohne dass sie die Luft anhielt. »Falls wir uns nicht mehr sehen, bevor die Tour weitergeht, wünsche ich dir viel Erfolg. Vergiss nicht, mir jeden Tag zu schreiben.«

Sie grinste verschmitzt zu ihm auf, als sie einen Schritt zurücktrat. »Ach, wenn ich dir nicht schreibe, schreibst du mir. Also hören wir auf jeden Fall voneinander!«

Elias lachte und tippte sich ein letztes Mal an den Hut. »Erwischt! Viel Spaß beim Singen.«

»Danke, werde ich haben!«, strahlte sie, ließ sich in ein Taxi fallen und nannte dem Fahrer die Adresse der Brotfabrik. Elias trat einen Schritt zurück, als das Taxi losfuhr, und sie winkten sich zu, bevor er aus ihrem Blickfeld verschwand.

Neunter Song

Going On A Journey

Das Konzert in der Brotfabrik war ein voller Erfolg. Die Leute lebten nach kurzer Zeit mit den Songs mit und bei *End Of Time* konnte Nici sie erfolgreich zum Mitsingen motivieren. Die Stimmung war fantastisch und Nici strahlte auf der Bühne.

Wie erwartet, wollten die Besucher danach eine Zugabe – wo Nici den Song *The Life I Want* zu bieten hatte. Die Leute flippten völlig aus, und schon wenige Stunden später waren die ersten Handyaufnahmen ihres neuen Songs auf Youtube zu finden. Al, der es sich nicht hatte nehmen lassen, bei dem Konzert dabei zu sein, klopfte Nici begeistert auf die Schulter, als sie die Bühne verließ, und danach gab es noch Autogramme. Man konnte vorsignierte Karten kaufen, aber einige Besucher kamen auch mit Nicis erstem Album, um dieses signieren zu lassen. Manche ließen es für sich oder jemanden widmen, dem sie es schenken wollten. Nici kam noch eine Weile nicht zur Ruhe.

Als sie ins Hotel zurückkam, wankte sie müde, aber überglücklich unter die Dusche, bevor sie sich ins Bett fallen ließ und endlich dazu kam, ihr Handy auf neue Nachrichten zu prüfen.

E: Miss, wow! Ich hab schon die ersten Videos im Internet gefunden. Du rockst die Bühne!!!

Nici strahlte über das ganze Gesicht, als sie das las.

N: Ich hatte unglaublich viel Spaß! Obwohl ich vorher Lampenfieber hatte, war das definitiv eine der tollsten Erfahrungen meines Lebens!

E: Das merkt man! Du strahlst unglaublich viel Leidenschaft aus, es reißt einen völlig mit! Schade, dass ich nicht dabei sein konnte... :(

N: Ach, nächstes Jahr bist du dafür in der Festhalle dabei, haha! ;)

E: Ja, warum nicht? ;) Wenn es überall so läuft, wirst du noch ein echter Superstar!

Nici grinste nun bis über beide Ohren. Sie ließ sich selten zu einer frechen Antwort hinreißen, aber jetzt servierte ihr Elias die Gelegenheit ja auf dem Silbertablett!

N: Warum denkst du wohl, nennt mich Al so? Der weiß das jetzt schon. Nächstes Jahr tour ich durch die USA, du wirst schon sehen!

E: Das halte ich für möglich!

N: ... Als ob. :D

E: Warum nicht? ;)

Nun zögerte Nici. Die Frage hatte sie sich noch nicht gestellt. Zwar war schon angedeutet worden, dass eine Tour in Übersee erfolgreich sein könnte, aber alles in ihr scheute davor zurück, sich so weit von ihrer Heimat zu entfernen. Sie war eben auf ihrem Hof verwurzelt und liebte es, ihn mit ihren Hunden zu teilen.

N: *Na, wegen der Tiere. Ich bleib lieber in Europa. Wo ich von jeder Ecke aus mit Zug oder Flugzeug nach Hause kann, wenn man mich braucht.*

E: *Einerseits verstehe ich das ja, andererseits... Willst du nicht die Welt sehen? Du könntest so viel versäumen.*

Nun lächelte sie.

N: *Hektisch um die ganze Welt zu hetzen, ist etwas für Leute, die noch keine Heimat haben, aber ich hab meine schon gefunden, und zwar auf meinem Hof. :)*

E: *Hm. Ich fahre jedes Jahr mit meinen Kumpels nach Frankreich an die Atlantikküste. Wandern, den Tag genießen... Die Landschaft bewundern, schreiben. Könntest du dir nicht vorstellen, ab und zu irgendwo fortzufahren? Einfach so für ein paar Wochen? Auf Reisen kann man sich sehr gut selbst kennenlernen, sich selbst näher kommen.*

N: *Das kann natürlich sein. Hm. Irgendwann will ich pilgern gehen. Vielleicht. ^^*

E: *Pilgern? Du? Der Antichrist in Person? :D Sagst DU nicht immer, dass du in Flammen aufgehen würdest, wenn du deinen Fuß auf geweihten Boden setzt? :P*

Nici prustete vor Lachen.

N: Nur weil ich aus der Kirche ausgetreten bin, bin ich doch kein Antichrist!

E: Jetzt im Ernst, Schluss mit den Späßen. Du willst pilgern? Gut... Wo und warum? Nicht schummeln. :)

Da war es wieder. Der Gedanke, wie gut er sie kennenlernen wollte. Er wollte kein oberflächliches Gefasel. Er wollte wissen, warum sie etwas dachte und vor allem, warum sie sich etwas wünschte, etwas plante. Ohne Ausreden. Als sie schließlich antwortete, war jedes Wort trotz ihrer Erschöpfung ruhig und gut durchdacht.

N: Ich will einfach etwas allein unternehmen, durchhalten. Ich war noch nie ohne meine Eltern oder meinen Ex auf Achse. Nur mit der Klasse nach dem Abschluss, in der Türkei. Und mit Yamuna bei Mila zu Besuch. Aber allein raus? Richtig verreist...?
Ich möchte sowohl den spanischen Jakobsweg gehen als auch den weniger bekannten Franziskusweg in Italien.

E: Erwischt, letzterer sagt mir wirklich nicht viel. Aber ich nehme an, es hat was mit Franz von Assisi zu tun?

N: Ja, genau. Ich möchte von Florenz bis Assisi pilgern. Auf den Spuren des Mannes, der mit Tieren reden konnte. So, wie ich mit meinen Hunden zu kommunizieren versuche und oft sogar das Gefühl habe, das zu können. Ich will diesen Teil von mir finden und stärken. :) Das ist auch leichter umsetzbar, weil der Weg wesentlich kürzer ist als der spanische Jakobsweg mit seinen knapp 800 Kilometern.

*E: Also willst du Hape Kerkelings Beispiel folgen? ^^*

N: Haha, auch, aber nicht nur... hm, es ist schwer zu erklären.

E: Versuch es, du bist doch die Königin der Texte. Du bist gut mit Worten.

N: Vielleicht schreib ich darüber lieber ein Lied, das könnte mir eher liegen. :D

E: Wieso nicht? :P Wie ich dich kenne, würdest du es super hinbekommen!

Nici schmunzelte, senkte aber das Handy, um nachdenklich an die Zimmerdecke zu starren, bevor sie weiterschrieb. Wie so oft, wenn sie mit Elias schrieb, überrollte sie die Inspiration. »Going On A Journey...«, murmelte sie sich selbst zu und nickte leicht, als sich das richtig anfühlte. Ja... damit begann ein neues Lied. Sie atmete durch und schrieb weiter. Fast hätte sie vergessen, dass sie noch das Mobiltelefon in der Hand hielt.

N: Nun, zum einen die Wanderung. Viele gehen nicht den ganzen Jakobsweg, sondern brechen ihn früher oder später ab. Ich will mir selbst beweisen, dass ich die ganze Strecke durchhalten kann. Das Nächste ist der spirituelle Aspekt. Die Selbstfindung. An Gott im klassischen Sinne glaub ich nicht, aber ich glaube ans Universum, an Seelen, an Energie. Und ich denke, dass so etwas der Reise zu sich selbst förderlich ist. Wenn man sich pusht, an seine Grenzen geht, entdeckt man Seiten an sich, die man nicht erwartet hätte. Man wächst und geht gestärkt daraus hervor.

E: Das hört sich toll an. Ich bewundere deine Art, dafür die richtigen Worte zu finden.

N: Hm. Ich glaube... ein Punkt fehlt noch. Ein sehr wichtiger.

E: Was denn?

Nici zögerte, schrieb es aber schließlich doch. Andeutungen zu machen und dann nicht damit herauszurücken wäre Elias gegenüber nicht fair. Trotzdem bewegten sich ihre Finger eher langsam über das Display, während sie über die richtigen Worte nachdachte, um zu beschreiben, was sie fühlte und dachte.

N: ... vielleicht wäre das für mich der Beweis, dass ich nicht krank bin. Ich wünsche mir nichts mehr, als meine Depressionen hinter mir zu lassen. Gesund und stark zu sein und nicht immer wieder in die Schwärze abzurutschen, weil ich wegen Kleinigkeiten die Kontrolle über meine Emotionen verliere. Ich traue mir zu wenig zu ... naja, DAS hast du ja wohl schon mitbekommen.

E: Ähm ja, so ab und zu mal hab ich das bemerkt... ^^ Erzähl weiter. :)

N: Ehrlich gesagt, so richtig traue ich mir den Weg nicht zu. Aber ich bin ein Sturkopf und weiß, dass ich es schaffen kann, wenn ich es mir in den

Kopf setze. Allein schon, weil ich der Typ Mensch bin, der zu Ende bringt,
was er anfängt. Zur Not auch nur, weil ich nicht will, dass alles, was man
an Energie rein gesteckt hat, umsonst ist. Deshalb würde ich wohl immer
weiter gehen, egal, ob ich weine oder schreie, wütend oder traurig bin. Ich
will die Reise nicht nur körperlich machen. Sondern auch mental... seelisch.
Um zu spüren, was ich kann.

E: Wow... Du bist ein sehr starker Mensch, hab ich dir das schon gesagt?

Nici kicherte.

*N: Naja... ab und zu. Ich hör es trotzdem gerne. ^^*

E: Meine Güte, jetzt hätte ich fast vergessen, dir die neue Datei zu schicken!

N: Ohja, da war ja was. ;)

E: Es hat noch keinen Titel und keinen Text, vielleicht fällt dir was dazu
ein. :) Falls ja, ist es dein Lied – mach was draus! ;)
Untitled1.mp3

Nici wechselte an den Laptop, obwohl sie schon müde war. Sie war
einfach zu neugierig auf das, was Elias geschrieben hatte. Während
das alte Ding hochfuhr, gähnte sie und streckte sich. Bald würden
ihr die Augen zufallen, aber das musste jetzt noch sein. Für Elias'
Musik blieb sie gerne länger wach. Sie öffnete den Browser und
speicherte die Datei in dem mittlerweile ziemlich großen Ordner, in

dem sie die Musik von Elias sammelte, bevor sie die Kopfhörer ansteckte und die MP3 startete.

Diesmal war es ein Gitarrenstück. Sie schloss die Augen und lauschte gebannt. Es ging eher in Richtung Country. Guter Rhythmus, es klang lebensfroh und hatte Pep... Sie liebte so was. Sicher würde sich der Song, wenn er fertig war, auch zum Tanzen eignen. Sie musste es ihrer Mutter vorspielen, wenn das Lied fertig war, vielleicht fiel ihr eine Choreographie ein, die passen könnte.

Aber noch fielen ihr weder Text noch Titel ein. Wie sie sich selbst kannte, würde das mit der Zeit kommen. Manche Dinge brauchten eben eine Weile, um zu reifen.

Sie schrieb ihm im Chat.

N: Es gefällt mir richtig gut! Noch hab ich keine Ideen dazu, aber ich schlaf mal drüber.

*E: Mach dir keinen Stress! Wollte es mal mit dir teilen. Das ist ja eher deine Richtung, mit dem Country... Wie gesagt, wenn es dir gefällt und dir dazu was einfällt, schenke ich dir das Lied! :) Ich hab gerade so viele Kompositionen, ich komm mit dem Texten nicht mehr hinterher. Mir fällt auch sonst kein Künstler ein, dem ich es geben möchte bzw. passt es in keines der Alben, die ich in Auftrag habe. ^^*

N: Du kannst mir doch nicht immer deine Lieder schenken, um Gottes Willen! Von irgendwas musst du ja leben! :P

E: Ach, das klappt schon, mach dir um mich keinen Kopf. Ich will, dass es deins ist, verstanden? Akzeptier das einfach, du bist keinesfalls so stur wie ich! ;)

N: Hihi, na gut. Vielen Dank. Ich mach das Beste draus, versprochen. :)

E: Davon bin ich überzeugt! :)

Wieder gähnte Nici. Für die nächsten Worte brauchte sie länger als üblich, weil sie sich immer wieder vertippte.

N: Du, Elias, mir fallen fast die Augen zu. Ich muss dringend schlafen. Wir hören uns morgen, ja?

E: Ist gut, Miss. Gute Nacht, und noch mal... Daumen hoch für dieses Konzert! Ich freue mich, dass ich an der Musik mitwirken durfte. :)

N: Ich fühle mich geehrt, deine Lieder gesungen zu haben, hihi! ;) Schlaf gut.

Zehnter Song

Break Free

Zu Nicis Bedauern schafften sie und Elias es nicht noch einmal, sich zu treffen, bevor sie weiterreisen musste. Am Morgen nach dem Konzert ließ sie sich von Frank zu der Tätowiererin bringen, wo die Lines für ihren Drachen auf ihre Wade gestochen wurden, am nächsten Tag kamen die Farben dazu. Zwischendurch hatte sie noch ihre Studioaufnahmen für das neue Album, dann ging die Konzerttour weiter.

Nachdem Elias seine Arbeit an dem Album für die Rockband beendet hatte, tauschten er und Nici sich täglich über ihre gemeinsame Arbeit aus. Der Song *Break Free* würde titelgebend für das Album werden.

Als Nici die Melodie dazu das erste Mal hörte und den Text las, bekam sie Herzklopfen. Ihre Augen brannten und sie musste sich bemühen, um nicht in Tränen auszubrechen.

Sie saß in ihrem Hotelzimmer am Laptop, und Elias hatte ihr einige Dateien geschickt.

N: Oh Mann, Elias... Ich war wieder kurz davor, zu weinen. Das Lied berührt mich bis ins Innerste. Wie machst du das nur? Wie konntest du diese Worte finden?

E: Deine Konzerttour hat mich inspiriert. Dass du endlich deinen Traum lebst – eigentlich wir beide – reißt mich richtig mit.

N: Diese Musik zu hören ist Balsam für die Seele. Die Fans werden es lieben...

E: Das hoffe ich ja doch, aber viel wichtiger ist mir, ob es dir gefällt. Ich war echt nervös, als ich dir das heute geschickt habe, weil ich mir Sorgen gemacht habe, was du dazu sagen wirst.

N: Sorgen unnötig, wirklich. Ich liebe es. Ich werde es gleich aufnehmen, wenn ich nach Hause komme!

E: Das freut mich! Wie läuft die Tour?

Bei ihrer Antwort geriet Nici ins Schwärmen, so glücklich war sie, wenn sie an die Konzerte dachte. Heute war sie in Wien, saß gerade in einem schicken Hotelzimmer und morgen war ihr letzter Auftritt der Tour. Dann war sie ein paar Wochen Zuhause auf ihrem Hof. Aber noch musste sie sich auf ihren Auftritt konzentrieren, was ihr allerdings nicht schwer fiel. Sie hatte kaum noch Lampenfieber, so sehr liebte sie es, den Menschen ihre Musik zu zeigen. Sie hätte nie mit so viel positiver Resonanz gerechnet.

N: Es ist einfach nur... Wow. Das Gefühl, wenn die Leute einem zujubeln, mitsingen, wenn die Menge sich zur Musik bewegt... die Leute lieben unser Album, es berührt sie, nimmt sie mit auf eine emotionale Reise. Und das neue Lied wünschen sie sich bei jedem Konzert als Zugabe!

E: The Life I Want *ist auch einer meiner Lieblingssongs. Ich finde toll, was du daraus gemacht hast! :)*

N: Das neue Album wird der Wahnsinn, das spüre ich jetzt schon. Ich freue mich darauf, wenn ich mich endlich voll und ganz drauf konzentrieren kann.

*E: Du wirst es nicht glauben, aber ich hab schon wieder die ersten Ideen und Inspirationen zu einem weiteren Album. ^^*

N: Echt jetzt? :O Wie viele Projekte willst du denn noch auf einmal machen? :D

E: ... Nicht ich. Wir! ;)

N: Wie meinst du das? Wir haben doch schon den Vertrag für Break Free?

E: Ja, schon. Aber das neue wird im Stil von End Of Time *gehalten sein. Arbeiten wir zusammen dran? Du brauchst mich nur zu bitten und wir schreiben zusammen das neue Album... :)*

N: Ist das dein Ernst?! :O

E: Ja, natürlich! Ich habe ein paar Melodien, ein bisschen was im Kopf, aber ich glaube, durch deine Texte wird es erst ne richtig runde Sache...

Nici atmete durch und legte nachdenklich den Kopf schräg, während sie das alles las. Er wollte noch ein Album mit ihr schreiben? Andererseits platzte sie nur so vor Inspiration, vor allem wenn sie sich anhörte, was er schrieb. Die Zusammenarbeit war leicht und angenehm, sie harmonierten, waren auf einer Wellenlänge. Mit wem sonst als ihm könnte sie ein perfektes Album machen? Ein Lächeln machte sich auf ihrem Gesicht breit.

N: Ja, da bin ich dabei! Bitte schreib das Album mit mir! :D

E: Wow, ich freu mich, dass du so Feuer und Flamme bist! Weißt du was, ich schick dir mal die MP3s, mal sehen, was du dazu sagst und was dir noch einfällt. :) Es ist nicht viel, aber vielleicht inspiriert es dich?

N: Gerne, immer her damit!

Kurz darauf trudelten einige Dateianhänge ein, während Nici ihre Kopfhörer aus der Laptoptasche kramte und einstöpselte.
Die Dateien waren bisher nur durchnummeriert und hatten noch keine Titel. Sie fügte alle Aufnahmen in eine Wiedergabeliste ein und startete sie, während sie sich im Sessel zurücklehnte.
Unwillkürlich schloss sie die Augen, als die erste Melodie aus den Kopfhörern kam.
Ach du meine Güte...
Ein Prickeln erfasste ihren ganzen Körper und sie fühlte ihren Herzschlag überdeutlich. Was für tolle Musik. Es war im Stil ähnlich wie *End Of Time* und doch ganz anders. Aber noch während sie die

kurzen Melodien anhörte und Elias ihr die Notenblätter schickte, überrollte sie die Inspiration wie eine Welle.

Als sie fertig war, legte sie sofort ihre Hände auf die Tastatur.

N: What. The. Fuck. Ich habe selten etwas so grandioses gehört!!! :O

E: Also magst du es? Ich hab wie gesagt nicht viel, aber ich denke, das wird gut zu uns passen.

N: Ja, auf jeden Fall! Ich will dieses Album unbedingt mit dir schreiben!

E: Dann freue ich mich auf unsere Zusammenarbeit. ;) Also fehlt nur ein Titel für unser neues gemeinsames Werk. :)

N: ... Ich denke, ich weiß einen. :)

E: Achja? Jetzt hast du mich neugierig gemacht! Lass hören!

N: Out Of Time

E: ... Wow.

N: Was? Zuviel? Gefällt er dir nicht? :O
Weißt du, ich dachte, weil es so an End Of Time *erinnert, der Stil ist ähnlich und doch ganz anders... Es fiel mir einfach so ein, als ich es gehört habe...*

E: Hey, ruhig Blut. Das Wow war positiv gemeint!

N: *Also gefällt dir der Titel?!*

E: *Ja! Sobald* Break Free *fertig ist, arbeiten wir miteinander dran. Das wird ein tolles Album.*

N: *Mir fallen sogar schon die ersten Texte ein, irgendwie schwirrt mir was dazu im Kopf rum, wenn ich es anhöre... ^^*

E: *Konzentrier dich mal auf dein letztes Konzert, dann können wir das in Ruhe angehen. ;)*

N: *Ist gut, hast ja Recht, hihi. Wow... wir arbeiten miteinander am nächsten Album!*

Nici strahlte, während sie das schrieb.

Sie hatte noch nie ein solches Teamwork erleben dürfen, außer beim Tanzen mit ihrer Mutter und wenn sie mit ihren Hunden arbeitete, wobei da Mara besonders herausgestochen hatte. Nur, mit ihrer Mutter harmonierte sie schon ihr Leben lang. Tanzend, musikalisch und weil sie ähnlich dachten. Aber egal wie sehr sie an ihre Schulzeit zurückdachte und an diverse Freunde, sonst konnte sie sich nicht daran erinnern, je mit einem Menschen so auf einer Wellenlänge gewesen zu sein. Sie war so inspiriert, dass sie das Gefühl hatte, zu platzen, wenn sie nicht bald am nächsten Song arbeitete.

Wie so oft spürte sie, wie ihre Seele ruhig wurde und ihr Herz sich heimisch fühlte, wenn sie mit Elias schrieb.

Sie war unheimlich dankbar, ihn zu kennen.

Elfter Song

Starting New

Yamuna riss mit einem Grinsen die Tür auf, als Nici ihr Auto vor dem Hof geparkt hatte und mit dem Koffer gerade Richtung Haustür unterwegs war.

»Willkommen daheim, Superstar!«

Nici lachte. »Fängst du auch schon so an wie Al?«, gab sie zurück und ließ sich kurz von ihrer Freundin umarmen, bevor sie ins Haus gingen, wo ihre Hunde sie fast über den Haufen rannten. Sie ging in die Knie, um sie zu begrüßen, umarmte und tätschelte jeden Vierbeiner und ließ sich über die Hände und Unterarme lecken, wobei sie befreit lachte. Endlich hatte sie ihre Lieblinge wieder!

»Hey, wart ihr alle brav?«, zog sie die Hunde auf und versuchte, sie möglichst gerecht hinter den Ohren zu kraulen.

Yamuna lachte nur. »Klar waren sie brav. Aber sie haben dich vermisst. Am ersten Tag wollte kaum einer fressen.«

Nici zog eine kleine Grimasse. »So was in der Art habe ich befürchtet.«

»Ach, komm mal rein. Wir haben einige neue Kundenanfragen und auch ein paar Hunde für die Sommersaison für die Pension. Leider wurden vier Hunde abgegeben, aber ich habe Anfragen für drei andere, da müssen nur noch die Vorkontrollen gemacht werden. Das Hospiz würde übrigens gerne wieder Balthasar einmal wöchentlich im Haus haben, offenbar tat das den Patienten so gut...«

»Lass mich mal reinkommen, Yamuna!«, lachte Nici und stellte ihren Koffer im Vorraum ab. Sie würde diesen später auspacken.

»Oh, stimmt. Du willst dich sicher frischmachen nach dem Zug und der Autofahrt, oder?«

»Das kannst du laut sagen!«, seufzte Nici, während sie sich auf einen der Esszimmerstühle plumpsen ließ.

Yamuna ließ sich mit einem Grinsen um die Ecke auf einen der anderen Sessel fallen. »Und zeig mir endlich deinen Drachen, ich bin soooo neugierig!«, drängte sie.

Mit einem Kichern krempelte Nici ihr Hosenbein hoch, um den amethystfarbenen Drachen zu präsentieren. »Wow, der ist ja der Wahnsinn!«, staunte Yamuna und betrachtete die Tätowierung eingehend. »Wie viele Stunden hat das gedauert?«

»Drei für die Lines und am nächsten Tag fünf für die Farben. Du kannst dir vorstellen, wie ich aus dem Studio gehumpelt bin!« Dennoch betrachtete Nici ihr Tattoo liebevoll. Sie hatte auch Elias schon Fotos davon geschickt, der hellauf begeistert gewesen war.

Yamuna grinste. »Du planst schon das Nächste, das erkenn ich an deiner Nasenspitze. Was und wo?«

Nici erwiderte das Grinsen und schob den Stoff wieder über ihr Bein. »Ja, ich habe schon ein paar Ideen. Aber ich weiß noch nicht, was und wo. Mal sehen, wohin der Wind mich weht!«

»Das hast du schön gesagt. Du musst mir unbedingt mehr von deiner Konzerttour erzählen! Und von deinem Treffen mit Elias und wie er so ist. Bin ja schon ziemlich neugierig auf diesen geheimnisvollen Songwriter.«

Nici streckte sich. »Mach ich gern, aber morgen.«

Mit einem Lachen stand Yamuna auf. »Das kann ich nachvollziehen. Da reden wir dann über die neuen Anfragen für Hundetraining und alles andere. Schönen Abend noch.«

Nici grinste ihrer Freundin zu, als Balthasar, ihr Pitbullrüde, ihr den großen Kopf aufs Knie legte und sie anhimmelte. »Bis morgen, und danke fürs Aufpassen auf meine Lieblinge.«

»Jederzeit wieder. Wann das nächste Mal?«

Nici verdrehte die Augen. »Laut Al muss ich in zwei Wochen noch mal nach Wien. Interview und Live-Auftritt nachmittags im Radio und am Abend ein Gig bei einer TV-Show. Da werde ich aber nur eine Nacht außer Haus sein, das ist ja nicht soooo weit weg.«

»Ach, das kriegen wir auch hin!«, meinte Yamuna mit einem Nicken. Sie wuschelte noch einmal der Irischen Wolfshündin Lacrosse durch den Nacken, bevor sie sich verabschiedete und Nici für den Abend allein ließ.

Nici brauchte nach der langen Tour ein paar Tage, um Zuhause anzukommen. Ihre Hunde flippten jedes Mal vor Freude aus, wenn sie zur Tür rein kam. Sie ging wieder täglich mit ihren Lieblingen laufen, chattete abends und in ruhigen Momenten zwischendurch mit Elias. Sie arbeiteten ein paar Mal wöchentlich gemeinsam an *Break Free* und an dem neuen Album *Out Of Time*, das sich jedoch noch in den Kinderschuhen befand, während *Break Free* große Fortschritte machte. Nebenbei hatte Elias noch einen Auftrag für eine Band angenommen, während Nici an ihren eigenen Liedern weiter schrieb. Sie hatten also mehr als genug Projekte, als dass einem von ihnen langweilig werden würde. Sie schickten sich gegenseitig ihre Melodien, Noten und Texte, sendeten diese mit Anmerkungen zurück und philosophierten über Gott und die Welt, wenn sie keinen Smalltalk führten. War ein neuer Song fertig, leitete Nici diesen prompt an Yamuna und Mila weiter, damit diese ihr beim Feinschliff halfen, bevor sie ihn in ihrem Studio Zuhause aufnahm und Al schickte.

Die Konzertreise war aufreibend und manchmal auch stressig gewesen, dennoch fühlte sich Nici wie neu geboren und freute sich auf die nächste Tour.

Endlich lebte sie ihren Traum!

Obwohl es nicht gerade die nächstliegende Einkaufsmöglichkeit war, beschloss sie, am Tag der Interviews früher loszufahren und in dem Supermarkt einzukaufen, wo sie bis zu ihrem Durchbruch in der Feinkostabteilung gearbeitet hatte. Sie hätte sich den Job damals nicht unbedingt ausgesucht, aber sie mochte ihre Arbeitskollegen und auch mit den Stammkunden war sie gut zurechtgekommen. Wirklich ungern hatte sie den Job nicht gemacht, trotzdem waren ihr Musik und Hundetraining deutlich lieber.

Um ihren Kollegen eine Freude zu machen, buk sie am Vorabend eine ihrer Lieblingstorten, eine Mohntorte, überzog diese mit Kokoscreme und nahm sie in die Filiale mit. Für einen Kuchen zum Kaffee waren ihre ehemaligen Kollegen normalerweise immer zu haben.

Sie hatte sogar einen ruhigen Tag erwischt, der Parkplatz war noch nicht allzu überfüllt.

Tatsächlich wurde sie mit einem Lächeln begrüßt, als sie mit einem lauten »Grüß Gott!«, in die Filiale spazierte und die Tortenglocke hochhob. »Ich hab was Süßes für euch!« Am anderen Arm baumelte ein Korb mit kleinen Tellern und Kuchengabeln – Nici legte Wert darauf, unnötigen Müll zu vermeiden und so mussten ihre Kollegen kein Plastikbesteck benutzen.

Ihre Kollegin Regina, schlank und hochgewachsen mit schulterlangen dunklen Haaren, die sie bei der Arbeit zusammenbinden musste, grinste Petra an, die gerade die Grillhühner aus dem Ofen holte. »Schau an, der Superstar erkennt uns nach dem Durchbruch trotzdem noch!«, rief sie.

Petra, eine quirlige Frau Mitte fünfzig mit einer blonden Kurzhaarfrisur und einer Brille, lachte, während sie das Grillgut in die heiße Theke verfrachtete. »Hast du was anderes erwartet?«

Regina zuckte unschuldig die Achseln, während sie Gebäck zum Backen vorbereitete. »Naja, weiß man es denn? Wir haben noch immer keine Autogramme bekommen!«, gab sie gespielt empört zurück.

Nici kicherte. »Falls ihr noch keine Kaffeepause hattet, ich bringe den Kuchen nach hinten. Der ist für alle.« Auf dem Weg in den Personalraum fielen ihr einige neue Mitglieder im Team auf. Im Personalraum saßen gerade ein paar Kollegen, die sie noch kannte, inklusive der Abteilungschefin der Feinkost, bei einem Becher Kaffee beisammen und frühstückten. Das war eine liebgewonnene Teamtradition. Wenn alle morgendlichen Arbeiten erledigt waren, blieben einige Mitarbeiter im Laden, während die übrigen abwechselnd eine kurze Frühstückspause machten.

»Sieh mal an, wer da ist!«, rief eine der jungen Kassierinnen, Julia, mit der sich Nici gern unterhalten hatte, bevor *End Of Time* durch die Decke gegangen war und sie gekündigt hatte.

Sie grinste von einem Ohr zum anderen und stellte den Tortenbehälter zwischen ihre Kollegen auf den Tisch. »Hallöchen.

Ich hab hier eine passende Ergänzung für euer Frühstück! Bedient euch!«

»Ooooh, die sieht ja toll aus!«, meinte ihre Ex-Chefin Eva, während jeder nach einem kleinen Teller griff und Nici Gabeln auf den Tisch legte, die sie mitgebracht hatte.

»Lasst sie euch schmecken.«

Jeder nahm sich ein Stück des Kuchens und es wurde fröhlich weiter geplaudert. »Du hast doch die erste Konzerttour hinter dir, oder? Wie ist es gelaufen?«, fragte Julia ernsthaft interessiert.

Nici platzierte mit einem Grinsen einen Stapel Kleingeld auf dem Tisch, damit jeder sich beim Automaten ein Heißgetränk gönnen konnte. »Eure Kaffees gehen auf mich. Die Konzerte waren der Hammer, aber ich bin froh, wieder daheim zu sein.«

»Das glaub ich dir auf Anhieb, du hast ja immer nur von deinem Hof geschwärmt. Mich hat es ja gewundert, dass du das Land verlassen hast!«, meinte die stellvertretende Filialleitung Magdalena mit gutmütigem Spott.

Mit einem Grinsen zuckte Nici die Achseln und lehnte sich mit der Schulter an den Türstock des Personalraums. »Ich bin eben da Zuhause und will es auch gar nicht anders haben, was soll ich machen. Ne, es hat sehr viel Spaß gemacht, kann man sagen, was man will. Dennoch ist es Zuhause am schönsten. Was gibt es Neues? Hier wuseln ja wieder ein paar Neue herum, was mir so aufgefallen ist beim Durchgehen.«

»Naja, Lena und Jasmin sind ja in Karenz, die beiden sind schwanger«, antwortete Magdalena mit einem Schulterzucken.

Nici grinste schief. »Oha.« Eine der beiden war zwei Jahre jünger als sie, die andere etwas älter.

Eva drückte sich einen Kaffee herunter und verdrehte die Augen. »Gisi geht auch bald in Karenz. Zwei Monate ist sie noch bei uns. Also falls es dich in den Fingern juckt Wurstplatten zu legen, weißt du, wo du hin kannst. Bei dir spar ich mir zumindest das Einschulen.«

Nici warf Eva einen überraschten Blick zu. Ihre Kollegin Gisela war zwei Jahre älter als sie, aber hatte ihren Freund erst kurz vor Nicis Scheidung kennengelernt. »Gisi ist schwanger?«, fragte sie perplex.

»Jap. Und verlobt. Sie sind gerade mitten im Hausbau.«

»Wow.« Mehr fiel Nici einen Moment lang nicht ein.

Dann tauchte schon Petra neben ihr auf und stieß sie leicht am Ellbogen an. »Na, kommst du da nicht auch auf den Geschmack?«, zog sie sie auf.

Nici verdrehte mit einem schiefen Grinsen die Augen. »Zum Kinderkriegen gehört in erster Linie mal ein Mann, meint ihr nicht? Ich bin gerade erst geschieden.«

Die anderen lachten freundlich und Eva grinste. »Immer noch mit den Kindern in der tiergestützten Therapie beschäftigt?« Als Nici vor ein paar Jahren, nach einer Fortbildung, angeboten worden war, mit ihren Hunden kranke Kinder zu besuchen, denen der Kontakt mit den Tieren guttat, war Eva sofort bereit gewesen, ihr dafür einen fixen Wochentag freizugeben.

Erleichtert nickend griff Nici das Thema auf. »Ja. Während der Konzerte fiel das für ein paar Wochen aus, aber ab nächster Woche geht es wieder los. Ich bin nur heute weg für ein Interview, morgen bin ich wieder Zuhause.«

Petra nahm sich ebenfalls ein Stück Torte. »Dafür, dass du keine Kinder willst, hat dich diese Aufgabe ja wirklich erfüllt«, meinte sie lächelnd.

Nici schmunzelte. »Ja, allerdings. Anfangs war es etwas schwierig, mittlerweile kennen die Kinder mich und vertrauen mir. Kurz vor der Konzerttour hat mich eines umarmt – er hat sich einfach von seinem Sessel mir um den Hals geworfen. Ich muss wohl ziemlich hilflos aus der Wäsche geguckt haben, die Betreuer haben jedenfalls herzlich über meine Reaktion gelacht.« Ihre Kollegen lachten bei dieser Anekdote ebenfalls, als könnten sie sich die Szene lebhaft vorstellen.

»Jünger wirst du jedenfalls nicht, Nici. Du solltest dir wieder einen Mann suchen, nicht dass du irgendwann drauf kommst, dass du Kinder möchtest, wenn es zu spät ist!«, gab eine der anderen Kolleginnen zu bedenken.

Nici verdrehte theatralisch die Augen. »Ich bin erst 30. Ich hab noch Zeit. Ich lasse mich damit nicht stressen.« Die Wahrheit war, dass sie schlicht und einfach noch immer die Angst, ein Kind zu bekommen, nicht aus ihrem Gedächtnis streichen konnte... Sie war ihr in Fleisch und Blut übergegangen.

Sie blieb nicht mehr lange. Bald entschuldigte sie sich, weil sie zum Bahnhof musste, um mit dem Zug nach Wien zu fahren, sagte, dass sie das Geschirr am nächsten Tag holen würde und setzte sich ins Auto.

Während ihr rostiger blauer Golf über die Straße glitt, geriet sie ins Grübeln.

Natürlich hatte sie öfter darüber nachgedacht, ob sie ein Kind wollte.

Eigentlich *hatte* sie sogar eines gewollt. Seit sie sich erinnern konnte, hatte sie sich ein kleines Mädchen gewünscht, dem sie Geschichten vorlas und das hoffentlich eine unbeschwertere Kindheit hätte als sie. Eine ohne Mobbing. Ein Mädchen, das zu einer starken und selbstbewussten jungen Frau heranwachsen konnte, und dem eine unglückliche erste Ehe erspart blieb.

Die Gedanken ließen sie auch im Zug nicht los und während sie sich im Sitz zurücklehnte, versank sie in Erinnerungen.

Aus ihrem Wunsch war schnell ein Albtraum geworden, als die Beziehung mit Tom nach der Hochzeit und dem Umzug in ihr gemeinsames Haus immer angespanntere Ausmaße annahm.

»Das darf doch nicht wahr sein, Nici! Du hast gesagt, du bügelst die Wäsche noch!«, brüllte Tom anstatt einer Begrüßung, als er nach der Nachtschicht zur Tür herein stürmte und diese lautstark hinter sich ins Schloss krachen ließ. Der Knall schallte durch das ganze Haus.

Nici schreckte mit rasendem Herzen aus dem Schlaf. Sie hatte gestern einen Ganztagesdienst gehabt und weil sie sich entspannen wollte, noch eine Weile musiziert und dann Musik gehört. Sonst hätte sie gar nicht einschlafen können. Durch das Chatten nebenher mit Elias, Yamuna und Mila hatte sie völlig die Zeit vergessen und war erst um 2 Uhr schlafen gegangen. Erschöpft fiel ihr Blick auf den Wecker am Nachttisch. 6:43 Uhr. Sie hatte nur knapp über vier Stunden geschlafen. Das konnte nicht gesund sein.

Tom baute sich neben dem Bett auf und funkelte sie an. »Du hast gesagt, du machst die Wäsche noch!«, bellte er. »Ich hab es so satt, dass du ständig versprichst, alles mögliche zu machen und dann komm ich heim, und nichts ist passiert!«

»Ich hab gesagt, ich mach sie morgen – sprich, heute!«, fauchte Nici zurück, die nicht daran dachte, sich diesen Ton gefallen zu lassen. »Ich hatte gestern den Teiler, verdammt nochmal! Glaubst du, nach 10 Stunden arbeiten tu ich mir das noch an?!«

»Du bist einfach nur faul!« Toms Gesicht war knallrot. »Was ich alles neben der Arbeit machen muss!«

»Aber doch nicht nach einem 10-Stunden-Tag! Du machst das Meiste auch am Wochenende!« Auch Nicis Stimme wurde lauter, dennoch spürte sie, wie sie Angst bekam – wie immer, wenn ihr über ein Meter achtzig großer und 115 Kilo schwerer Mann wie ein Turm über ihr aufragte. »Ich hab gesagt, ich mach es heute und das werde ich auch. Wenn du nur hörst, was du hören willst, ist das nicht meine Schuld!«

»Das sind doch alles nur Ausreden!«

Tom stürmte aus dem Schlafzimmer ins Bad, um duschen zu gehen.

Erschöpft schwang Nici die Beine aus dem Bett und erhob sich, wobei sie leicht wankte. Ihr war schwindelig und ein wenig flau im Magen.

Wie so oft in letzter Zeit. Hoffentlich war es nur der Stress, der sich niederschlug. Sie warf einen Blick auf den Kalender. Eigentlich sollte sie bald ihre Tage bekommen... Bei dem Gedanken, dass sie und Tom letzten Monat ausnahmsweise wieder miteinander geschlafen hatten, wurde ihr im Nachhinein betrachtet schlecht. Trotz der Kupferspirale hing die Angst vor einer Schwangerschaft wie eine dunkle Wolke über ihr.

Ihre Periode kam normalerweise so pünktlich, dass sie ihre Uhr danach hätte stellen können, diesmal ließ sie auf sich warten. Als sie – einige Tage zu spät – nur leichte Blutungen bekam, die jedoch nach zwei Tagen um waren, breitete sich Panik in ihr aus.

Waren das Einnistungsblutungen oder so? War sie bereits schwanger?

137

Sie teilte ihre Sorgen nur mit Tatjana. Obwohl sie Yamuna und Mila schon eine Weile kannte, wusste sie nicht, wie die beiden zu dem Thema standen. Auch Elias erfuhr von ihren Sorgen nichts, obwohl er bemerkte, dass sie etwas beschäftigte. Nici schob es auf den Stress in der Arbeit und dass sie immer wieder mit Thomas stritt, was er auch akzeptierte.

Sie kaufte heimlich einen Schwangerschaftstest in der Apotheke und machte ihn eines Vormittags, als ihr Mann in die Arbeit gefahren war.

Er war positiv. Ihr Herz sank. Sie stopfte den Test in einen Müllsack, versenkte diesen in der Tonne und rollte sich weinend im Bett ein, während sich ihr der Magen umdrehte.

Sie hatte furchtbare Angst.

Es lag nicht nur daran, dass sie Angst hätte, mit ihren Depressionen wäre sie eine schlechte Mutter, obwohl das eine Rolle spielte. Oder dass sie allgemein Angst davor hatte, ein Kind unter ihrem Herzen zu tragen und auf die Welt zu bringen. Vor den Schmerzen und was Schwangerschaft und Geburt eben mit sich brachten...

Möglicherweise könnte sie keine so schlechte Mutter sein, trotz ihrer Depressionen. Sie war ein herzensguter Mensch, das wusste sie. Nici wollte das Beste für jeden und war verantwortungsvoll mit ihren Mitgeschöpfen. Sie versorgte ihre Hunde immer zuerst, bevor sie an sich dachte, und egal wie schlecht es ihr ging und wie sehr sie am Boden lag – keiner von ihnen wurde vernachlässigt. Das kam nicht infrage. Sie kamen trotzdem raus, wurden beschäftigt, bekamen ihr Futter. Natürlich war ein Kind was anderes als ein Hund, dennoch würde sie das irgendwie hinkriegen.

Sie wollte nur nicht.

Nicht in einer unglücklichen Ehe...

Nicht mit Thomas.

Sie rief ihre Mutter an, als sie sich etwas beruhigt hatte, um ihr von dem Test und ihren Ängsten zu erzählen.

»Schätzchen, Hand aufs Herz... ich hab auch Depressionen. Hättest du das als Kind gemerkt? Hast du davon viel zu spüren bekommen?«, fragte ihre Mutter sie sanft.

Nici begann wieder zu weinen. »Nein. Aber als du mich bekommen hast, haben deine Eltern nebenan gewohnt, Papas Mutter fünf Autominuten weit weg und Papa ist kein Choleriker. Thomas geht wegen Kleinigkeiten an die Decke, brüllt mich regelmäßig an und wenn ihm etwas nicht passt, droht er mir mit dem Rauswurf oder auch mit der Faust. Wie soll ich unter solchen Bedingungen ein Kind aufziehen? Soll ich einen Sohn haben, der sieht, wie Thomas mich behandelt und denkt, es wäre in Ordnung, so mit einer Frau umzugehen? Oder eine Tochter, die irgendwann genau so einen Partner hat, weil sie denkt, sie hat nichts besseres verdient und es ist normal, als Frau minderwertig zu sein und auch so behandelt zu werden?«

Sie spürte, dass diese Argumente ihre Mutter beschäftigten und ihr zu denken gaben. »Was willst du jetzt machen?«

Nici schniefte und wischte sich die Tränen von den Wangen. »Der Frauenarzt hat am Nachmittag Ordination. Ich rufe gleich an, wenn er aufmacht und bitte um einen Termin. Ich will erst mal sicher gehen, dass ich wirklich schwanger bin. Wenn ich unter Woche 12 bin, bitte ich um Empfehlung für eine Abtreibungsklinik.«

Sie hörte, wie ihre Mutter die Luft einzog. »Das ist schon sehr drastisch, Spätzchen.«

»Das weiß ich selbst!«, antwortete Nici scharf, trotzdem war der bekümmerte Unterton in ihrer Stimme deutlich zu hören. »Aber ich weiß, dass er einer Adoption nie zustimmen würde, und wenn er nicht zustimmt, kann es sein, dass ich das Kind behalten muss, wenn ich es zur Welt bringe.

Egal, ob es wo anders ein schöneres Leben hätte. Ich hab doch gar keine andere Wahl! Über meinen Körper kann ich allein bestimmen, fürs Abtreiben brauch ich seine Zustimmung nicht. Traurig, aber wahr! Ich darf alleine über ein ungeborenes Leben entscheiden, aber wenn es einmal da ist, kann ein Choleriker mitbestimmen, ob es bei mir bleibt.«

»Kann man es nicht auf einen Gerichtsbeschluss ankommen lassen? Oder sonst irgendwie dafür sorgen, dass ein Kind zur Adoption freigegeben werden kann, obwohl der Vater nicht einverstanden ist?«

Nici schluckte und senkte den Blick, während sie am Saum ihres Shirts zupfte. »Da ich schon in psychiatrischer Behandlung war, könnte man damit argumentieren, dass ich nicht klar im Kopf bin und nicht weiß, was ich sage. Man würde mich wohl nicht so ernst nehmen wie Thomas, wenn er sagt, dass wir das hinkriegen, während ich sage, dass ich mich dem nicht gewachsen fühle. Vor allem, weil alles an mir hängenbleiben würde. Du kennst ihn. Er tritt in öffentlichem Rahmen immer charmant und beherrscht auf, als hätte er alles perfekt im Griff. Neben ihm würde ich wie eine hysterische Zicke wirken. Dass er sich kaum um das Baby kümmern würde, glaubt mir dann niemand.«

»Hm«, seufzte ihre Mutter nachdenklich. »Ich fürchte, da ist was dran.«

Nici schüttelte leicht den Kopf. »Nein, ich bleibe dabei. Wenn ich schwanger sein sollte, wird das Baby heimlich abgetrieben«, flüsterte sie. Sie klang leise, aber entschlossen. »Ich... ich will nicht irgendwann vielleicht von meinem Kind gefragt werden, warum ich es zur Welt gebracht habe.«

Ihre Mutter seufzte leise, aber sie konnte das Nicken am anderen Ende der Leitung regelrecht hören. »Ist gut, Nici. Wenn du schwanger sein solltest und das Baby nicht behalten möchtest, respektiere ich das. Ich würde dich zur Klinik fahren, damit du da nicht allein durchmusst. Und natürlich bliebe das unter uns.«

Nici stiegen Tränen in die Augen, als sie die sanfte Versicherung ihrer Mutter hörte. Egal wo sie durch musste, sie war immer für sie da, auf sie war einfach Verlass.

Am Nachmittag rief sie wegen eines Termins beim Frauenarzt an und konnte am nächsten Tag gleich hinkommen.

Während sie mit dem Arzt redete, war sie äußerlich ruhig. Er führte eine Ultraschalluntersuchung durch.

Sie war nicht schwanger.

»Dass Ihre Periode gerade unregelmäßig ist und die anderen Beschwerden, wie Kreislaufprobleme und Übelkeit, kann durchaus davon kommen, dass Sie gerade unter großem Druck stehen. Beruflich, die Baustelle, wenig Schlaf... Sie können beruhigt sein, es ist alles normal.«

Nici war so erleichtert, dass sie in Tränen ausbrach, noch bevor sie sich fertig angezogen hatte. Der Arzt schien solche und ähnliche Reaktionen gewohnt zu sein, denn er blieb ruhig und freundlich. Allerdings schien ein Missverständnis vorzuliegen. »Wenn Sie schwanger werden möchten, können wir die Kupferspirale jederzeit entfernen«, schlug er vor. Offenbar dachte er, sie wäre traurig, weil sie kein Kind erwartete.

Sie schniefte und lachte gleichzeitig, weshalb sie Schluckauf bekam, während sie sich die Tränen von den Wangen wischte. »Nein, das ist in Ordnung. Ich bin einfach so erleichtert, dass ich nicht schwanger bin, das können Sie sich kaum vorstellen.«

Der Arzt wirkte zwar überrascht, nahm das jedoch hin und nickte ihr freundlich zu, als sie die Praxis verließ. Eine schwere Last war von ihren Schultern abgefallen. Mit einem tiefen Durchatmen schloss sie einen Moment die Augen, als sie zurück im Auto war, bevor sie den Motor startete. Ihr fiel ein Stein vom Herzen, wenn sie an Zuhause dachte.

Sie erwartete kein Kind...

Nici war so tief in Gedanken versunken gewesen, dass sie regelrecht aufschreckte, als die Ansage für den Zielbahnhof in Wien erklang. Über ihre trüben Erinnerungen hatte sie die Zeit aus den Augen verloren.

Sie schluckte, während sie nach ihren Sachen griff. Zwar hatte sie ihren Mann schon vor einigen Monaten verlassen, dennoch war die Angst vor der Zukunft tief in ihr verankert. Sie musste dringend daran arbeiten. Wenn sie irgendwann ein glückliches und unbeschwertes Leben führen wollte – nun ja, so unbeschwert, wie es mit ihren Depressionen möglich war – musste sie diese Angst ablegen.

Vielleicht würden diese Sorgen aber auch von selbst leichter werden, wenn sie nur den richtigen Partner an ihrer Seite hätte? Sie war nicht so naiv, von einem Traumprinzen zu schwärmen, aber... wenn sie einen beständigen Partner hätte? Zuverlässig, ruhig, freundlich? Der nicht wegen Kleinigkeiten aus der Haut fuhr und ihr mit Schlägen drohte?

Schlicht und einfach ein Mann, der sie liebte, den sie zurücklieben konnte und bei dem sie sich sicher und geborgen fühlte? Sie war immer noch nicht der mütterliche Typ, man änderte schließlich nicht über Nacht seine ganze Lebenseinstellung. Sie wollte nicht planen, ein Kind zu bekommen, das würde nicht zu ihr passen. Aber nicht jedes Mal in Panik auszubrechen und an die Abtreibungsklinik zu denken, wenn man ein paar Tage drüber war und vielleicht einen defekten Test erwischt hatte, wäre eine angenehme Abwechslung...

Während ihr all das durch den Kopf ging, entstand eine neue Melodie in ihrem Herzen. Als sie endlich in einem Taxi in Richtung

Hotel saß, schloss sie einen Moment die Augen und ließ sie mit leicht gerunzelter Stirn durch ihren ganzen Körper fließen.

Sie hatte noch nie ein solches Lied in sich getragen. Es war anders als alles, was sie bisher geschrieben hatte. Es fiel ihr schwer, es einzuordnen, aber nach und nach entstand die Melodie, und sie hörte sie in ihren Gedanken. Gleichzeitig glitten Worte durch ihren Kopf. Textstellen. Sätze und Formulierungen... Liedzeilen, wie immer, wenn etwas neues in ihr entstand.

Starting New.

Die Melodie ... ihr Herz begann stark zu klopfen wie immer, wenn sie instinktiv spürte, dass sie auf etwas Besonderes gestoßen war.

Einzig...

Was ihr gerade durch den Kopf glitt, war nichts von dem zuzuordnen, das sie bisher geschrieben hatte.

Und es war durch und durch ein Liebeslied.

Mit einem Seufzen öffnete sie die Augen und beobachtete den Verkehr rund um das Taxi. Sie war frustriert über sich selbst.

Wo kamen all diese Gedanken her? Mit einem entschiedenen Kopfschütteln schob sie diese von sich.

Ein Blick auf ihren alten Ehering half ihr, sich zusammenzureißen.

Sie war mit ihrer Arbeit verheiratet.

Für einen Menschen, der sie nur wieder davon abhalten würde, ihren Leidenschaften nachzugehen, den Dingen, die sie zu Nicoletta machten, war in ihrem Leben kein Platz. Sie wollte ihre Freiheit, und auf dieser Welt würde es keinen Partner geben, der ihr diese gab. Nicht in dem Ausmaß, das sie brauchte...

Sie war mit ihrem kinderlosen Single-Leben durchaus zufrieden, basta.

Aber eine winzige innere Stimme in ihr, die sich nach etwas sehnte, das sie nicht zugeben wollte, wusste, dass sie sich selbst belog.

Al hatte alles perfekt koordiniert. Jetzt würde sie in ihr Hotel einchecken, dann ging es ein paar Stunden später weiter zum Radiosender für das Interview. Dieses wurde live übertragen, kurze Auszüge würde man zukünftig einspielen, wenn ein dazu passender Song von ihr im Radio gespielt wurde. Danach würde sie *End Of Time* live singen. Ihr Herz vollführte bei diesem Gedanken Purzelbäume. Ihr Lied, live im Radio, in einem landesweiten Sender! Direkt im Anschluss fuhr sie dann schon weiter zum Fernsehsender. Dort würde sie bei einer Abendshow auftreten, die ziemlich hohe Einschaltquoten hatte. Der Produzent und Al rechneten damit, dass das die Verkäufe ihres bereits erschienenen Albums in die Höhe treiben würde, noch bevor sie das neue überhaupt herausbrachten.

Sie war froh, dass sie so viel um die Ohren hatte. Das würde sie zumindest für den Rest des Tages ablenken.

In ihrem Hotel chattete sie eine Weile mit Elias, der sich gerade vor Anfragen kaum noch retten konnte, aber auch in einem Höllentempo an seinen Songs schrieb. Sie lächelte, glücklich darüber, wie gut es ihm zu gehen schien.

E: Darf ich dich um einen Gefallen bitten?

Nici legte überrascht den Kopf schräg. So förmlich ging er selten vor. Ohne lang nachzudenken, tippte sie ihre Antwort, während sie ihren wie immer allgegenwärtigen Laptop mit einer Hand am Schreibtisch aufbaute.

N: *Klar, was brauchst du denn?*

E: *Ich hab einen Interviewbogen für Songwriter für ein Musikmagazin ausgefüllt, würdest du dir die Zeit nehmen, das durchzulesen und mir Anmerkungen zu machen, wenn dir etwas auffällt? Ich will ja den bestmöglichen Eindruck machen. ;)*

N: *Hihi, klar, kein Problem. Allerdings muss ich bald los, das Taxi ist schon bestellt. Das Radiointerview, schon vergessen? ;) Und danach der Gig im Fernsehen.*

E: *Nein, natürlich nicht! :) Viel Erfolg!*

N: *Dankeschön! Wir hören uns am Abend, ich melde mich, wenn ich mit deinem Interview durch bin!*

E: *Ist gut, mach dir keinen Stress, ich muss es erst in ein paar Tagen einsenden.*

N: *Für dich nehm ich mir die Zeit gern!*

Im Taxi holte sie ihr Notizbuch aus der Handtasche und begann, sich Notizen zu dem neuen Lied zu machen.
Eigentlich wollte sie kein Liebeslied schreiben, aber die Melodie, der Text... Der Klang, die Ausstrahlung ließen sie nicht los.
Wo kam nur die Inspiration her? Sie … ausgerechnet sie, die nicht an die Liebe glaubte, trug ein Liebeslied im Herzen?

Nichtsdestotrotz wusste sie, dass sie noch diesen Abend beginnen würde, den Rohentwurf zu schreiben.

Und während sie zu ihren Terminen unterwegs war, entstand nach und nach in Grundzügen etwas Neues...

Ein neues Album.

Ein Album voller Liebeslieder.

Zwölfter Song

Finding Me

»Hallo, liebe Hörer von Radio Supernova! Ihr hört das Freitagsinterview mit Daniel Pichler. Danke, dass ihr hier zuschaltet. Heute habe ich einen besonderen Gast für euch hier bei uns im Studio – darf ich präsentieren? Das neue Sternchen am österreichischen Rockhimmel – Leonita! Darf ich dich duzen, liebe Leo?«

Nici lächelte Daniel an, dem sie im Studio des Radiosenders gegenüber saß. »Danke, Daniel. Es ist schön, hier zu sein. Natürlich darfst du mich duzen, wir sind hier doch unter Freunden, oder?«

Daniel lachte herzlich, als sie ihm zuzwinkerte. »Ja, natürlich. Du kannst mir also all deine Geheimnisse erzählen, ich versprech dir, ich sags nicht weiter!«, witzelte er.

Nici grinste breit und stützte ihre Unterarme auf die Tischkante, als Daniel die erste Frage stellte. »Ich muss ja zugeben, dich so hier zu sehen, hat mich überrascht. Auf der Bühne schaust du ja völlig anders aus! Vor allem mit den kurzen Haaren hätte ich dich auf der Straße nicht erkannt, obwohl ich von der ersten Stunde an zu deinen Fans zähle.«

Nici drehte den Spieß um und antwortete grinsend mit einer Gegenfrage. »Von der ersten Stunde an? Was heißt das denn für dich?«

Daniels Grinsen sagte ihr, dass er sie durchschaute, aber er spielte mit. »Nun, seit wir *End Of Time* das erste Mal hier gespielt haben, versteht sich. Der Song hat mich schon beim ersten Klang mitgerissen. Aber zurück zu dir, natürlich haben viele Sänger einen Künstlernamen, aber eine so radikale äußere Veränderung ist doch eher selten. Du sitzt hier vor mir mit einem Sidecut, die Haare violett gefärbt und mit Gel gestylt. Und deine Kleidung könnte jeder tragen, der gerade aufbricht, um im Park spazieren zu gehen. Damit ihr Hörer es euch vorstellen könnt: Leonita sitzt vor mir mit einem schwarzen Top, wo sie die Sonnenbrille rein geklemmt hat, darüber ein kariertes Hemd, schon etwas verwaschen, Blue Jeans und Turnschuhen, wie man sie in jedem Laden kriegt. Wie kommt es dazu?«

Da Nici mit Al alle möglichen Arten von Fragen per Skype geübt hatte, konnte sie spontan antworten, was ihr durch den Kopf ging, ohne dabei zu stottern oder unsicher zu werden. So würde sie bei den Fans nicht gekünstelt wirken oder als wären ihre Antworten einstudiert, dennoch ging sie nicht unvorbereitet an die Sache heran. »Das kommt daher, weil ich es im Alltag gerne bequem habe. Kleidung muss für mich in erster Linie funktional sein. Mir reicht es vollkommen, wenn ich mich für die Bühne oder fürs Ausgehen schick machen kann.«

»Am meisten haben mich ja wirklich die Haare irritiert, wenn ich das so offen sagen darf. Auf der Bühne hast du eine richtige braune Mähne, und hier der Sidecut!« Daniel wirkte ehrlich erstaunt.

Nici grinste breit. »Die Lösung liegt natürlich auf der Hand – auf der Bühne trage ich eine Perücke, auch um inkognito zu bleiben. Lange Haare sind wunderschön, aber leider unpraktisch. Deshalb habe ich schon seit zwei Jahren nur noch Kurzhaarfrisuren. Alles, was so lang ist, dass man einen Kamm braucht, ist *zu* lang!«

Daniel nickte, als würde ihm das einleuchten, und fuhr sich grinsend über seinen fast geschorenen Kopf. »Na, wie du siehst, ist das etwas, das ich nachvollziehen kann. Meine werden nicht mehr länger als einen Zentimeter!«

Nici erwiderte sein Grinsen. »Aber du hast mich sicher nicht nur eingeladen, um über meinen Style zu reden?«, fragte sie und lächelte ihn frech an.

»Natürlich nicht, liebe Leonita! Schließlich bist du Musikerin, dennoch wollen die Leute wissen, wie dein Leben aussieht. Fangen wir mal mit dem offensichtlichsten an: Leonita ist dein Künstlername. Wie bist du auf den gekommen?«

Nici schmunzelte. »Nun, meinen Namen ein bisschen umdrehen und den einen oder anderen Buchstaben streichen, und du bist bei Leonita. Ich bin ein paar Varianten meines Vornamens durchgegangen und Leonita war für mich am naheliegendsten, da ich vom Sternzeichen Löwe bin!«

Sie lachte und Daniel stimmte kurz mit ein. »Eine nette Geschichte, also lag ich mit Leo gar nicht so falsch! Wie du weißt, kommt ein Teil der Fragen, die wir dir stellen, direkt von den Hörern. Natürlich können wir nicht alle stellen, weil das den Zeitrahmen sprengen würde, aber wir haben sie auf der Website abstimmen lassen und die Fragen mit den meisten Stimmen zusätzlich zu unseren ausgewählt. Los geht's. User IndianSong92 möchte wissen, was du beruflich gemacht hast, bevor du zum angehenden Rockstar aufgestiegen bist!«

»Ich war Verkäuferin im Supermarkt. Und davor in einem Plattenladen. Leider gingen dort die Einnahmen wegen der großen Online-Händler zurück, sodass man einsparen musste und da hat es mich erwischt. Das war der Job, den ich vorher am liebsten gemacht habe. Natürlich, welcher Musiker würde sich zwischen Platten und CDs nicht wohlfühlen?«

»Wow, interessant, wie das Leben so spielt. Nun liegen vielleicht deine Platten ebenfalls dort auf dem Verkaufstresen!«

Nici kicherte. »Das ist gut möglich. Jetzt wo du es sagst, ich muss da unbedingt wieder hin.«

»Deine ehemaligen Kollegen werden sicher ein Autogramm wollen!«, zog Daniel sie auf. Er berührte das Touchpad des Laptops, den er vor sich stehen hatte, um die nächste Frage zu sehen, dann lachte er laut. Nici grinste leicht nervös. »Mich wundert nicht, dass diese Frage so viele Stimmen bekommen hat«, gluckste er. »User BadBoy88 möchte wissen, ob der Star single ist.«

Nici verdrehte die Augen, was von Daniel, der immer gute Laune zu haben schien, mit einem Daumen hoch quittiert wurde. Er schien sich köstlich zu amüsieren. »Der Star ist frisch geschieden und gerade zufrieden mit seiner eigenen Gesellschaft – gut, und der von einem Dutzend Hunden. Darf der Star wieder aufhören, in der dritten Person von sich zu sprechen? Das neue Sternchen am Rockhimmel findet das nämlich komisch!«, flachste sie. »Und übrigens mag ich keine Bad Boys, ich mag eher die netten Typen von nebenan! Sorry, mein Lieber!«

»Also, BadBoy88, tut mir leid für dich, aber Leonita steht, wie du gerade gehört hast, auf die netten Typen von nebenan... Da sie mir vorhin zugezwinkert hat, werde ich also nachher mein Glück versuchen und Leonita vielleicht mal auf einen Kaffee einladen müssen!«, scherzte Daniel.

Nici hob die Hände in gespieltem Bedauern. »Oh Daniel, leider muss ich Nein sagen.«

Theatralisch legte sich Daniel die Hand aufs Herz. »Oh Leo, du brichst mir das Herz! Darf ich fragen, wieso? Zähle ich wegen meines Tattoos als Bad Boy?«

Nici lachte herzlich. »Dann wäre ich ein Bad Girl durch und durch, ich hab mittlerweile drei Tattoos. Nein, Daniel, ich lehne aus anderen Gründen die Einladung zum Kaffee ab... Ich trinke nie Kaffee!«

Daniel grinste. »Dann werden wir sicher was anderes finden. Gut, nächste Frage: RockTheStage möchte wissen, was dein Traumjob wäre, wenn du keine Musik machen würdest!«

Nici merkte, wie sich ein Strahlen auf ihrem Gesicht ausbreitete. »Das, was ich ohnehin mache, wenn ich nicht gerade Interviews gebe, eine Autogrammstunde habe oder irgendwo auftrete: Ich bin Hundetrainerin mit Leib und Seele!«

Daniel hob überrascht die Augenbrauen. »Damit ist wohl auch die Frage von DanceAllNight beantwortet – was du in deiner Freizeit machst!«

»Das eben erwähnte Arbeiten mit den Hunden hat natürlich absolute Priorität, wenn ich Zuhause bin. Auf der Tour hatte ich nicht sooo viel Freizeit, da hat schließlich ein Konzert das nächste gejagt. Da war ich froh, wenn ich dazu kam, ein Buch in die Hand zu nehmen. Ansonsten chatte ich mit meinen Freunden und arbeite an den nächsten Songs.«

»Songs, gutes Stichwort! Ist wieder ein Album in Arbeit?«

Nici lächelte breit. »Sogar drei. Das Erste ist im Endspurt. Mein Produzent hat Elias, den Songwriter von *End Of Time,* dafür unter Vertrag genommen, und ich hab die Ehre sagen zu können: Durch die Musik sind wir mittlerweile Freunde geworden. Das Zweite ist noch ein Geheimnis, und für das Dritte kamen mir erst heute die ersten Ideen, aber ich werde das sicherlich umsetzen.«

»Oh, nicht mehr als Andeutungen, du machst uns Fans das Leben schwer! Gut, machen wir weiter: Songwriter0895 möchte wissen, wo du deine Inspiration herbekommst!«

»Indem ich Musik höre, die ich liebe. Beim Tanzen. In vielen kleinen Dingen des Alltags, zum Beispiel aus Unterhaltungen. Wenn ich etwas sehe, das mir gefällt, ein Gefühl im Herzen habe, das niedergeschrieben werden möchte. Indem ich mit den Hunden spazieren oder laufen gehe. In der Natur ist man sich selbst am nächsten, genau wie beim Musikmachen, deshalb sollte man immer wieder raus gehen und das genießen.«

»Das hast du jetzt wirklich schön gesagt«, meinte Daniel lächelnd.

Nici lachte verlegen und fuhr sich durch die Haare. »Mein Songwriter hat mir nicht zuletzt deshalb den Spitznamen ›Königin der Texte‹ verpasst. Er meint, ich finde immer die passenden Worte. Es ist oft so, dass er die Melodien zu unseren Liedern liefert, von mir kommt der Text oder der Feinschliff für seine Texte. So ergänzen wir uns gegenseitig.«

Daniel legte mit einem schiefen Grinsen den Kopf schräg. »Das klingt, als wärt ihr ein gutes Team!«

Wieder strahlte Nici und nickte eifrig. »Ohja, ich denke, so kann man das nennen«, schmunzelte sie.

»Eine Hörerfrage gefällt mir so gut, dass ich sie persönlich ausgewählt habe. Die muss ich einfach vorlesen! Leonitafan2002 schreibt: Ich habe mir die Videos auf Youtube von den Konzerten angesehen und war eine der ersten Abonnentinnen von ihrem Youtube-Kanal. Leider konnte ich keine Karten erwischen, aber ich liebe ihre Musik, ihre Art, wie sie sich auf der Bühne gibt, wie sie tanzt, und natürlich ihre Stimme. Dann engagiert sie sich noch im Tierschutz und hübsch ist sie auch noch! Sie erscheint so perfekt, ich bin mittlerweile fast eingeschüchtert. Leonita, bitte verrate mir doch ein paar deiner Schwächen!«

Nici klappte die Kinnlade runter. Sie hätte nie gedacht, dass sie so begeisterte Fans haben könnte, dann lachte sie leise. »Lieber Leonitafan2002, ich spreche jetzt direkt zu dir!«, sagte sie freundlich ins Mikrofon. »Ich bin alles andere als perfekt, wenn es dir damit besser geht! Ich konsumiere zwar weder Alkohol noch Drogen und rauche nicht, aber ich bin hoffnungslos süchtig nach Energy Drinks. Unter drei bis vier Dosen täglich fängt mein Hirn gar nicht an zu arbeiten!«

Daniel lachte und Nici grinste, bevor sie fortfuhr. Dabei wurde sie ernster. »Ob du es glaubst oder nicht, aber ich habe furchtbare Selbstzweifel. Obwohl die Lieder immer aus einem Impuls heraus entstehen, aus Gefühlen und Ideen, überarbeite ich sie danach eine halbe Ewigkeit. Ich spiele und singe sie immer und immer wieder, ändere Dinge um und habe trotzdem Angst, sie wären furchtbar. Ohne meine Freunde wäre wohl noch kein einziges Lied an die Öffentlichkeit gelangt, weil ich mich nicht getraut hätte. Ja, ich bin hübsch, aber ich habe Narben und Dehnungsstreifen und war früher ziemlich pummelig. Und übrigens – ich habe eine Riesenschwäche für Cookie Dough-Eis! Da verdrücke ich manchmal einen halben Becher auf einmal!« Am Ende lachte sie wieder. »Perfekte Menschen gibt es nicht, Leonitafan2002. Gerade unsere Fehler machen uns menschlich! Lass dich nicht einschüchtern. Was manche als perfekt präsentieren, ist immer Fassade. Dahinter hat jeder Fehler, glaub mir. Auch ich.«

Daniel nickte lächelnd. »Wohl gesprochen. Danke für deine Ehrlichkeit.«

Nici richtete sich etwas auf. Es fühlte sich gut an, das gesagt zu haben. »Gerne.«

»Damit sind wir mit den Hörerfragen fast durch, da hab ich mir nur eine fürs Ende aufgehoben. Vorher will ich dich noch was fragen – nämlich: Was ist es für ein Gefühl, auf der Bühne zu stehen? Bist du nervös? Aufgeregt? Oder hast du Angst?«

»Na ja, ein bisschen Nervosität spielt natürlich immer mit. Aber das Lampenfieber ist deutlich besser geworden. Ich freue mich immer sehr darauf, auf der Bühne zu stehen und die Leute mit meiner Musik auf eine Reise mitzunehmen.«

»Das führt mich zu meiner nächsten Frage. Welches Konzert ist dir von deiner ersten – und hoffentlich nicht letzten – Tour am besten in Erinnerung geblieben?«

Diese Frage zu beantworten fiel Nici nicht schwer. »Frankfurt und die Brotfabrik!«, sagte sie wie aus der Pistole geschossen. »Das war das erste Konzert, das ich je gegeben habe, also das erste richtige, nicht nur ein kleiner Auftritt auf einem Fest oder ein einzelner Gig. Das war Wahnsinn, etwas besonderes. Vorher hatte ich Lampenfieber, aber die Fans waren unheimlich nett und haben es mir so leicht gemacht, sie mit meiner Musik zu begeistern, dass ich mich richtig wohlgefühlt habe. Definitiv etwas, an das ich mich für den Rest meines Lebens erinnern werde!« Sowohl, dass ihr Elias danach geschrieben und sie sich am Tag vorher erstmals getroffen hatten, als auch der Taxifahrer mit seiner Leonita-begeisterten Enkelin waren ein Teil dessen, warum dieses Konzert unter allen hervorgestochen hatte. Es war die erste öffentliche Präsentation für ihr gemeinsames Album gewesen...

Daniel lächelte verständnisvoll über ihre Begeisterung.

»Dann habe ich jetzt noch die letzte Frage an dich, für die die Hörer abgestimmt haben. Nämlich: Wenn du ein Lebensmotto hättest oder hast, eine Botschaft oder irgendeinen Tipp für alle anderen Leute... was wäre das?«

»Puh, das ist keine einfache Frage. Aber eine gute«, murmelte Nici, bevor sie sich räusperte. »Es ist ein Ratschlag, aber er setzt sich aus mehreren Punkten zusammen. Zum einen, steht für euch ein und erkennt euren Wert. Liebt und schätzt euch selbst als das, was ihr seid: Tolle Menschen, egal wie viele Fehler ihr habt. Seid offenherzig und gut zu anderen. Wenn ihr einen Traum oder ein Ziel habt, verfolgt das auch. Hört vor allem nie auf, zu träumen. Alles Gute in eurem Leben beginnt mit einem Wunsch, den ihr im Herzen tragt. Findet heraus, wer ihr seid, was euch ausmacht, und sobald ihr euch gefunden habt, bleibt diesem Menschen treu. Das ist das Wichtigste, was ich euch sagen kann!«

Sie konnte Daniel ansehen, dass ihre Worte ihn tief berührten. Bei dem Gedanken ging ihr das Herz auf und sie spürte, wie sich ein neuer Song formte.

Finding Me

Heute war echt ein guter Tag für sie und ihre Musik.

Daniel sah sie mit großen Augen an und schluckte einmal, bevor er antwortete. »Wow. So weise Worte von einer so jungen Frau. Eine tolle Botschaft für deine Fans. Danke dafür. Liebe Hörer, das war Leonita im Interview für euch und eure Fragen! Und jetzt hören wir gleich *End Of Time* – live und unplugged, extra für euch in Radio Supernova. Wir rocken euren Tag – und den Part des Rockens übernimmt in Kürze Leo für euch! Während sie sich vorbereitet, hört ihr noch Blondie und die Cranberries.«

Während Nici noch ein weiteres Mal im Detail eingewiesen wurde und sich bereit machte, *End Of Time* fürs Radio zu performen, spielten die Moderatoren noch zwei Lieder, dann war sie an der Reihe.

Ihre Finger glitten über die Saiten der Gitarre, und ihre Augen schlossen sich, als sie zu singen begann. Die Worte und Melodien flossen durch sie hindurch wie ein reißender Strom, und sie ließ sich gern davon mitnehmen.

Dreizehnter Song

Behind My Pokerface

Einige Stunden später fand sich Nici als Live-Act bei der Comedy-Fernsehshow eines TV-Senders wieder. Hier waren auch schon Gruppen aufgetreten, die mittlerweile berühmt waren. Wenn sie das gut hinbekam, war das eine grandiose Möglichkeit, ihre Karriere als Musikerin voranzutreiben. Während die Moderatoren im Studio das Publikum unterhielten, zog Nici sich ihr von Al zusammengestelltes Showoutfit an (natürlich etwas Schrilles – wie es eben Als Stil war) und wurde in der Maske von einer Stylistin geschminkt. Mit der Perücke und ihrem silbernen Cowboyhut war das Outfit vollständig.

»Schau nicht direkt in die Kamera, sondern sieh das Publikum an, wenn es losgeht!«, wurde sie noch von einer Mitarbeiterin des Senders eingewiesen. »Oft verlieren Leute, die direkt in die Kamera sehen, den Faden, und das wäre fatal. Konzentrier dich auf die Leute und stell dir vor, das wäre ein Konzert.«

Nici nickte bestätigend, während man ihr ein Mikrofon umschnallte, damit sie die Hände frei hatte. Auf der Bühne stand noch eines, das auf die Gitarre ausgerichtet war.

»Die Moderatoren beschäftigen das Publikum bis direkt vor deinen Auftritt. Du stehst schon mit dem Mikrofon auf der Bühne im Dunkeln, und erst wenn du angesagt wirst, werden die Scheinwerfer auf dich gerichtet. Dann kannst du loslegen. Sei du selbst – ich habe die Onlinevideos von deinem Konzert in der Brotfabrik gesehen, das war toll. Wenn du einfach spielst, wie du es am besten kannst, kann gar nichts schief gehen!«, meinte die Frau und Nici lächelte unsicher.

»Ich werde mein Bestes geben.«

»Sehr gut. Danach wirst du noch kurz von Rob und Pat auf die Sitzecke gebeten, um ein bisschen mit dir zu plaudern. Welche Fragen sie dir stellen könnten, hast du ja per Mail zugeschickt bekommen, aber wichtig ist nur, ganz spontan zu sein.«

Nach ihrem Radiointerview am Nachmittag und dank Als Engagement war Nici jedoch gut vorbereitet. Das Publikum war so begeistert von ihrem Auftritt, dass sie mit Standing Ovations belohnt wurde. Als sie von der Bühne zu den Moderatoren ging, strahlte sie richtig, und mit ihren offenherzigen und manchmal spitzzüngigen Antworten brachte sie das Publikum öfter als einmal zum Schmunzeln oder Lachen. Die Atmosphäre war herzlich, während sie mit den Moderatoren Rob und Pat scherzte und philosophierte, und sie spürte, dass sie das Publikum heute definitiv für sich eingenommen hatte. Sie erzählte von ihrem neuen Album *Break Free*, für dessen Aufnahmen sie bald nach Frankfurt fahren würde, von ihren Konzerten, vom Songwriting und ihrem neuen Alltag.

»Sonderlich verändert habe ich mich nicht und wenn man meine Freunde fragen würde, würde das jeder bestätigen, glaube ich«, plauderte sie aus dem Nähkästchen. »Zum Beispiel fahre ich noch immer dasselbe rostige Auto mit drei Türen und wenig PS!«

Rob ging mit dem Mikrofon durch das Publikum und ließ einige Leute Fragen stellen, die Nici so wahrheitsgemäß wie möglich beantwortete, dann verabschiedete sie sich und machte einem jungen Comedian Platz.

In der Garderobe schob sie sich zuerst die Perücke vom Kopf und grinste breit, als sie dort in Empfang genommen wurde.

Der Tag war wirklich ein voller Erfolg.

Dennoch war sie froh, als sie wieder im Taxi saß, um ins Hotel zurückzufahren. Ihre Facebook-Seite wurde überflutet mit Nachrichten und Glückwünschen zu ihrem Fernsehauftritt und viele machten ihr Komplimente zu dem Radiointerview. Wer es live verpasst hatte, wurde von den Fans, die direkt zugehört oder zugesehen hatten, mit Links zu YouTube versorgt, um dort die Bildungslücke zu schließen. Besonders ihr ehrliches Interview im Radio bei Daniel kam gut an.

»Da seht ihrs, keiner ist perfekt. Auch Leonita nicht – das macht sie mir noch sympathischer!«

»Haha, ich stehe auch auf Cookie Dough-Eis!«

»Ohne Koffein funktioniert mein Gehirn auch nicht – Leo, wir verstehen uns!«

Nici grinste. Offenbar hatte sich ihre Ehrlichkeit gelohnt, das kam bei ihren Fans gut an. Ihre Fehler machten sie nicht unbeliebt, ganz im Gegenteil. Die Leute schätzten sie dafür, dass sie aufrichtig gewesen war. Ein tolles Gefühl, das sie beflügelte. Schnell griff sie nach ihrem Notizbuch und kritzelte ein paar Zeilen hin, die ihr durch den Kopf gingen, und den Titel, der ihr dazu einfiel.

Behind My Pokerface

Dann griff sie nach ihrem Handy und scrollte weiter durch die Kommentare. Ihre Seite explodierte vor lauter Benachrichtigungen.

Einer der Kommentare stach hervor und rührte sie besonders.

»Heute im Fernsehen hab ich Leonitas Semikolon-Tattoo gesehen... Danke, dass du Teil des Projektes bist«, schrieb eine Userin. »Meine

Schwester war in Behandlung und hat eines, ich hab mir auch eines stechen lassen. Aus Solidarität zu ihr. Finde toll, dass du es offen trägst. <3 Auch wenn viele die Bedeutung noch nicht kennen, ist es wichtig, dieses sensible Thema nicht zu tabuisieren!«

Nicis Lächeln erstarb und sie wurde nachdenklich.

Ihr Tattoo.

Sie hob ihren Arm und betrachtete das unauffällige Semikolon an ihrem linken Handgelenk.

Sie hatte es stechen lassen, als sie 28 war. Knapp zwei Jahre nach ihrem Suizidversuch. Das Semikolon als Satzzeichen zeigte, dass man einen Satz hätte beenden können, aber der Autor sich dagegen entschieden hatte. Es war ein Zeichen dafür, weiter zu machen, nicht aufzugeben. Auch, wenn man depressiv war. Manche ließen es sich aus Solidarität stechen mit depressiven Freunden oder Verwandten, wie die Userin, die den Kommentar verfasst hatte. Manche, wenn sie eine psychische Erkrankung erfolgreich überwunden hatten, andere, um in ihrer Depression eine Kleinigkeit zu haben, an der sie festhalten konnten, wenn sie der Mut verließ, und wieder andere, wie sie, nach einem Selbstmordversuch. Um sich daran zu erinnern, dass der Satz, ihr Leben nicht zu Ende war. Denn sie waren noch da, konnten weitere Kapitel ihres Lebens schreiben.

Ein zartes Lächeln huschte über ihre Lippen.

Das Semikolon war damit auch perfekt für sie als Songwriterin.

Im Hotel angekommen ging sie erst einmal duschen, bevor sie sich in ihrem Lieblingspyjama am Schreibtisch breitmachte und den Laptop startete, um sich in Facebook einzuloggen. Viele ihrer Freunde hatten ihr geschrieben, um ihr zu ihren Auftritten zu gratulieren, und obwohl sie schnell tippen konnte, war sie mit den Antworten eine Weile beschäftigt.

Als sie alles geschafft hatte, öffnete sie den Chat von Elias, um ihm zu schreiben.

*N: Hallöchen. ^^*

E: Hallo! Wie war dein Tag?

N: Einfach toll!

E: Erzähl mal!

Das tat Nici nur zu gerne. Ausführlich beschrieb sie das Interview im Radio und ihren Fernsehauftritt und schickte ihm die Links, die die Fans sich gegenseitig auf ihrer Facebook-Seite geschickt hatten.

N: Hier, falls du das nachholen willst. ;)

E: Mach ich so bald wie möglich. :)

Eine Weile unterhielten sie sich noch über *Out Of Time* und *Break Free*, bevor Nici einfiel, dass sie heute noch eine weitere Idee gehabt hatte.

N: Ich glaube, ich habe schon wieder was im Hinterkopf...

E: Oh, toll! Was denn?!

N: Weiß noch nicht genau, was das für Lieder werden sollen. Vom Gefühl her würde ich sagen, es könnte ein Album mit Liebesliedern werden. Ich hab schon ein paar Textausschnitte und kleine Reime…

Sie schickte ihm ein paar der Zeilen, die ihr heute durch den Kopf gegangen waren. Dann beschrieb sie ihm, was sie sich vorher notiert hatte. Es schien mehr eine Geschichte zu sein, die in Liedern verpackt war, als ein Album im klassischen Sinn. Einen Moment musste sie bei dem Gedanken grinsen, dass sie ja ein Musical daraus machen könnte, aber das schrieb sie ihm nicht.

E: Haha, Liebeslieder, ausgerechnet von dir! Aber die sind echt gut, gefällt mir. Das Album wird toll! ^^ Warte einen Moment.

Nici legte die Hände in den Schoß und beobachtete den Bildschirm.
Eine halbe Minute später trudelten mehrere Nachrichten ein.
Er schickte ihr eine Reihe von YouTube-Links.

E: Hier, Miss. Alle Liebeslieder, die mir gefallen. Da sind sicher welche dabei, die du magst. Mir hilft es immer, gute Musik zur Inspiration zu hören. :)

Nici öffnete ein paar der Links und schmunzelte, während die Musik aus den Lautsprechern ertönte. Die meisten davon kannte sie natürlich.

N: Dankeschön, ich werd sie mir im Laufe des Abends der Reihe nach anhören! <3

E: Gern geschehen! :) Hast du Zeit, um dir mein Interview für das Magazin anzusehen?

*N: Natürlich, hab ich doch versprochen. Schick rüber! ^^*

E: Danke!
Fragebogen.doc

Nici speicherte das Dokument auf ihrem Desktop, um schnell darauf zugreifen zu können. Danach öffnete sie es und aktivierte die Änderungsverfolgung, damit Elias ihre Korrekturen leichter fand. Größere Anmerkungen machte sie mit Kommentaren, aber da gab es nicht viel.

Das Interview war gut gelungen und ihr gefielen die Fragen, die Elias gestellt wurden. Im Endeffekt war es ähnlich wie bei ihren eigenen Interviews. Man wollte ein bisschen was über sein Privatleben wissen, über Zukunftspläne und aktuelle Projekte.

Elias hatte die Fragen auf seine gewohnt lockere und humorvolle Art beantwortet. Dass er es genoss, von Zuhause aus arbeiten zu können und dass auch sein Kater davon begeistert war, weil er so viel Aufmerksamkeit bekam und sich auf der Couch an ihn kuscheln konnte. Dass er mehrere Projekte in Arbeit hatte und sich manchmal vor Begeisterung kaum entscheiden konnte, an welchem Album er weitermachen wollte.

Am besten gefiel Nici die Frage über die Zukunft und wie er sich sein Leben vorstellte. Er hatte geschrieben, dass er zwar gerade in seiner kleinen Wohnung sehr zufrieden war, aber sich gut vorstellen könnte, einmal irgendwo ein kleines Häuschen am Land zu haben, wo es ruhiger war, und dass er dann gern eine Familie hätte.

Als sie das las, ging Nici das Herz auf und sie musste unwillkürlich lächeln. Diesen fürsorglichen und freundlichen Menschen konnte sie sich als liebevollen Familienvater gut vorstellen. Sie sah es förmlich vor sich. Er in einem Haus am Stadtrand oder im Grünen, ein oder zwei tobende Kinder im Garten, mit denen er Fußball spielte oder die er auf einer Schaukel anschubsen konnte.

Bei ihm hätte sicher keine Frau Angst, wenn sie ein Kind bekommen würde – geschweige denn, dass sie sofort Abtreibungspläne hätte.

Zumindest sie würde mit einem Mann wie ihm gern eine Familie gründen, und zwar ohne Angst, dass ihre Depressionen die Kindheit ihres Babys zerstören könnten. Mit so einem positiven Menschen an ihrer Seite würde das nicht passieren... Ein Mann wie er würde das nicht zulassen.

Noch während sie das Dokument speicherte und an Elias zurück schickte, wurde ihr klar, was ihr da gerade durch den Kopf gegangen war und sie fror förmlich ein.

Was. Zum. Kuckuck...?

Sie blinzelte irritiert die Wand über dem Schreibtisch an.

War ihr gerade im Ernst durch den Kopf gegangen, dass sie sich Elias oder ... einen Mann *wie* ihn als Vater ihrer Kinder vorstellen konnte?!

Ihre Gedanken rasten, während sie die letzten Minuten Revue passieren ließ.

Dann die letzten Wochen. Ihr Treffen. Und die vielen Monate davor.

Wie ein sich lösendes Kreuzworträtsel formte sich vor ihrem inneren Auge ein klares Bild.

Frank, der wie über einen geheimen Witz über ihre Nervosität lächelte, als sie sich das erste Mal mit Elias traf. Ihr Lampenfieber, als sie Angst hatte, sie würde ihm nicht gefallen.

Ihre lockeren Chats, ihre Witze. Wie ihre Seele jedes Mal Frieden fand, wenn es ihr nicht gut ging und er für sie da war, bis sie ihm alles erzählt hatte. Die gemeinsame Arbeit und wie diese sie beflügelte.

Wie inspiriert sie war.

Ach du sch...

Sie schlug noch einmal das Notizbuch auf und ging in Kopf und Herz die Lieder durch, die heute in ihr herangewachsen waren wie eine Blume, die sich dem Sonnenlicht entgegen reckte.

Liebeslieder. Liebeslieder, die *sie* im Kopf hatte – eine geschiedene Frau, die der Meinung war, dass es auf der Welt ohnehin nur Arschlöcher gab.

Fast...

Denn sie kannte wenigstens einen, der kein Arschloch war.

»Fuck«, flüsterte sie leise.

Hatte sie sich etwa in Elias verliebt?!

Vierzehnter Song

Write Me A Lovesong

Ihre Gedanken drehten sich im Kreis, als sie von ihrem Bett aus an die Decke des Hotelzimmers starrte. Sie hatte sich rasch als völlig übermüdet entschuldigt und eilig den PC ausgemacht, um sich aufs Bett fallen zu lassen und nachzudenken.

Elias war ihr bester Freund – seit wann dachte sie so über ihn? Für den besten Freund schwärmte man doch nicht...

Nici sah keine andere Möglichkeit, als ihre besten Freundinnen und Testhörerinnen in WhatsApp zu kontaktieren – Mila und Yamuna.

Ursprünglich hatten die beiden musikbegeisterten jungen Frauen ihr Feedback zu ihren Musiknummern gegeben, aber bald war daraus eine starke Freundschaft geworden. Mittlerweile hatten sie sich schon öfter getroffen, obwohl sich das nicht einfach gestaltete, weil sie so weit voneinander entfernt lebten. Kennengelernt hatten sie sich über Facebook – durch ihre gemeinsame Liebe zu Hunden. Dass sie auch die Leidenschaft für Musik verband, war ein Zufall gewesen, der sie alle zum Lachen gebracht hatte. Die Drei waren einfach auf einer Wellenlänge.

Mila kam aus der Nähe von Frankfurt. Yamuna, die in der Nähe von Wien gelebt hatte, hatte sich im Vorjahr von ihrem Lebensgefährten getrennt und war zu Nici auf den Hof in eine eigene Wohneinheit gezogen, die frisch renoviert worden war. Seither teilten sie sich die Arbeit mit der Hundepension und dem Tierheim und passten auf die privaten Hunde der jeweils anderen auf, wenn eine von ihnen ein paar Tage fort war. Außerdem vertrat Yamuna dieselben Ansichten wie sie, wenn es um tierfreundliches Hundetraining ging. Quasi nebenbei bildeten sie noch Therapiehunde für Krankenhäuser und Kinderkliniken aus.

Yamuna und Mila waren immer für sie da und hatten ein offenes Ohr für sie. Wenn Nici mit irgendjemandem über das Herzklopfen reden konnte, das sie seit kurzem empfand, wenn sie an Elias dachte, dann mit ihnen, oder?

N: *Hey Mädels, wie geht es euch?!*

Y: *Nici! Schön von dir zu hören! Bei mir und den Hunden ist alles gut. Was tut sich bei dir? Bist du gut angekommen?*

M: *Süße! Bei uns ist auch alles gut. Wieder was neues komponiert? :)*

N: *Nein Mila, ehrlich gesagt, mich beschäftigt was anderes.*

M: *Oh, was ist denn los?*

N: *Nun, ihr wisst ja, dass ich verheiratet war, nur eben nicht besonders glücklich. Klar, sonst wär ich jetzt nicht geschieden.*

M: *Klar, wissen wir. Und? Sag nicht, er will dich zurück?*

N: *Um Himmels willen, nein! Mit 1000 Rosen würd ich ihn nicht mehr nehmen.*

M: So schlimm? ;) Du hast nie viel darüber geredet. War es im Bett so fade?

N: Mila!!!!!!! :'D

M: Was denn? Nur ne Frage. :P

Nici musste kichern, als sie antwortete.

N: Naja... so besonders wars nicht mehr. Mein Mann hat mir öfter gesagt, ich gefalle ihm nicht mehr, vor allem als meine Haare kurz waren und ich mehr Tattoos hatte. Mit der neuen Frisur sähe ich aus wie ein Mann, meinte er.

M: :O Was?!? Was stimmt mit dem nicht? Das steht dir voll gut!

N: Er hat halt wirklich versucht, mich kleinzuhalten...

M: Wie lang vor der Scheidung hattet ihr die Probleme denn schon?

N: Eigentlich ging es vor der Hochzeit schon los, aber als ich mehr gesungen hab, hat es sich immer mehr hochgeschaukelt. Er hat mich auch beschimpft und ähnliches.

M: Oh. Also beschimpfen etc. geht gar nicht!]:(

N: Naja, glücklich war ich ja lange vor der Scheidung nicht mehr. Wir beide nicht. Auch reden hat nicht hingehauen. Es endete immer gleich: Er bekam einen Wutanfall, hat mich beschimpft, ich hab geweint.

M: Das tut mir leid. :(

N: Naja, wir waren Freunde mit Ring. Kein Paar mehr.

M: Und wie ist es im Bett gelaufen?

N: ... er hat sogar zugegeben, meine Nähe nicht mehr zu wollen.

M: Ouh! :o

N: Er wollte mich nicht in den Arm nehmen und hatte keine Lust mehr, mit mir zu schlafen. Ich könnte nicht einmal mehr sagen, wann er mich zuletzt richtig geküsst hat. Im Bett war Monate am Stück Stillstand.

M: Ohje... Ach Süße, ich würde dich jetzt gern in den Arm nehmen. :(

N: Und die letzten beiden Male...
Naja. Hätt ich die nicht gehabt, hätte ich nix verpasst, ich sags mal so.

M: Haha, du Biest!!!

N: Was denn? Bin nur ehrlich. O:)

M:Haha, aber auf so ne geniale Art... ich könnt dich knutschen!

Wär ich ein Kerl, ich würd dich bumsen, dass du ne Woche nicht mehr sitzen könntest...!

Nici bekam einen Lachanfall, als sie das las. Mila! Ihre Freundin schickte noch ein paar verschmitzt grinsende Emojis, bevor die Stimmung wieder ernster wurde.

M: Gut, dass du dich nicht hast kleinmachen lassen. Du bist eine schöne, humorvolle und kluge Frau! Vergiss das nicht!

Nici lächelte gerührt und überlegte kurz, bevor sie weiter schrieb.

N: Naja... worauf ich vorhin hinaus wollte. Jedenfalls... Ich schreib viel mit jemandem. Er wohnt so weit weg, dass wir uns erst einmal treffen konnten. Aber wir reden eigentlich über alles. Er hat mir viel von seiner Familie erzählt und teilt viel aus seinem Leben mit mir. Und umgekehrt auch.
Und wir sind uns in so ziemlich ALLEM ähnlich.

M: Woher kommt er denn?

N: Wir hören dieselbe Musik... Egal, was mir gefällt: Wenn ich ihm einen Link schicke und er kannte es noch nicht, gefällt es ihm auch.
Umgekehrt dito.
Wir mögen dieselben Filme, von Marvel bis Disney. Wir haben denselben Buchgeschmack.
Frankfurt/Main lebt er...

Und... naja, wir stehen beide auf Western und Country, er schreibt auch Songs in dem Bereich. Kann aber nicht tanzen. Deshalb findet er es cool, dass ich Linedance mache.

Wir haben uns über ein Musikernetzwerk kennengelernt. Ich hab jemanden gesucht, der mir hilft, mehr aus einer Komposition zu holen. Ich hab einige nützliche Feedbacks bekommen. Aber eines hat mir eben am meisten geholfen. Nur einer hat am besten gewusst, wo man noch was verbessern kann. Und das war... er. Ich helfe ihm dafür bei seinen Texten.

M: Oooooh das hört sich toll an!
Und keine Sorge, was wir bequatschen bleibt unter uns! ;)

N: Eigentlich haben sich ein paar gemeldet, aber seine Feedbacks haben mir das Meiste gebracht. Als ich bei einem anderen Song unsicher war, hab ich ihn daher wieder kontaktiert. Und da fragte er, ob er mehr hören könnte, meine Texte gefallen ihm. Und er fragte, ob ich im Gegenzug seine Songs durchgehen würde, was ich gemacht habe. Seither schicken wir uns Lieder hin und her.

Nici seufzte, bevor sie die nächste Nachricht eintippte.

N: Ich sags euch, Mädels. Er meinte, er kann nicht so komponieren, dass es einen wirklich berührt, dachte nicht, dass seine Songs etwas auslösen können. Pustekuchen. Ich hab bei manchen Liedern so geweint...

Yamuna klinkte sich ins Gespräch ein. Da Mila weniger Zeit hatte, um mit ihnen zu chatten, und Yamuna bei Nici auf dem Hof lebte, war sie besser auf dem Laufenden.

Y: Ich dachte mir schon, dass es um ihn geht...

N: Ja, und ich dachte mir schon, dass du durchblickst! ;)
Aber... oh shit. Wir schreiben täglich. Mehrmals!
Nicht nur ich ihm. Wenn ich ihm nicht schreibe, meldet er sich bei mir.
Und wir arbeiten nicht nur gemeinsam an **Break Free***.*
Wir haben ein weiteres Album in Arbeit, für das es keinen Vertrag gibt. Wir
waren so inspiriert... es wird **Out Of Time** *heißen.*

Y: Wenn nur die räumliche Trennung nicht wäre...

M: Ui, jetzt will ich ein Bild!
Und räumliche Trennung ist ein Grund, kein Hindernis! ;)

Yamuna stellte prompt einen Link zu Elias' Facebook-Seite in den
Chat, die er für seine Arbeit als Songwriter erstellt hatte. Nici wurde
knallrot. Diese Stalkerin!

Y: Ich glaub, das ist er!
Was ich bis jetzt von ihm gehört habe, wirkte ganz nett.

N: Ja, das ist er...

Y: Aber da geht's ja momentan echt drunter und drüber bei dir. Warum
hast du nicht eher was gesagt? <3

N: Ich bin doch selbst erst heute drauf gekommen, dass ich ihn nicht mehr nur als Freund betrachte! :/

Nici hatte das Bedürfnis, ihren Freundinnen mehr von der Bindung zu erzählen, die sich zwischen ihr und Elias entwickelt hatte und begann zu tippen. Je mehr sie wussten, desto besser würden sie es nachvollziehen können... Während sie noch mit einem längeren Text beschäftigt war, trudelte Milas Antwort ein.

M: Oh, er sieht echt sympathisch aus!

Ein Emoji mit Herzchen-Augen? Echt jetzt? Wenn Mila nicht glücklich verheiratet wäre, hätte Nici jetzt nicht gegrinst, sondern wäre ernsthaft eifersüchtig geworden!

Y: Stimmt...

Es dauerte eine Weile, bis Nici die Worte gefunden hatte, die sie sagen wollte. Sie erinnerte sich an diese Situation, als wäre sie am Vortag passiert, so sehr hatte sich dieser Tag in ihr Gedächtnis eingebrannt.

N: Nicht lang nachdem wir uns kennengelernt haben, hatte ich mit meiner damals besten Freundin einen Riesenkrach. Er hat an meiner Art zu schreiben gemerkt, dass es mir dreckig geht und nicht locker gelassen, bis ich ihm alles erzählt habe.
Er hat alle Worte gefunden, die ich hören musste, um mich wieder aufzubauen.

Ich hab schon öfter zu hören bekommen, dass ich hübsch und schlau etc. wäre, aber mein Selbstwertgefühl war dank meines Mannes so kaputt, dass ich es nie glauben konnte.

Ich saß heulend beim Schreibtisch und hab versucht, ihm zu erklären, wie ich mich fühle.

Ich hab ihm dann geschrieben, ich würde mich wie ein Puzzle fühlen. So ein großes mit ganz vielen Teilen. 10.000 oder so. Aber es wären so viele verloren gegangen, dass ich nie herausfinden würde, wie das Bild aussieht und dass es das ist, weshalb ich mich so kaputt fühle.

Und er hat gesagt, er wünschte, ich könnte sehen, was er sieht...

Denn er sieht genug. Und das Bild, das er sieht, ist einfach nur toll.

Allein bei der Erinnerung musste Nici selig lächeln. An dem einen Tag hatte Elias mehr in ihr repariert als alle anderen Menschen je zuvor. Die Reaktion ihrer Freundinnen fiel dementsprechend aus.

M: Awww
Das scheint ein echt toller Typ zu sein … <3

Y: Aber das Puzzle ist magisch. Es passt sich an. Und mit dem richtigen Partner wirst du das Muster erkennen können.

Aber Nici war noch nicht fertig und tippte eifrig weiter.

N: Er schrieb auch, er wolle für mich da sein und mir helfen, jedes einzelne Teil zu finden, damit ich das Bild sehen kann, das er sieht.

Sie tippte die nächste Nachricht ein, wagte es aber noch nicht, sie abzuschicken. Ihr Finger schwebte unentschlossen über der Taste, bis sie schließlich doch drückte. Während sie noch überlegt hatte, hatte Yamuna eine weitere Nachricht geschickt.

Y: Klingt, als ob er genau der Richtige wäre!

N: ... und ich glaube, er flirtet mit mir.

Kam da gleichzeitig von Nici, die schon am Weitertippen war.

N: Mein Problem ist nur... ich bin so eine Null im Flirten! Ein Flirt könnte im Cheerleader-Outfit vor mir rumhüpfen und ich erkenn es nicht.

Y: Das klingt schon danach.
Muss ja nicht offensichtlich sein. Es reicht, dieses Gefühl zurückzugeben.

Nicis Finger zitterten, aber sie schrieb weiter.

N: Er sagt, er findet mich hübsch. Und ihm gefallen meine Haare. Mit so einer Frisur stellt er sich die Frau vor, für die er seine Songs schreibt.

M: Das IST so was von Flirten, du Trulla!
Der steht auf dich!

Y: Und wie der flirtet!

N: Und als ich mich so kaputt gefühlt hab, hat er mich aufgerüttelt. Er meinte, ich solle mich nicht runterziehen lassen. Ich bin ein leidenschaftlicher und starker Mensch und er bewundert mich und man müsse nur meine Musik hören, um das zu kapieren. Das kann nämlich nur von einer Person kommen, die mit Leidenschaft dabei ist... Und er macht mir Komplimente zu meinen Liedern.

Erst als sie das abgeschickt hatte, sah Nici die letzten Nachrichten. Oh Gott, sie meinten, Elias würde wirklich mit ihr flirten? Sie schickte ein :O und ein Äffchen, das sich erschrocken die Augen zuhält, zurück. Da fehlten ihr die Worte.

Y: Und ich kann ihm nur zustimmen, in all diesen Punkten.

M: Ich stimme auch zu!
Er erkennt das Puzzle. Dass du nicht nur von außen, sondern auch von innen wunderschön bist! <3
Und wenn dein Ex das nicht erkennen konnte, tut er mir leid!

Nici lächelte, immer noch durcheinander, aber sie wollte sich endlich alles von der Seele schreiben und tippte weiter.

N: Ich hab ihn mal damit aufgezogen, dass er so viele Songs über schmale Frauen geschrieben hat. Ich war davon genervt und dachte, er steht auch auf so zarte Püppchen. Er sagte nö, das gefällt ihm eigentlich nicht. Aber er schreibt die Songs nun mal fürs Publikum und die haben lieber zarte Frauen. Ich dachte nur: Oh. Mein. Gott...

Y: Der Flirt tanzt schon nackt vor dir Samba...

Yamuna wieder!!! Ohne Emoji, ohne irgendwas... das war so typisch für sie. Diese trockenen Feststellungen! Nici verschluckte sich fast vor Lachen.

N: Ich weiß nicht mehr, wie wir darauf kamen. Irgendwann platzte aus mir raus, wie er noch single sein kann. Die Frauen in Frankfurt müssten alle blind sein, wenn sie so einen Diamanten in ihrer Mitte übersehen. Mal im Ernst, ich glaube, er ist der letzte noch lebende Gentleman...
Und er meinte, er wäre zu schüchtern... weshalb er immer in der Friendzone landet.

Und Mädels, festhalten. Das Dickste kommt eigentlich noch.

M: Ooooooh ich müsste eigentlich schlafen gehen, aber ich will das noch lesen! :O

Nici biss sich auf die Lippe, um ihr Lachen zu unterdrücken. Süß, wie die beiden mitfieberten.

N: Kannst es ja morgen nachlesen, Süße, es wird nicht mehr viel! <3
Ich... ich habe heute angefangen, ein Album mit Liebesliedern zu schreiben. Inspiriert – welch Wunder... durch unsere Chats und Unterhaltungen und das Herzklopfen, das ich mittlerweile habe, wenn wir schreiben.

Y: Jetzt muss ich die Sachen schnell hören!!! Wehe, du schickst sie mir nicht bald!

N: Er hat mich heute nach dem Gig gefragt, was ich außer den Country-Songs noch für aktuelle Projekte habe. Ich habe etwas gedruckst und dann zugegeben, dass ich ein Album mit Lovesongs schreiben möchte. Obwohl ich eine Zynikerin bin (war?), und nicht an Happy Ends und wahre Liebe glaube.

Y: Das kommt noch!

N: Er wollte ein bisschen was sehen. Ich hab dann die unverfänglichsten Zeilen raus gesucht, damit er keine Parallelen zu unserer Geschichte findet... aber zum Kuckuck... er ist Musiker! Er kennt mich. Es wird nicht lang dauern, bis er es kapiert, deshalb lasse ich ihn auch nicht alles lesen, was ich schon geschrieben habe.
Ich habe nur durchblicken lassen, dass ich mit dem Album sozusagen eine Geschichte erzähle... Dass die Frau und der Mann auf einer Wellenlänge sind, aber so tief in der Friendzone feststecken, dass sie sich nicht trauen zuzugeben, dass sie ineinander verliebt sind. Das Album soll mit dem Lied enden, das er ihr schreibt, um ihr seine Gefühle zu gestehen, und ihrer Antwort. Im... im Prinzip ist das letzte Lied als Duett angelegt. Der Sänger besingt alles, was er an der Frau liebt, und denkt darüber nach, sie zu küssen. Am Ende soll die Sängerin das Lied damit beenden, dass sie seinen Kuss erwidern wird, er muss sich nur trauen, es zu versuchen.

Y: Ooooooh! <3

N: Ich hab aber Angst, das Album oder auch nur dieses Lied herauszubringen. Die Parallelen zwischen Elias' und mir und unserer

Geschichte lassen sich nicht abstreiten. Die Lovesongs sind der reinste Seelenstriptease. Er würde sofort begreifen, dass er gemeint ist! Deshalb darf er es nicht hören. Aber wenn es rauskommen würde, kann ich ihn nicht dran hindern, es im Radio zu hören. Oder die CD zu kaufen oder es auf Youtube anzuhören... Und dann würde er es sofort begreifen.

Er ist ja wirklich schüchtern! Was, wenn ihm das zu viel wird und er lässt mich fallen wie eine heiße Kartoffel?

Y: Bis dahin fließt noch viel Wasser die Donau runter.
Und das glaub ich nicht.
Im Gegenteil.

N: Hm...
Aber ich hab ihm trotzdem die Idee zu meinem Song in groben Zügen beschrieben. Er war begeistert und meinte, es klingt wunderschön.

M: Bin froh, dass ich das noch gelesen habe... traumhaft! <3

Nici seufzte, als sie wieder das Emoji mit den Herzchen-Augen sah, das Mila in solchen Unterhaltungen offenbar gern verwendete. Sie ging noch mal im Kopf die Lieder durch, die er ihr geschickt hatte. Sie hatte die Liste laufen lassen, während sie sein Interview gelesen hatte. Erst im Nachhinein hatte sie bemerkt, was sie da gerade hörte...

N: Wir helfen uns gegenseitig ja immer mit zum Thema passenden Liedern, um uns zu inspirieren. Er hat mir eine Auswahl an Liedern geschickt, die ich mir anhören soll, wenn ich an diesem Album schreibe, meinte er.

... Und jetzt kommt eben das dicke Ende, das ich meinte.
... die Lieder, DIE er mir geschickt hat!
More Than A Feeling
I Don't Wanna Miss A Thing
Without You
Like The Wind
I Wanna Know What Love Is
Can't Fight This Feeling Any More
Waiting For A Girl Like You
Alles mögliche in die Richtung...

Y: Ein bisschen eindeutig!

N: Ich sags ja, ich bin blind... :/
Aber was, wenn er einfach nur ein guter Kerl ist und ich mir das einrede?

Y: Nein, du liebst dich nur selbst nicht genug.

N: Da ist möglicherweise was dran. xD

Y: Das ist immer eine Gratwanderung, aber das hier klingt nach mehr.

N: Ich hab einfach Angst, ihn abzuschrecken.
... Aber er redet schon von unserem nächsten Treffen!

Y: Sei einfach du!
*Du bist so eine tolle Frau, du musst es nur endlich erkennen, lass dir das
von deinem Ex nicht ausreden.*

N: *Lange vor dem ersten Treffen... Ich hab mich mal mit ihm drüber unterhalten, dass ich mich scheiden lassen möchte und dann wohl ein paar Tage irgendwo hinfahren würde, um von zuhause rauszukommen, wenn ich es mir leisten kann. Da meinte er, ich solle nach Frankfurt kommen. Dann würde er mir zeigen, wo er seine Songs schreibt und gern spazieren geht. Wir würden in ein Café gehen, wo er das erste Mal einen Song geschrieben hat, und dort eine kalte Cola trinken, einfach durch die Stadt gehen.*

Y: *Ur süß!!!*

N: *Natürlich bin ich erst mal drauf eingegangen! Ich dachte, er macht nur Witze... Hab halt rum geflachst.*
Irgendwie sind wir auf das Fotoshooting zu sprechen gekommen, das ich kurz vorher hatte für ein Casting. Er hat gefragt, ob er Bilder von mir sehen könnte. Da bin ich verlegen geworden und hab herum gedruckst, und mir letzten Endes gesagt, drauf gehustet, ich bin ehrlich zu ihm.

Y: *Uuuuuund?*

N: *... Und ich hab ihm gesagt, dass ich nicht weiß, ob ich ihm die schicken möchte. Fotografen sind gut darin, Leute vorteilhaft zu fotografieren und ich hätte Angst, dass er enttäuscht ist, wenn er mich im echten Leben sieht. Und ich hätte Angst, wenn wir uns begegnen... und er mich dann sieht... klein, stämmig, kurze Beine, leichte X-Beine... dass ich ihm nicht gefalle. Er hat sofort gesagt, ich solle keinen Quatsch reden und ich sollte ihn besser kennen, als dass er auf solche Äußerlichkeiten Wert legen würde.*

181

Weil wir gute Freunde wären und er mich hübsch findet.

Y: Klingt echt toll.

N: Ich hab Last Minute versucht, einen Rückzieher zu machen im Hotel. Elias meinte, das lässt er nicht zu. Er hat mir versprochen, mir die Stadt zu zeigen und das würde er ernst meinen und das Versprechen halten!
Da ist er echt energisch geworden. Dann hat er sogar gedroht, mich aus dem Hotel zu holen.

Y: Ich könnte mir vorstellen, dass es ihm genauso geht wie dir. Dass er Angst davor hat, nur ein Freund zu sein ohne Option auf mehr.

N: ... Gut möglich.
Andererseits dachte ich mir mal, ich lenk das Thema etwas von mir weg. Ich hab ihn dann gefragt, ob es niemanden gibt, der ihm gefällt.

Y: Und was hat er gesagt?

N: Er meinte, er hat damit keinen Stress und will nicht irgendwelchen Frauen nachlaufen, nur um nicht allein zu sein. Dann wäre er aus der Puste, wenn er die Richtige kennenlernt!
Und am Abend bevor wir uns getroffen haben... da haben wir wieder geschrieben. Und ich meinte, ich muss jetzt aufhören, ich muss mich zum Abendessen hübsch machen.
Seine Antwort:
Noch hübscher? :)

Yamuna reagierte mit einem Herzchen-Augen-Emoji. Jetzt fing sie auch noch an! Nici grinste vor sich hin und schrieb weiter.

N: Ja, haargenau so.
Noch hübscher und ein Smilie. Mehr nicht. ^^

... Oh fuck.
Ich BIN verliebt, oder? :O

Y: Und wie!

N: ... Shit...

Nici hängte einen verlegen grinsenden Emoji an die Nachricht.

N: Hm. Mal abwarten.
Ich würde ihn ja gerne ansprechen. Ihm meine Gefühle zeigen...
Eine Möglichkeit wäre, ihn zu bitten, an meinem Lovesong-Album mitzuarbeiten. Vielleicht versteht er, wen ich damit meine. Dass er gemeint ist...
Wenn er immer noch single ist... Was hab ich zu verlieren?

Y: Eben.

N: Immerhin, wenn jeder der Betroffenen meint, beim anderen in der Friendzone zu sein und sich deshalb keiner traut, den ersten Schritt zu tun, findet man nie raus, ob es was geworden wäre.

Y: So ist es.

N: Hm...
Möglichkeit zwei für das Album...
Wenn es nicht erscheint...
Ich könnte einfach eine einzelne CD davon aufnehmen... und ihm schicken.
Und dann... abwarten.

Y: Auch ein Plan.

N: Noch deutlicher könnte ich nicht mit dem Zaunpfahl winken. Das Paar in dem Song ist uns viel zu ähnlich.

Y: Aber vielleicht wird ja beim nächsten Treffen klar, wer wie empfindet.

N: Aber das wird nicht so bald passieren, fürchte ich. Ich bin öfter auf Tour, und kann die Hunde nicht immer bei dir lassen.

Y: Wird schon.
Er kann ja auch her kommen.

N: Hm... Mal abwarten.
Danke fürs Zuhören! <3
...
... Ihr glaubt wirklich, er flirtet? :O :O

Y: Ja!!!!

N: Oh Gott, ich fühl mich wie ein Teenager.

Y: Passt doch.

N: Naja... ich bin da wirklich unerfahren. Bin ein typischer Kandidat für die Friendzone. Da lande ich immer! Im Prinzip hab ich den ersten geheiratet, dem ich nicht nur als Kumpel gefallen hab. :/ Was sich im Nachhinein als großer Fehler herausgestellt hat.

Y: Weißt du, das mit der Friendzone kenn ich.

N: Du auch?

Y: Sobald ich begonnen hab, mich selbst etwas mehr zu akzeptieren (von mögen oder lieben sind wir da noch weit entfernt) war es irgendwie nicht mehr ganz so schlimm.

N: Hm, naja, es wird langsam, aber sicher.
... eben seit ich ihn kenne.

Y: Dann stimmt der Weg.
Und selbst wenn du nur lernst, dich dadurch selbst zu akzeptieren und zu lieben...
Dann wars das wert.

N: Ja, das schon. <3 <3 <3
Ich fühl mich ja jetzt schon wie ein neuer Mensch.

Y: Das ist super.
Behalt das bei!

Aber noch brannte Nici etwas auf der Seele, das ihr schwerfiel auszusprechen. Schließlich nahm sie ihren Mut zusammen und schrieb ihren Freundinnen auch das.

N: Ich hab/hätte halt Angst ehrlich zu sein, weil... Naja, was wenn er NICHT dasselbe empfindet und dann überfordert ist? Dann würde ich ihn vielleicht als guten Freund verlieren.

Und ich hab ihn so gern, dass ich ihn lieber als Freund in meinem Leben habe als gar nicht.

Y: Sollte das wirklich passieren, was ich nicht glaube, dann sei ehrlich zu ihm. Sag das, was du mir jetzt sagst.

N: ... Wenn er den Kontakt abbricht, wäre das für mich noch schlimmer. :/ Ich kann mir den Alltag ohne unsere Unterhaltungen kaum noch vorstellen.

Y: Am Ende wird's gut.

N: Ja, da hast du Recht. Naja, ich denke, er hat die Reife damit umzugehen... und mich danach trotzdem wie immer zu behandeln, oder?

Y: Das denke ich auch!

N: Und ich wüsste immerhin, woran ich bin.

Y: Das wär auch schon was wert.

N: Ich hab ihm ja schon Dinge anvertraut, da wären viele andere davon gelaufen... Ich bin bei so was vorsichtig geworden, weil Leute schon im Nachhinein Geheimnisse gegen mich verwendet haben. Unter anderem mein Ex... Aber er... war danach noch genauso nett. Beziehungsweise sogar noch aufmerksamer.

Y: Klingt super.
Lass das einfach auf dich zukommen!

N: Ich hab ihn sogar gefragt, wie er das hinnehmen kann.
Er sagte, was mir passiert ist, macht ihn wütend und traurig. Andererseits bin ich so zu dem Menschen geworden den er kennengelernt hat und das macht ihn froh.
... und er wäre froh mich zu kennen und stolz darauf, wie selbstsicher ich geworden bin.

Y: Klingt nach einem echt lieben Kerl.

N: Ja, das ist er. <3

Y: Ihm liegt definitiv sehr viel an dir.

N: Das glaub ich auch. Es... wirkt einfach so.

Nach diesem Streit mit Tatjana hat er mir geschrieben, dass wir uns zwar noch nicht lange kennen, aber ich wäre für ihn bereits sehr wichtig geworden.

Und dass ich ihn zu einem besseren Menschen machen würde und er es mir verdankt, dass er bekannt geworden ist. Das Album, mit dem er nach End Of Time *den Durchbruch geschafft hat... er wollte es bereits verwerfen und löschen, aber dann hat er doch daran weiter gearbeitet. Weil es mir so gut gefallen hat.*

Und er meinte, allein das könne er nie wieder gutmachen.

Y: Uiiiiii!

N: ...
Er ist... einfach... Süß! ^^ :/

Y: Er ist UR süß!

N: Er hat auch gemeint, ich soll mich daran gewöhnen, Komplimente zu bekommen. Weil er mir noch viele machen würde.

Y: Der flirtet SO WAS VON mit dir!

Nici konnte wieder nur mit einem verlegenen Emoji antworten.

Y: Genieß dein Wölkchen 7 ein bisschen.

Nici kicherte und schickte wieder das Äffchen, das sich die Augen zuhält und ein Emoji mit Herzchen-Augen zurück.

N: Hm... hab ich vor.

Y: Gut so! :)

N: Er meinte auch schon mal »Du bist die Beste«...

Y: Hihi...

Ein bisschen chatteten sie noch über dieses und jenes. Yamuna erzählte ihr noch in aller Ausführlichkeit, wie es den Hunden ging und was sie und die Pfleger mit ihnen heute gemacht hatten. Solange sie im Heim waren, wurde immer versucht, sie bestmöglich auf eine Vermittlung vorzubereiten. Als Yamuna sich verabschiedete, war es 23 Uhr durch, aber Nici fühlte sich nicht müde.

Vor dem Schlafengehen setzte sie sich an ihren Laptop und begann mit dem Rohentwurf eines neuen Liedes. Die Inspiration überrollte sie regelrecht und sie schlug nur so in die Tasten. Mit ihren Freundinnen zu chatten hatte sie etwas ermutigt.

Irgendwann und irgendwie würde sie einen Weg finden, Elias ihre Gefühle zu gestehen.

Sie lächelte noch einmal die Überschrift des neuesten Songs an, der auf ihrem Bildschirm zu lesen war:

Write Me A Lovesong

Fünfzehnter Song

Candle Of Hope

Ein Monat später

Oh SHIT.

Was zur Hölle hatte sie da geschrieben?!

Was ihr in den letzten Wochen noch genial erschienen, nur so aus ihr herausgeflossen war, schien ihr nun so furchtbar ... *offensichtlich* von ihr und Elias zu handeln, dass ihr schlecht wurde.

Genervt schloss sie das Dokument wieder und schob den Laptop von sich. Mit verschränkten Armen starrte Nici grübelnd ihr Spiegelbild an. Sie hatte nur noch wenige Tage in Frankfurt für die Studioaufnahmen des Rock-Albums – diese waren vorgezogen worden.

Morgen hatte sie einen Termin bei Al, um weitere Schritte zu besprechen. Ihr Produzent wollte wissen, was weiter geplant war. Er beauftragte noch immer Elias als Songwriter für sie. Angeblich hatte er schon wieder Lieder für sie... Als Ergänzung zu denen, die sie schrieb. Er selbst hatte ihr nichts geschickt, vielleicht wollte er sie überraschen.

Al wollte einmal »was anderes« von ihr... von Künstlern erwartete man schließlich, dass sie sich entwickelten. Kreativ waren. Ihre Fans wollten Nachschub. Mehr *Leonita*. Aber bitte... originell.

Ihre Augen huschten zum Laptop, der immer noch leuchtend vor ihr stand.

Das Album mit den Liebesliedern war fertig. Weniger peppig und feurig als das, was sie sonst sang... sanfter. Verletzlicher.

Echter.

Aber allein der Gedanke, dass Elias einen dieser Songs hören könnte, ließ ihr einen kalten Schauer über den Rücken laufen. Mit diesem Album winkte sie nicht mit dem Zaunpfahl, sondern mit dem ganzen Zaun samt Haus und Garten!

Das konnte sie nicht rausbringen. Unmöglich.

Stöhnend fuhr sie sich mit den Fingern über die Haare. Sie hatte echt schwierige Tage im Moment. Ihre Stimmungsschwankungen waren gerade absolut nicht lustig. Langsam spürte Nici, wie sie an ihre Grenze geriet, immer ein Alarmzeichen.

Sie brauchte wieder Ruhe, eine Pause. Ein paar Wochen ohne Konzerte, Termine und Studioaufnahmen. Nur sie, ihre Freunde, ihre Hunde und die Natur. Und natürlich Musik, aber zwanglos, ohne Publikum. Nur sie. Inkognito. Die unsichtbare Nici, nicht der Star Leonita.

Nici seufzte leise. Ihr Herz fühlte sich furchtbar schwer an. Sie hatte gehofft, wenn sie in Frankfurt war, könnten sie und Elias sich treffen, aber leider hatten sie dieses Mal einen zu vollen Terminkalender. Als ihr Handy piepte, griff sie automatisch danach.

E: Hi, Miss. Wie geht es dir?

N: Etwas müde. Hab bis in die Nacht geschrieben. Und du?

E: Ooooh, woran denn?
Und danke, alles gut! :)

N: … Mein Geheimprojekt.

E: Du willst mir noch immer nicht mehr sagen?

N: Es ist fertig geworden.

E: Und ich darf nicht mehr darüber wissen?

Nici zögerte, bevor sie den nächsten Satz schrieb.

N: … Ich werde es wohl löschen.

E: Was?! Nein! Wieso? :O

N: Es ist furchtbar kitschig. Das gibt es schon wie Sand am Meer. Es würde nur in der Masse untergehen. So gut sind die Lieder nicht. Damit kann ich nicht Fuß fassen.

E: Jetzt hör aber auf! Schick es Al! Der wird es am besten wissen.

N: Ich zweifle, ob es überhaupt je eingereicht werden sollte. Ich weiß ehrlich gesagt nicht, ob ich mehr Angst davor habe, dass es erfolgreich ist oder davor, dass er es verwirft.

E: Wenn du es nicht versuchst, wirst du es immer bereuen. Die Lieder sind sicher einfach genial!

N: Woher willst du das wissen? Du kennst doch nur meine groben Ideen für das Album.

E: Und selbst die haben mir schon gut gefallen!

N: So was schießt doch gerade wie Pilze aus dem Boden...

E: Ach, glaub mir doch mal was! Du warst so begeistert, als du damit angefangen hattest. Und die ganze Zeit, während du daran gearbeitet hast. Warum jetzt diese Zweifel?

N: Wenn die Leute mehr wollen, könnte ich keinen Nachschub liefern. Das Album ist einzigartig. Es ist das erste und letzte dieser Art, was ich schreiben werde... Das weiß ich jetzt schon.

Sie konnte ihm ja schlecht sagen, dass es deshalb nichts neues dazu geben würde, weil es von ihm handelte... Und sie sich keine Hoffnungen machte, es würde je mehr zu besingen geben als ihre Gefühle für ihn. Schließlich war das mit einer der Gründe dafür, dass sie schwieg...

E: Was ist los? Ich weiß doch, was dir diese Lieder bedeuten!

N: Als ich begann, das Album zu schreiben, hatte ich gerade eine optimistischere Phase... Momentan ist die Luft raus.

E: Das kenne ich. Ich kann dir nicht sagen, was du machen sollst, aber wenn du es auf deinem Laptop verkommen lässt, wirst du es sicher irgendwann bereuen.

Nici spielte etwas an ihrem Handy herum, ohne zu antworten. Was sollte sie sagen? Schließlich tippte sie zögernd weiter.

N: Ich kann es nicht besser in Worte fassen, aber gerade weil mir das Album so wichtig ist, hab ich Angst, es zu veröffentlichen.

E: Wenn du es nicht veröffentlichen willst, ist es auch in Ordnung. Dann schreib es eben nur für dich und ein paar Freunde.

Freunde... Wenn er wüsste. Nici seufzte tief.

N: Dieses Album ist einfach so... persönlich.

E: Dann ist es das. Und das ist auch ok.

N: Ich fühl mich gerade wie ein riesengroßer Feigling...

E: Du bist nicht feige. Und wie immer du dich entscheidest, es ist ok. Lass dir Zeit. Ich verstehe dich wirklich.

Nicis Griff um ihr Smartphone verkrampfte. Wie wollte er das verstehen? Das Album war eine Liebeserklärung! Eine, die nicht an die falschen Ohren geraten durfte. Nämlich seine. Nur, dass sie ihm das schlecht erklären konnte.

E: *Vielleicht weißt du morgen oder nächste Woche mehr. Egal was du tust, ich glaub an dich und stehe hinter dir.*

N: *Danke, das ist lieb von dir...*

E: *Worüber grübelst du nach?*

Wieder seufzte Nici, bevor ihre Finger auf die Tasten klopften. Sie schrieb, wie ihr der Schnabel gewachsen war.

N: *Es ist so ... unrealistisch. Wie soll ich gute Lovesongs schreiben? Ich bin doch die Liebeszynikerin vor dem Herren. Ich glaube nicht an Happy Ends. Die Liebe stirbt im Alltag, wenn man mit allem konfrontiert ist, was der Partner an Altlasten mitbringt. Am Anfang ist es immer schön und leicht. Dann kommt das böse Erwachen. Und alle Versprechen verlieren an Bedeutung.*

E: *Hm... aber ich glaube daran.*

Das brachte Nici zum Lächeln. Und bescherte ihr Herzklopfen. Aber dann erinnerte sie sich, wie sie immer angebrüllt worden war. Blöd. Hysterisch. Zickig. Sie würde überdramatisieren...

Ihr Herz wurde schwer. Was sollte Elias an einer depressiven Frau finden? An *ihr* finden? Einem emotionalen Krüppel, der seine Tränendrüsen nicht im Griff hatte?

Ihr Lächeln erlosch. Trotzdem wollte sie Elias ihre Betroffenheit nicht spüren lassen.

N: Das höre ich gern. Es macht mich oft traurig, dass ich den Glauben verloren habe. Schön, dass sich andere diesen Zauber erhalten können. Das ist Gold wert.

E: Vielleicht wirst du mal sehen, dass das auch anders gehen kann! :)

Erschrocken hob sie die Hand an den Mund. Was wollte er damit sagen? …

Flirtete er mit ihr? War das eine Anspielung? Wollte er durch die Blume sagen, dass sie ihm gefiel?

Oder...

War er einfach nur ein guter Freund, der ihr Mut machen wollte?

N: Ich glaube nicht dran, aber ich will trotzdem weiter hoffen...

E: Das ist doch gut!

N: Mein Ex hat es geschafft, mir den Glauben dran zu nehmen. Ich darf die Hoffnung nicht auch noch verlieren... Hoffnung ist alles, was ich noch habe.

E: Du wirst die Hoffnung nicht verlieren. Dafür sorge ich irgendwie!

N: Glaube und Hoffnung sind sehr zerbrechlich... Gerade deshalb versuche ich ja, die Hoffnung am Leben zu erhalten. Kennst du die Geschichte von den vier Kerzen?

E: Nein, worum geht es da?

Nici tippte die Story aus dem Gedächtnis in ihr Handy. Die Geschichte von vier Kerzen namens Liebe, Frieden, Glaube und Hoffnung. Sie erhellten ein dunkles Zimmer mit einem Kind. Die ersten drei erloschen der Reihe nach, weil die Menschen keine Liebe, keinen Frieden und keinen Glauben mehr hatten. Als das Kind begann zu weinen, sprach die Kerze namens Hoffnung: »Keine Angst. Mein Name ist Hoffnung, und solange ich brenne, kannst du mit meiner Hilfe alle anderen Kerzen anzünden.«

E: Die Geschichte ist echt schön!

N: Das ist der Grund, warum ich trotz meiner Depressionen die Hoffnung nie aufgeben möchte. Weil ich dann auch Glaube, Liebe und Frieden verlieren würde, obwohl ich mir das doch wünsche...

Nici fiel dieses Geständnis nicht leicht, aber wenn sie es ihm nicht sagen könnte, wem sonst? Elias verstand sie wie kein anderer und sie kannten sich schon eine Weile... Er wusste, dass sie an Depressionen litt und einen Suizidversuch hinter sich hatte. Sie fügte noch schnell einen Nachsatz hinzu.

N: Deshalb gebe ich mir Mühe.

E: Und ich helfe dir!

Sie lächelte gerührt.

N: Ich hoffe, du hast ein gutes Feuerzeug. Die Kerze steht oft im Sturm.

*E: Ich hab das eine oder andere Sturmfeuerzeug. ^^*

N: Es ist nur... so, wie es mir in letzter Zeit ging... Wenn man diese Depressionen hat, ist das Leben mit meinen Phasen sehr wankelmütig. Die hoffnungslosen Tage fühlen sich an, als hätte man mich von einem Schiff geworfen. Und dann bin ich im Wasser, mitten im Meer, und habe weder Boot noch Rettungsring. Es könnte oft eigentlich schön sein, weißt du? Man sitzt am Laptop, hört Musik, die Haustiere liegen um einen versammelt. Es sollte alles okay sein, trotzdem... im Innern ertrinkt man. Während man Wasser tritt, hält man also die letzte Kerze hoch, damit sie nicht erlischt... Denn wenn die Hoffnungslosigkeit gewinnt, ist man verloren.

E: Dann strecke ich eben meine Hand aus und halte mein Feuerzeug an die Kerze, die da aus dem Wasser ragt.

Er ging sogar auf ihre inneren Bilder ein... Wow.
Nici lächelte bei dem Gedanken und tippte ihre Antwort.

N: Ich hoffe, du sitzt in einem Boot, wenn du das machst, sonst haben wir beide ein Problem.

E: Ich hab ne Rettungsweste an und kann nicht untergehen! ;)

Kurz schoss ihr der Gedanke durch den Kopf, wie schön es wäre, sich an ihm festhalten zu können... Elias würde sie nie untergehen lassen, oder? Sie errötete und tippte schnell weiter, um sich abzulenken. Sie setzte ein Kerzen-Emoji vor die nächste Nachricht.

N: Hm... Okay. Hoffnung hast du gerettet. Die anderen Kerzen muss ich erst suchen, um sie anzuzünden.

E: Das kriegen wir auch hin! ;)

Oh Gott... sie konnte doch jetzt nicht zu direkt werden! Sie zögerte einen Moment, bevor sie weiter schrieb.

N: Ich such mal Glauben und Frieden.
Liebe kommt von selbst zu mir, wenn die anderen drei brennen.

Er antwortete mit einem zwinkernden Emoji.
Dann wechselte er das Thema, um sie abzulenken und schickte ihr ein paar Bilder. Sie lächelte und versuchte, angemessen darauf einzugehen, aber nach einer Weile konnte sie nicht mehr anders. Sie konnte wieder lächeln, sich freuen, und er hatte sie erfolgreich aufgemuntert.
Sie musste sich einfach bedanken.

N: Du... Danke. Wieder mal.

Ich weiß gar nicht, wie ich je wieder gutmachen soll, was du für mich tust.
Egal, was mich ins Wasser zieht... Du bist immer da und holst mich wieder
an die Oberfläche. Ich weiß nicht, wo du die Kraft, die Feuerzeuge und die
Rettungsweste hernimmst.
Aber ich bin unheimlich dankbar dafür.
Danke, dass du nicht zulässt, dass ich die Hoffnung verliere.
Es muss oft anstrengend mit mir sein, so wie die letzten Tage. Ich musste
oft allein durch solche Stunden. Jetzt nicht mehr. Mich daran zu gewöhnen,
ist nicht leicht.

Sie zögerte, aber schließlich brachen auch die letzten Worte aus ihr
heraus.

N: Umso mehr weiß ich zu schätzen, dass jemand für mich da ist. Und noch
mehr, dass dieser Jemand DU bist... Danke...

Mit einem Lächeln hängte sie bei der nächsten Nachricht zwei
Kerzenbildchen an den Text. Er würde es verstehen. Sie fühlte sich
gut, ruhte in sich wie schon lange nicht mehr.

N: Da, schau. Jetzt sind es wieder zwei. Hoffnung und Frieden.

E: Wuhu!!!
Nichts zu danken. Und es ist gar nicht anstrengend mit dir! ;)

Nici kicherte.

N: Die Aussage kann ich zwar nicht recht glauben, aber es ist schön zu hören. :) Danke...

E: ;)

Sie chatteten nicht mehr über viel tiefgründiges. Bald wünschte ihr Elias eine gute Nacht, weil er am nächsten Morgen aufstehen musste. Er hatte einen Termin mit seinem Agenten.
Nici konnte noch nicht schlafen. Ihr Gespräch mit Elias hatte ihr gut getan, sie fühlte sich absolut energiegeladen.
Mit einem Lächeln setzte sie sich an den Computer und begann, einen neuen Text zu entwerfen:
Candle Of Hope

Sechzehnter Song

Nobody But You

Als sie erst zwei Tage von den Aufnahmen zuhause war, stand Nicis Ex auf der Matte.

Und sie war dumm genug gewesen, ihn herein zu bitten. Höflichkeit oder so... Jetzt hasste sie sich dafür.

Sie funkelte ihn an. Thomas saß vor ihr in der Essküche, in der sie so oft miteinander gegessen hatten, und schien mit den Tränen zu kämpfen.

»Nici, bitte! Ich liebe dich, ich will mit dir zusammen sein! Du hast mir nie wirklich die Chance gegeben, dich zurückzugewinnen!«

»Du hattest genug Chancen dich mir gegenüber besser zu verhalten, solange wir noch verheiratet waren! Viel zu viele, bis du sie nicht mehr zu schätzen gewusst hast!«, schleuderte sie ihm entgegen. Nici sprang auf, die Hände zu Fäusten geballt. »Verschwinde.«

Er sah zu ihr auf und als sie sah, dass er wirklich weinte, bekam sie ein schlechtes Gewissen. Obwohl sie den Mann, der vor ihr saß, schon lange nicht mehr liebte, wollte sie ihm doch nicht wehtun...

Sie war einfach zu weichherzig.

»Nici, ich will dich nicht verlieren. Du bist mir zu wichtig. Lass es uns noch mal versuchen...«, flehte er. Allein bei der Vorstellung verknotete sich ihr Magen.

»Ich habe Nein gesagt, guter Gott!«, fauchte sie. »Such dir eine andere Haushaltssklavin. Ich werde nicht wieder dein Heimchen am Herd, das du niedermachen kannst, wenn dir danach ist!«

Tom wurde knallrot im Gesicht und schaltete in Nullkommanichts von weinerlich auf fuchsteufelswild um, wie sie es so gut von ihm kannte. Er baute sich vor ihr auf und fuchtelte mit den Armen. Nici zog den Kopf zwischen die Schultern und wich zurück, als er anfing, sie anzubrüllen. »Du lebst in einer Traumwelt, Nici! Kein Wunder, dass wir nie glücklich waren!« Ein Schauer lief Nici über den Rücken, als sie in alle alten Muster zurückfiel, die sie so lange abgelegt zu haben glaubte. Angst vernebelte ihren Kopf, verengte ihre Kehle, als hätte sie sich verschluckt. »Du hattest viel zu hohe Ansprüche! Ich war dir nie gut genug! Hast vor dich hin geträumt, dich auf die Musik konzentriert anstatt handfeste Dinge anzupacken! Das mit der Musik war pures Glück, mehr nicht! Das hätte auch anders ausgehen können, dann hättest du jetzt gar nichts ohne mich!«

Nici wich noch einen Schritt zurück und stieß gegen den Küchenschrank, als ihr Exmann mit geballten Fäusten vor ihr stehen blieb und auf sie hinab stierte. »Du bist doch nur geblieben, weil du diesen Hof wolltest. Dieses Tierasyl, die Sache mit den Hunden, das Haus am Land, und ich hab dir mit meinem Geld den Weg geebnet! Mit meinem Gehalt und weil ich mir in der Schicht den Arsch aufgerissen habe! Während du es dir gemütlich gemacht und an deinen Liedern geschrieben hast! Du hast mich nur deshalb überhaupt geheiratet!«

Der Vorwurf saß. Nici schluckte. »Das stimmt nicht!«, krächzte sie.

Er stützte links und rechts von ihr die Hände an Schrank und Wand, sodass sie nicht mehr wegkonnte. Sein vor Zorn gerötetes Gesicht war direkt über ihr.

Sie hasste es, ihm so ausgeliefert zu sein.

»Du wärst noch immer bei mir ohne die Musik, oder?«, knurrte er.

»Du hattest schon ewig diese Pläne, hab ich recht? Du wolltest nur das Haus nicht verlieren und hast deshalb erst die Scheidung eingereicht, als du erfolgreich warst!«

Damit hatte er leider recht... Nici sah zur Seite und schwieg. In ihr arbeitete es, aber sie versuchte, sich zusammenzureißen. Er war immer gut darin gewesen, sie mit Wutausbrüchen und vorgespielter Sensibilität zu manipulieren. Sie durfte nicht wieder darauf reinfallen. »Ja, stimmt! Ich habe die Scheidung nach meinem Durchbruch eingereicht, weil wir nicht mehr glücklich waren!«, flüsterte sie. Nun sah sie ihn an, diesmal ruhiger und selbstsicherer. »Du hast mich nicht gut behandelt. Schon lange nicht mehr.«

Er hob die Hand und deutete auf ihr Umfeld, die renovierte Küche, und schloss mit dieser Bewegung das ganze Haus mit ein. »Am liebsten würde ich dir jetzt eine reinhauen!«, schrie er und straffte die Schultern, als mache er sich bereit zum Schlag.

Trotzig reckte Nici das Kinn und sah ihn so ruhig wie möglich an. Als ihr die – erstaunlich gelassene – Antwort über die Lippen kam, war sie von sich selbst überrascht. »Schlag bitte so zu, dass ich der Polizei die blauen Flecken zeigen kann, ja? Dann krieg ich hoffentlich endlich die Verfügung durch, dass du nicht mehr in meine Nähe darfst.«

Tom wurde noch wütender. Die Adern an seiner Schläfe pulsierten mittlerweile sichtbar. »Ich hab dich nie geschlagen! Du bist einfach zu empfindlich! Ich war gut zu dir, oder glaubst du, wenn du mir egal wärst, hätte ich mir diese scheiß Baustelle hier angetan?!«

Nici drückte sich enger an den Schrank, aber sah ihn weiter an.

»Mich anzubrüllen, zu beschimpfen und mir vorzuwerfen, ich verdiene zu wenig und hätte deshalb den Haushalt und die Arbeit allein zu machen, nennst du gute Behandlung?«, wisperte sie. »Meine Träume zu unterdrücken und meine Leidenschaft für die Musik? Was ist daran gut?!« Ihr Versuch, stark aufzutreten, misslang kläglich.

Seine Faust kam auf Nici zu und krachte neben ihrem Gesicht gegen den Schrank. Sie zuckte zusammen und zitterte vor Angst. »Du bist undankbar! Kein Wunder, dass du unzufrieden warst! Du hättest glücklich sein sollen, mich zu haben!«, brüllte er. »Du bist hysterisch, zickig und provokativ! Die meisten Männer hätten längst zugeschlagen! Sei froh, dass ich nur laut geworden bin!«

Sie sah ihn fassungslos an... Sprachlos. In ihr tobte alles, aber sie bekam kein Wort heraus.

»Du gehst jetzt besser!«, ertönte Yamunas energische Stimme aus Richtung Vorraum.

Tom blickte auf und Nici drehte den Kopf. Ihre Freundin stand in der Tür und hatte das Handy in der Hand. »Ich hab hier ne nette Kleinigkeit gefilmt. Und entweder gehst du sofort, du Arschloch, oder ich rufe die Polizei!« Ihre Stimme blieb trotz der Drohung ruhig.

»Achja? Und was sollen die machen? Nur weil ich mit meiner Ex streite?«, giftete er.

Yamuna straffte die Schultern. »Das hat mit Streiten nichts mehr zu tun. Das ist Nötigung, ihr Gewalt anzudrohen! Hau einfach ab!«, zischte sie.

Tom drehte sich noch einmal zu Nici um. Sie spürte tiefe Dankbarkeit ihrer Freundin gegenüber, hatte aber Angst, ihr Ex würde noch mehr austicken. Was in seinem Kopf vorging, hatte sie nie verstanden.

Doch die Drohung schien zu wirken. Tom senkte die Hände und trat einen Schritt zurück, wobei er Nici böse anstarrte. Sie wagte es noch nicht, sich zu entspannen. »Du wirst noch darum betteln, dass ich dich zurück nehme!«

Nici schluckte. »Ich hab dich ausgezahlt, und du betrittst meinen Grund und Boden nicht mehr!«, flüsterte sie letzten Endes. »Wenn du wieder hier auftauchst, rufe ich die Polizei.«

Seine Augen wurden groß. »Das meinst du nicht ernst.«

»Oh, und wie!« Nici hob den Kopf und richtete sich fast unmerklich auf, bevor sie einen winzigen Schritt nach vorne trat, gerade weit genug, um nicht mehr am Schrank gekauert da zu stehen wie ein verängstigtes Kind. »Du weißt, wo die Tür ist. Raus.«

Tom wurde wieder rot und ballte die Hände, aber stapfte mit energischen Schritten an ihr vorbei, ohne sich noch mal umzudrehen. Die Hunde im Garten begannen zu bellen, als er die Haustür hinter sich ins Schloss warf.

Yamuna wandte sich Nici zu, aber zögerte, die Hand nach ihr auszustrecken. Nici spürte selbst, dass sie blass war. »Alles ok?«, flüsterte ihre Freundin sanft.

Nici begann zu zittern. Ihre Hände ballten sich zu Fäusten und lockerten sich immer wieder. Tränen traten ihr in die Augen. Warum war sie je auf dieses Arschloch rein gefallen? Wie hatte sie mit ihm zusammenkommen, ihn heiraten, den Haushalt für ihn führen können? Wie hatte er es geschafft, sie immer wieder zu manipulieren, wenn sie versucht hatte, sich zu trennen? Dann hatte sie es geschafft, und jetzt das! Lernte sie nie aus ihren Fehlern? Wie hatte sie ihn in ihr Haus, ihr Zuhause lassen können, wo er ihr nur wehtun konnte? »Nichts ist ok!«, krächzte sie. »Danke für deine Hilfe. Ich... brauch frische Luft.«

Bevor Yamuna noch etwas sagen konnte, lief Nici an ihr vorbei. Ihr Abgang vom Hof, hinaus in die Felder, glich eher einer Flucht.

Stundenlang irrte sie durch die Gegend, während alle Streits, bei denen ihr Ex es geschafft hatte ihr sämtliches Selbstwertgefühl zu rauben, durch ihre Gedanken geisterten.

Irgendwann griff sie nach ihrem Handy. Der Akku war halb voll.

Sie zögerte. Wollte sie Elias da mit reinziehen? Andererseits hatte er gesagt, er wäre für sie da, und hatte dieses Versprechen bis jetzt gehalten. Und es tat ihr gut, sich mit ihm zu unterhalten... Noch ehe sie zweimal darüber nachdenken konnte, begann sie zu tippen. Sie wusste, dass er irgendwann am Nachmittag Termine hatte, aber er konnte es ja danach lesen.

N: Mein Ex ist ein manipulativer, besitzergreifender Arsch. Er war heute da. Hat gesagt, er will nur reden. Ich war dumm genug, ihn herein zu lassen, weil er nett und vernünftig wirkte. War halbwegs zuversichtlich, dass wir endlich ein friedliches Gespräch ohne Kampf zustande bringen. Stattdessen hat er mit mir geschimpft, mich angebettelt, ich solle ihn zurücknehmen. Dann ging es wieder los.

Er hat mir vorgeworfen, dass ich träume, dass ich so viel Zeit in die Musik gesteckt habe, und als ich es gewagt habe, zurück zu reden, hat er mich angeschrien. Die ganze Zeit unserer Ehe hat er mich wie einen Menschen zweiter Klasse behandelt! Länger als zwei bis drei Tage nett sein konnte er nicht!

Wenn ich nicht ins Wasser falle, stößt er mich rein! Sogar jetzt noch. So oft hat er es geschafft, dass ich die Hoffnung beinahe verloren hätte. Heute wieder. Wenn ihm das gelungen wäre und ich die Hoffnung endgültig verloren hätte, wäre alles aus. Ich wäre ertrunken. Eine Hülle gewesen. Herum gelaufen, Job und Haushalt machen und mit Hundetraining was dazu verdienen und zuhause funktionieren, als brave Ehefrau. Die Gesellschaft will es nicht anders, und er sowieso nicht... :'(

Am liebsten hätte er mich wohl als Roboter gehabt. Dann hätte er den Aus-Knopf drücken und mich in der Ecke parken können, wenn alles erledigt ist, bis er mich braucht. Zum Wäsche zusammenlegen oder so.

E: Hey. Hol mal tief Luft und beruhig dich... Was machst du gerade? Wo bist du?

Nici atmete tief durch, bevor sie antwortete. Er hatte Recht, sie musste sich beruhigen. Sie setzte sich auf einen Stein, der neben dem Weg lag, schluckte und schrieb weiter.

N: Ich gehe spazieren, um den Kopf freizukriegen.

E: Das ist gut. So, und jetzt leg los. Ich bin für dich da. Das kriegen wir hin.

Sie zögerte kurz, dann gab sie sich einen Ruck und schrieb weiter.

N: *Manchmal glaube ich, er spürt instinktiv, wenn ich mich gut und stark fühle, wann ich zuversichtlich bin... Hoffnung habe.*
Dann kommt er sofort mit schwerem Geschütz, um mich kaputt zu machen.
Er WILL nicht, dass es mir gut geht.

E: *Das kann durchaus sein. Ich kenne ihn zwar nur von dem was du erzählt hast, aber das würde irgendwie passen.*

N: *Bei unserem Streit wegen meines Tattoos damals hat er was ziemlich hässliches zu mir gesagt. Da hab ich endgültig kapiert, dass er der Falsche ist... Dass er mich nie in dem Ausmaß verstehen wird, wie ich es brauche. Beziehungsweise mich ohnehin GAR NICHT versteht.*
Das, was ich dir mal erzählt habe. Dass Depression so ist, als würde man immer wieder ins Wasser stürzen... Das IST leider so. Das ist ein Teil von mir, seit mehr als 15 Jahren. Es wird immer ein Teil von mir sein. Manchmal braucht es keinen Auslöser. Manchmal ist nicht damit zu rechnen. Es passiert trotzdem einfach... Man bekommt einen Stoß und fällt, und kann nichts dagegen tun. Dafür kann ich nichts... Ich versuche mich zu wehren, nur oft gelingt das eben nicht...
Es ist ja nicht so, als hätte ich mir das ausgesucht, krank zu sein. Man sucht sich ja auch kein Asthma aus. Dass man herzkrank ist. Oder ein kaputtes Bein hat. Aber wenn man so was hat, würde einem das keiner unter die Nase reiben.

E: *Eins nach dem anderen. Wie meinst du das mit unter die Nase reiben? Was hat er denn damals gesagt?*

Unsicher drehte Nici das Telefon in den Händen und grübelte. Sie hatte wie immer so geschrieben, wie ihr der Schnabel gewachsen war. Langsam klärten sich ihre Gedanken. Ja, er hörte ihr zu, aber sollte Elias wirklich wissen, was ihr Ex ihr damals an den Kopf geworfen hatte?

Dann schrieb sie es ihm trotzdem. Nicht einmal Yamuna, Mila oder ihre Mutter wussten davon, aber sie musste es los werden... und Elias verstand sie.

N: Er hat mir genau das vorgeworfen. Dass ich hysterisch sei. Und aus allem ein Drama machen würde. Ich habe versucht ihm zu erklären, wie es mir ging, als einer der Hunde sich verletzt hatte, aber er verstand gar nicht, warum mich das fertig gemacht hat, weil der Hund sich ja eh wieder erholt hat. Dass das für mich trotzdem ein Auslöser war, dass es mir schlecht ging, hat er gar nicht begriffen.

Und dann hat er mir vorgeworfen, dass ich versucht habe, mich umzubringen. Ob ich überhaupt einen Gedanken daran verschwendet hätte, wie es ihm gehen würde, wenn ich das mache.

E: Nicht sein Ernst, oder?!

N: Ich hab gar nix mehr drauf gesagt. Die Antwort ist zwar einfach, aber wenn er den Rest nicht begreift, hätte er auch das nicht begriffen... Die Antwort lautet NEIN. Man denkt nicht daran, wie es anderen geht, weil man nur WEG will.

Und anstatt mir Gründe zu geben, bei ihm und am Leben bleiben zu wollen, nicht weg zu wollen, hat er mir den Schubs oft selbst verpasst...

Mutlosigkeit breitete sich in Nici aus, als sie sich an all das zurück erinnerte.

N: Ich wäre echt gern wütend auf ihn, aber ich bin nur... traurig.
Ich hab mir Mühe gegeben. Jeden Tag. Ich habe mich angestrengt, aber es war immer zu wenig...
Es ist immer noch zu wenig. Ich war ihm nie gut genug und wäre es nie gewesen, deshalb habe ich mich ja von ihm getrennt...

E: Oh Mann... Ich weiß gar nicht, was ich sagen soll. Kopf hoch. Du hast es hinter dir. Lass ihn nie wieder an dich ran, dann passiert so etwas wie heute nicht mehr. Er ist ein Mistkerl und hat nie zu schätzen gewusst, was er an dir hat.

Nici musste bei diesen Worten einfach lächeln.

N: Okay, ich weiß, es hört sich gerade nicht danach an. Ich paddle gerade durch das Meer, das heute hohe Wellen hat und verdammt kalt ist. Aber...

Sie schickte ihm ein Kerzen-Emoji.

N: Schau. Brennt noch. Also, du musst dir nicht zu viele Sorgen machen.

Er schickte ihr einen Daumen hoch. Nici fühlte sich trotzdem nicht wirklich besser.
Sie stand auf, um nach Hause zu gehen.

An diesem Tag behielt die Depression sie fest im Griff. Da sie wusste, dass sie an solchen Tagen nicht mit den Tieren arbeiten sollte, machte sie es sich Zuhause gemütlich und setzte ihre großen Kopfhörer auf, um Musik zu hören. Die Playlist lief in Dauerschleife, während sie auf dem Sofa lag und stumm die Lippen dazu bewegte.

Dennoch ging ihr der Besuch von Thomas nicht aus dem Kopf. Er hatte es immer gut verstanden, sie zu manipulieren, sich in ihrem Gehirn einzunisten und nicht mehr zu verschwinden.

Ihr Handy empfing eine Nachricht. Da sie die Musik so laut aufgedreht hatte, spürte sie es nur, weil es neben ihr auf der Couch vibrierte.

Sie griff halbherzig danach und öffnete WhatsApp.

E: Hey, Miss. Geht es dir schon etwas besser?

N: Nein, nicht wirklich...

E: Noch immer wegen Thomas? Vergiss diesen Rüpel.

N: Wenn das nur so einfach wäre. Ich bin so leicht zu manipulieren. Ein bisschen schlechtes Gewissen machen, etwas schimpfen und mein Selbstwertgefühl stürzt ab. Und er weiß genau, wie er mir ein schlechtes Gewissen machen kann. Jetzt gerade frag ich mich, ob meine »Krankheit« nicht nur eine Ausrede für schwache Nerven und einen schlechten Charakter ist. Das hat er wirklich gut gemacht, man kann ihm gratulieren...

E: Das denkst du doch nicht wirklich!

N: ...

Es ist hoffnungslos mit mir. >.<

E: STOP. Hör auf! Das stimmt nicht!

Nici rieb sich müde über die Augen. Sie fühlte sich absolut ausgebrannt.

N: Doch, ist es. Ich hatte eine Art... Erleuchtung während ich heim gegangen bin. Das war ne gute Strecke und ich hatte viel Zeit zum Nachdenken.

E: ... Da bin ich jetzt gespannt.

Nici suchte eine Weile nach Worten, bevor sie weiter schrieb.

N: Naja... Selbst wenn sich wieder jemand in mich verlieben sollte, gibt es ein Problem. Es klingt ziemlich einfach. Meinem Ex hab ich damals offen gesagt, dass ich psychisch nicht ganz fit bin, nicht lang nachdem wir zusammengekommen sind. Das ist ja eine Tatsache.
Frisch verliebt, wie wir damals waren, hat er natürlich gesagt, das wäre kein Problem und er käme mit allem klar, solange wir zwei nur zusammen sind.
Und so wird es immer sein. Frisch verliebt sagt man bei ALLEM, es wäre kein Problem! Und solange man »nur« zusammen ist und der Partner die Zusammenbrüche nicht oft oder nicht in vollem Ausmaß mitbekommt, ist er natürlich da.

Aber spätestens wenn man zusammenziehen würde, geht es von vorne los. Zuerst wird ihm bewusst, wie oft ich solche Aussetzer habe. Anfangs versteht man sie noch. Die mit Grund, weil z.B. ein Tier krank ist oder der Tag schwierig war, versteht man sowieso, und über die Aussetzer ohne äußeren Auslöser kann man hinweg sehen, denn man weiß ja, dass man mit einer depressiven Frau zusammen ist. Man lebt also damit.

Irgendwann ist man zumindest von den grundlos schlechten Tagen genervt und versteht nur noch die Zusammenbrüche, die einen konkreten Grund haben.

Und noch später ist alles in den Augen des Partners grundlos, was man anfangs noch verstanden hat. Dann gehen die netten Sprüche los.

»Mach nicht aus Kleinigkeiten ein Drama!«

»Sei nicht so hysterisch.«

»Ich hab keinen Bock mehr, für dich die Schulter zum Anlehnen zu spielen.«

Dann steh ich wieder da, überfordert, weil vielleicht eines meiner Tiere krank oder verletzt ist, und anstatt dass mich mein Partner in den Arm nimmt, reißt sein Geduldsfaden, er wird mich anbrüllen, bis ich in Tränen ausbreche, und mich dann in dieser Überforderung allein lassen.

Darin sehe ich das Problem. Man verliebt sich in einen Menschen, den man eigentlich nicht kennt. Deshalb hört sich alles einfach an.

Viele Menschen wissen nicht, was es heißt, Depressionen zu haben. Man glaubt, die Leute sind dann einfach öfter traurig... Hahaha. Guter Witz. Es geht soviel tiefer. Man fühlt sich wertlos. Schwach. Ist schnell überfordert. Nicht so stressresistent. Man schläft nicht gut, weil man immer grübelt.

Manchmal will man nur Nähe. Dann braucht man Abstand. VIIIIIIIIIEEEEEEEEL Abstand!!! Und all diese Seiten, besonders bei jemandem der depressiv ist, lernt man erst kennen, lang nachdem die

Verliebtheit weg ist. Und das, wovon man dachte, man kriegt es gebacken,
entpuppt sich als Problem.
Dann sterben die Zuneigung und Liebe zu dieser Person.
Es gibt immer ein Ende.
Aber das Happy End findet kaum jemand.

E: Hör mir zu. Du denkst nur so, weil du es nicht anders gelernt hast. Klar
ist so was schwer. Manchmal verliert auch der Partner den Mut. Dennoch
würde dich dann nicht jeder anschreien, beleidigen oder dir gar deine
Krankheit vorwerfen. Dein Ex ist ein Paradebeispiel, wie man sich nicht
benehmen soll. Du verdienst was besseres und ich bin mir sicher, dass du
jemand besseren finden wirst. Und es ist nicht schlimm, wenn du die
Hoffnung und den Glauben daran verlierst. Meine Hoffnung reicht für uns
beide!
Und denk daran, was ich dir in Frankfurt auf der Brücke gesagt habe. Jedes
Wort war ernst gemeint.

Nici traten vor Rührung die Tränen in die Augen, als sie sich an
seine Rede zurückerinnerte und sie konnte endlich wieder lächeln.

N: Wow... Ich frage mich zwar, wie ich es geschafft habe, einen Menschen
wie dich zu verdienen, aber... Danke.
Ich muss wohl in einem meiner früheren Leben irgendeine gute Tat
begangen haben. Man braucht viel gutes Karma, um einen Freund wie dich
*zu treffen. ^^*

E: So was ähnliches habe ich schon öfter über dich gedacht.

N: Das hat noch nie jemand zu mir gesagt. <3

*E: Das war dann definitiv überfällig. ^^*

N: Ich frag mich, wie du es schaffst, so ein guter Mensch zu sein. Ich meine nicht allgemein, ich weiß, dass du einfach ein netter Kerl bist. Aber wie du es mir gegenüber schaffst. Da braucht man ja ne Engelsgeduld!

E: Ich habe damit kein Problem.

N: Weißt du, manchmal geht es mir gut. Dann hab ich Humor und habe Spaß und mache Scherze, schreibe mehrere Liedtexte am Tag und dann habe ich nicht nur Hoffnung, sondern kann auch an das Gute im Menschen und an Liebe glauben.
Dann, so wie heute, nachdem mein Ex mich fertiggemacht hat oder weil es mich einfach so hinunterzieht, geht es mir mehrere Tage hintereinander schlecht. Dann habe ich keinen Glauben an nichts und die Hoffnung ist immer kurz vor dem Erlöschen.
Ich zweifel an solchen Tagen dran, dass meine Lieder gut sind, dass meine Texte schön sind, und manchmal sogar an meiner Daseinsberechtigung.
Dass du nicht abhaust... Respekt, wirklich. ;)

E: Ach, wir Fischer-Männer haben einen ganz markanten Charakterzug: Wir sind auffallend stur. Das heißt, du wirst mich nicht los. Und ich laufe nie davon!

Nici grinste und konnte sich die nächste Nachricht nicht verkneifen.

N: Dann liegt eine anstrengende Zeit vor dir.

Aber es hat auch Vorteile!

Im Vergleich zu mir wird jede Frau angenehm unkompliziert wirken.

Weißt du, ich habe Legenden gehört... diese besagen, es soll Frauen geben, die keine Depressionen haben und es einem sogar glauben, wenn man ihnen Komplimente macht! :'D

E: Das hört sich fast zu leicht an. ^^

N: Möglich. Nur die hartnäckigen Kerle knacken einen Tresor, oder?

E: So ist es, und in Tresoren findet man die schönsten Schmuckstücke!

N: Du hast nicht nur einen Tresor verdient. Fort Knox ist das Mindeste für dich!

E: Kleine Schätze sind aber oft mehr wert als große! ;)

Nici spürte, wie ihr Herz schneller schlug. Gut, dass sie nicht an einem EKG hing. Sie war sich sicher, dass ihr Herzschlag im Moment viel zu schnell war.

N: Ich kann es nur wiederholen. Die Frauen in Frankfurt müssen blind sein.

E: Puh, möglich. ^^

Die Schmetterlinge in Nicis Bauch flatterten in einem einzigen Wirbelwind im Kreis, als sie die nächsten Worte schrieb.

N: Die Richtige für dich ist sicher da draußen...

Wie sehr sie sich wünschte, die Richtige sein zu können...
Zwei Monate noch, bis sie das nächste Mal in Frankfurt war. Bei ihrem ersten Treffen hatte sie ihn nur als Freund wahrgenommen... Sie wollte noch bis dahin warten. Vielleicht stellte sie dann fest, dass sie das Risiko nicht eingehen wollte. Als Freund war er ihr zu wichtig, um es leichtfertig zu riskieren, ihm ihre Gefühle zu gestehen. Es gab so viele Faktoren, die sie bremsten...
Ihr Lächeln erstarb, als der Strudel ihrer Erinnerungen sie hinab riss und die Schmetterlinge in ihrem Bauch beendeten ihren Flug.
Es ging nicht nur darum, dass sie so weit voneinander entfernt lebten, auch wenn das definitiv ein Faktor war.
Doch im Moment wollte sie nicht daran denken. Sie riss sich zusammen und schrieb weiter, als ihr eine Erinnerung durch den Kopf schoss.

N: Was ist eigentlich mit der Managerin des Clubs, die deine Lieder immer zur Probe hört? Du hast mir erzählt, dass sie dich nach End Of Time *umarmt hat, weil es sie zum Weinen gebracht hat. Das ist ja ne schöne Geste. Ich spreche nur für mich, aber ich bin keiner, der schnell jemanden umarmt. ;)*

E: Die ist fast 60, falls du davon sprichst... ;)

Nici wurde rot. Auweia. Offensichtlicher hätte sie das nicht machen können. Sie war wirklich ein unbeholfener Tollpatsch.

N: *Weiß ich ja nicht, sie hätte auch Mitte 30 sein können!*

E: *Nö.* ^^

N: *Okay, ähm... um ehrlich zu sein, als du mir das geschrieben hast, war ich kurz eifersüchtig. Als ich nach dem einen Lied im Album von* End Of Time *weinen musste, hätte ich dich für die Glanzleistung auch gern umarmt...*
Und beim letzten Lied des Albums, als du über den Abschied von jemand geschrieben hast, der stirbt.

E: *Dann hol das eben nach, wenn wir uns das nächste Mal sehen. :)*

Das traf sie wie ein Schwall kaltes Wasser. Wieder fühlte sie sich von der Präsenz ihres Ex-Mannes fast erschlagen, der sich vor ihr aufbaute, sich über sie lehnte, spürte die Erschütterung des Schranks, als seine Faust neben ihrem Gesicht gegen das Holz krachte, als er sie anbrüllte.

N: *... Mal sehen, ob ich mich das traue...*

E: *Wieso das?*

N: *Naja... das übliche... dass mich große Leute, speziell Männer, ein-schüchtern...*

E: Aber das war doch schon besser, oder?

N: Naja... halbwegs. Vor Größe an sich hab ich keine Angst, aber vor diesem Ausgeliefertsein. Mein Ex hat das ja gegen mich genutzt...

E: Warte, Moment... wann?!

N: Heute wieder... -.-

E: Dieses Arschloch! Was ist passiert? Willst du drüber reden?

N: Er hat sich vor mir aufgebaut, mir mit der Faust gedroht und damit, mich zu schlagen, als wir gestritten haben. Dann hat er mich in die Ecke gedrängt und mit der Faust gegen den Schrank geschlagen. Direkt neben meinem Gesicht. Ich dachte, der Schlag würde mich treffen. Ich bin in dem Moment quasi um die Hälfte geschrumpft. Ich hatte wirklich Angst...

E: Das ändern wir wieder, du wirst sehen.

N: ... Wenn das jemand kann, dann du. :)

E: :) Hab noch einen Termin, wir schreiben uns später, ja?

N: Ist gut. Danke fürs Zuhören. :)

Als Nici das Handy zur Seite legte, fühlte sie sich wesentlich besser. Sie setzte sich an den Computer und entwarf den nächsten Liedtext:

Die Melodie dazu entstand nach und nach in ihrem Herzen. Sie setzte sich ans Keyboard und ließ ihre Hände gefühlvoll über die Tasten streichen.

Als ihr Handy einige Stunden später erneut klingelte, war der neue Song fertig.

Siebzehnter Song

Thanks For Making Me Laugh

Es war Elias – natürlich.

E: Hey! Geht es dir besser?

N: Natürlich, wie immer wenn du mit mir schreibst. Nur... ich hoffe, du fandest nicht komisch, was ich vorher geschrieben habe.

E: Was soll komisch gewesen sein?

N: Naja... Hm... Dass ich vor großen Leuten keine Angst mehr haben soll und wo ich meinte... wenn das jemand schafft, dann du. Das hab ich geschrieben, ohne zweimal drüber nachzudenken.

E: Keine Sorge. :)

N: Da bin ich beruhigt...

E: Wieso sollte ich das komisch finden? Und du sollst bei mir nie groß darüber nachdenken, was du schreibst. Ich will, dass du offen bist, wenn wir uns unterhalten.

N: Naja, das so zu sagen, fand ich im Nachhinein trotzdem... schräg. Ich hatte schon Angst, dich abzuschrecken. Meine Finger sind oft schneller als mein Hirn – und glaub mir, das willst du nicht auf Dauer.

E: Wenn ich das nicht wollte, hätte ich nicht gesagt, dass du schreiben sollst wie dir der Schnabel wächst! ;)

N: Hoffentlich bereust du das nicht irgendwann. Beim Schreiben trag ich das Herz auf der Zunge. Oder besser gesagt in den Fingerspitzen.

E: So soll es auch sein! :P

N: Abwarten.

E: Glaubst du mir jemals irgendwas? ;)

Das brachte Nici zum Lächeln.

N: Es wird schon besser. Aber Fortschritte misst man bei mir eher in Monaten als in Tagen... :/ ;)

*E: Ach, ich bin ein geduldiger Mensch. ^^*

N: Gut, ich fürchte das wirst du noch nötig haben. ^^ Mal sehen wie viele Fortschritte wir noch hinbekommen, sind ja noch ein paar Monate bis zu unserem nächsten Treffen. ;)

E: Ja, ich freu mich darauf. Ich hab uns eine Tour zusammengestellt. :)

N: Ich mich auch – und: cool! :) Ich will nach und nach ganz Frankfurt und Umgebung kennenlernen!

*E: Mal eines nach dem anderen. ^^*

*N: Genau, nicht zu weit voraus denken... Vielleicht gehe ich dir im Endeffekt ja doch so auf die Nerven, dass du mich nicht wieder sehen willst. ^^*

E: Blödsinn! :D

N: Sagst du JETZT!

Nici schmückte die Nachricht noch mit einigen verrückt grinsenden Emojis und musste dabei leise lachen.

E: Ja, und dabei bleibe ich! :P

N: Ich lasse mich gern überzeugen. ;)

E: So soll es sein!

N: Naja... ich glaube, ich kenne dich gut genug, um zu wissen, dass du so etwas nicht leichtfertig sagst.

E: Endlich hast du es begriffen! :D

N: Manchmal hab ich wirklich ein schlechtes Gewissen, wenn ich so viel quatsche... ich meine, du bist doch kein emotionaler Mülleimer! :/ Gerade heute war es sehr viel...
Jedenfalls danke, dass du mir zuhörst.

E: Dafür musst du dich nicht bedanken. :)

N: Also muss ich kein schlechtes Gewissen haben?

E: Unfug, natürlich nicht.

*N: Du bist ein echter Superheld. ^^*

E: So super bin ich dann auch wieder nicht! :D

Nici grinste.

*N: Naja, schon. Pack die guten Eigenschaften der Avengers plus Empathie und ein großes Herz auf einen Haufen und dabei kommst du raus. ^^*

Elias antwortete mit einem verlegen guckenden Emoji, der Nici zum Lachen brachte. Nebenbei kritzelte sie einen neuen Musiktitel auf einen Zettel, der ihr gerade einfiel. Sicher würde ihr am nächsten Tag auch ein Text dazu einfallen... *Thanks For Making Me Laugh*

*E: Mit Dr. Strange kann ich mich am ehesten identifizieren. ^^*

N: Weil er so superschlau ist?

E: Ne, der ist auch so ein wandelndes Musiklexikon wie ich! :D

Nici musste lachen.

N: Haha, das stimmt allerdings! ;)

Bald darauf fielen ihr jedoch fast die Augen zu. Sie wünschte Elias eine gute Nacht und verabschiedete sich. Als sie sich im Bett einrollte, fiel sie rasch in einen festen Schlaf. Und dieser blieb trotz des Besuches von Thomas ohne Albträume.

Am nächsten Tag schrieb sie Thomas eine SMS.
Wenn du noch einmal bei mir auftauchst, landet das Video beim Anwalt und wir sehen uns vor Gericht.

Er antwortete nicht. Ein gutes Zeichen, so wie sie es einschätzen konnte. Hoffentlich nahm er diese Drohung ernst.
Wobei es weniger eine Drohung war als ein Versprechen. Sie hatte es satt, sich herumschubsen zu lassen. Aber sie musste sich eingestehen, dass sie das ohne Elias' Zuspruch nicht gewagt hätte. Er hatte ihr Mut gemacht...
Sie atmete tief durch und fühlte sich befreit.
Die Zeit der Ängste musste endlich aufhören.
Als sie Elias davon erzählte, ließ seine Antwort nicht lange auf sich warten.

E: Wow. Da bekomm ich fast feuchte Augen. Ich bin so stolz auf die Entwicklung, durch die du gerade gehst!

N: Danke, ohne dich würde ich das nicht schaffen. Du hast mir Mut gemacht. :)

E: Immer doch, Miss. :) Übrigens hab ich zwei neue Aufträge von Bands. Zwar nicht für ganze Alben, aber sie wollen Songs von mir. Hast du wieder Werbung gemacht? ;)

N: Hmmm.... kann sein? O:) Möglicherweise... Eventuell... Vielleicht... hat jemand Songs gesucht und in der Musikgruppe gefragt, ob jemand einen Songwriter empfehlen kann... und ich bin dann beim Loben etwas eskaliert. :D

E: Dafür kann ich dir nie genug danken! Das ist ja nicht das erste Mal!

N: Hör auf, du machst mich nur verlegen. Das ist ja kein Aufwand für mich. Und wie oft noch? Gute Songwriter kann man weiterempfehlen. Und wenn der Writer sympathisch ist... empfehle ich ihn eben öfter! ;)

E: Na, aber so ist es nun mal. Du ermunterst mich, dranzubleiben. Empfiehlst mich anderen Musikern. Und Al vermittelt mir auch Aufträge, seit du mich ins Studio mitgeschleppt hast!

N: Geht das wieder los? Ich sagte doch, das ist für mich selbstverständlich! :) ;) Freut mich, wenn dir damit geholfen ist.

E: Trotzdem danke! Akzeptier das einfach mal! :P

N: Lach, na gut. Dann: Gern geschehen, wenn du drauf bestehst. ;)

E: Tu ich. ^^ Wann bist du nächstes Mal in Frankfurt? Letztes Mal konnten wir uns nicht mehr sehen, fand ich schade. Plan doch einen Tag mehr ein, dann nehm ich mir die Zeit und wir treffen uns! :)

Nici lächelte, während sie zurück schrieb. Das wusste sie auswendig, dafür musste sie nicht mal in den Kalender sehen.

N: In zwei Monaten. Ich muss erst die Zugtickets buchen. Wenn ich die letzte Nacht im Hotel selbst übernehme, ist es sicher egal, wenn ich einen Tag länger bleibe. Dann nehm ich mir die Zeit gern.

E: Naja, du schuldest mir immer noch eine kalte Cola. ;) Ich kenn ein nettes Café mit einem wunderschönen Ausblick, da gehen wir hin. Da kannst du mich einladen! :D

N: Das hört sich gut an, ich freu mich schon drauf, hihi.

E: Ich mich auch auf dich. Was hast du heute noch vor? Außer Schreiben! ;)

N: … Kalt erwischt. Nur noch zwei Außentermine mit den Hunden. xD

E: Haha, wir brauchen echt noch Hobbies.

N: Du vielleicht! Ich hab meines zum Beruf gemacht! ;P

E: Haha, dann brauchen wir beide kein Hobby mehr.

N: Hm, möglich! ^^ Mir fällt zu deinem Country-Stück übrigens noch immer kein Text ein. :'(

E: Zerbrich dir nicht den Kopf. Alles braucht seine Zeit. Wann warst du zuletzt tanzen?

N: Vor zwei Wochen. Allmählich fehlt es mir.

E: Dann geh mal wieder. Danach scheinst du immer sehr entspannt zu sein. So was ist inspirierend und tut gut.

N: Da hast du vielleicht Recht.

Nici wagte nicht, ihm zu sagen, dass sie sich momentan sehr schwer aufraffen konnte, etwas anderes zu machen. Obwohl sie schon einige Tage Zuhause war, hing ihr immer noch Thomas' Besuch nach und sie fühlte sich antriebslos, obwohl es heute deutlich besser war. Was nicht zuletzt an Elias lag.

Sie warf einen Blick auf die Uhr. Wenn sie nicht zu spät kommen wollte, musste sie jetzt los. Sie und der Therapiehund Balthasar wurden im Förderzentrum von den Kindern sehnsüchtig erwartet.

N: Ich schreibe dir später wieder, ich muss jetzt ins Förderzentrum.

E: Oh, du arbeitest wieder mit den Kindern?

N: Ja, ehrlich gesagt hat mir das während meiner Tour am meisten gefehlt. Sie freuen sich immer so. :)

E: Du musst mir unbedingt mal mehr darüber erzählen. Bis später!

Achtzehnter Song

Stay By My Side

Müde, aber glücklich kam Nici einige Stunden später Zuhause an und machte nur noch Sport, bevor sie vorhatte, es sich für den Rest des Tages bequem zu machen. Nach der Dusche fühlte sie sich erfrischt und setzte sich noch eine Weile an den Schreibtisch. Beim Laufen hatte sie sich inspiriert gefühlt und wollte diesen Schwung noch nutzen. Sie schrieb eine Weile an einem neuen Songtext, überarbeitete einige der Entwürfe und vergaß darüber die Zeit, bis der Laptop einen Signalton von sich gab. Eine Nachricht in ihrem Facebook-Chat.

Sie musste nicht einmal raten, von wem diese war.

E: Huhu!

N: Hi! :)

E: Wie war dein Tag?

N: Anstrengend, war nach dem Termin im Förderzentrum noch mit meinen Hunden draußen. Bin zwei Runden gejoggt, jedes Mal mit anderen Hunden. :D

E: Dann bist du wenigstens für unseren Spaziergang durch Frankfurt gut in Form! ;) Ich bin gerade eher faul...

Nici hüstelte und betrachtete mit schlechtem Gewissen das ungesunde Knabberzeug, das auf ihrem Schreibtisch verteilt stand, nebst einer leeren und einer angebrochenen Dose Energy Drinks.

N: Frag lieber nicht, was ich beim Schreiben knabbere. Ich bin nur laufen gegangen, um das vor mir rechtfertigen zu können, was ich hier alles aufgebaut habe. Furchtbar. Schokokekse. Chips. Und für Cookie Dough-Eis gehe ich über Leichen... Und ich bin schon wieder bei 1-2 Energy Drinks am Tag. Manchmal mehr.

E: Ach Miss, warst du nicht schon weg von diesem ungesunden Zeug? :/

Nici seufzte zerknirscht, bevor sie antwortete.

N: Als es in letzter Zeit stressig wurde, konnte ich nicht widerstehen. Jetzt trink ich mehr von dem Zeug als vorher. Das ist immer so, wenn ich aufhören will und es für eine Weile schaffe. Nachher ist es umso schlimmer. Fürs Erste finde ich mich also damit ab.

*E: Wenn du es wieder versuchen willst, bin ich für dich da und lenk dich ab. ^^*

N: Hihi, nett von dir. Naja egal... Bin auch gerade eher faul. ^^ Mit den Hunden bin ich ja gern draußen, frische Luft und Inspiration und so... Aber ins Fitnessstudio gehe ich momentan zu selten. Das ist nur ein

Kurzprogramm. Ich flacke viel auf dem Sofa rum. Am liebsten mit guten Filmen. Apropos, ich werde mir jetzt Hüter der Erinnerung *aufdrehen.* ^^
... und noch etwas Knabberzeug dazu nehmen! :D

E: Oh Mann, jetzt hab ich Heißhunger. Auf diese neuen Schokokekse mit Erdnussbutter... Da könnte ich jeden Tag eine Packung vertilgen.

N: Ich hab noch nie Erdnussbutter probiert. Aber Schokobutterkekse könnte ich gerade ununterbrochen essen... Und Schokobananen. Die gehen IMMER.

Nici schnappte sich ihren Süßkram und breitete ihn auf dem Wohnzimmertisch aus, bevor sie die DVD startete. Ihr Handy piepte wieder.

E: Ich glaube, wir haben eines der wenigen Dinge gefunden, die wir NICHT gemeinsam haben! :O

N: Was denn? :O

E: Ich bring Bananen nicht runter. Wenn ich die nur rieche, wird mir schlecht! ^^

Nici antwortete mit einem Emoji, der sich kichernd den Mund zuhielt. Sie liebte es einfach, diese ganzen Details über Elias zu erfahren. Es waren die Kleinigkeiten, die eine Freundschaft zu etwas besonderem machten, fand sie.

N: Ist notiert. Für unsere Wanderung nehm ich keine Bananen, sondern Kiwi oder Birnen mit. Oder Äpfel.

E: Das geht klar. ^^ Dann lass ich dich mal deinen Film genießen. Bis später. :)

Nici ging später noch mit einem der älteren Hunde raus, da es endlich etwas abgekühlt hatte. Es war für Anfang Mai eindeutig zu warm. Sie ging eine gemütliche Runde um das Dorf und während der Hund schnupperte, wandte sie sich um und verschränkte entspannt die Hände am Hinterkopf. Vom anderen Dorfende hatte man einen wunderbaren Ausblick auf ihr Grundstück. Auf die Nebengebäude, den alten Nussbaum am Auslauf der Hunde, den Trainingsplatz für Agility... Mit ihrem Verdienst würde es nur noch wenige Jahre dauern, bis alle Kredite abbezahlt waren, dann gehörte ihr dieser Fleck Erde wirklich und wahrhaftig, nicht mehr der Bank oder auch nur ihr und ihrem Mann gemeinsam...

Sie schloss einen Moment die Augen und schüttelte fassungslos den Kopf. Sie konnte kaum glauben, dass sie diesen Hof vor wenigen Jahren aufgeben wollte, weil sie es mit ihrem Mann nicht mehr hier ausgehalten hatte! Mit ihrem kleinen Gehalt als Verkäuferin hätte sie den Hof nie alleine halten können.

Während sie wieder weiter ging und mit dem Hund durch die Dämmerung lief, musste sie daran zurückdenken, wie sie damals mit Elias geschrieben hatte. Das war jetzt ziemlich genau zwei Jahre her. Sie war froh, dass sie diese Zeit noch durchgehalten hatte.

Zuhause setzte sie sich an den Laptop und begann den Rohentwurf eines neuen Textes, während sie sich an einen Tag vor zwei Jahren zurück erinnerte, der sich in ihr Gedächtnis eingebrannt hatte.

Nici kam gerade aus dem Fitnessstudio, das in der Nähe ihrer früheren Arbeitsstätte lag – dem Plattenladen. Nach einer Neuübernahme war sie aufgrund von Sparmaßnahmen gekündigt worden. Damals hatte es ihr das Herz gebrochen.

E: Hey! Was machst du gerade?

Sie lächelte und schickte Elias ein Foto von dem Platz, an dem sie gerade vorbei ging. Die Stadt hatte ihn wunderschön gestaltet – früher hatte sie jede Pause bei gutem Wetter hier verbracht.

N: Ich liebe diesen Flecken Erde!

E: Wow, das sieht wirklich schön aus. :)

Nici schob das Handy zurück in die Hosentasche und ging mit beschwingtem Schritt in Richtung ihres Autos.
Bis jetzt war der Tag toll gewesen. Das Fitnesstraining war gut gelaufen und sie arbeitete weiter an ihren neuen Liedern. Erst vor kurzem hatte sie, nach dem Streit wegen ihres neuen Tattoos, beschlossen, ihren Mann zu verlassen.
Ihr Gesichtsausdruck verfinsterte sich, als sie langsam nach Hause fuhr und ihr Blick über die wundervolle Landschaft glitt.

Sie hielt an der Einfahrt eines Feldwegs an, um ein Foto von einer beeindruckenden Wolkenformation zu machen, hinter der die Sonne hervor schien und ihre Strahlen über die Landschaft warf. Sie schickte Elias den Schnappschuss.

N: Schau dir dieses Licht- und Schattenspiel an... So schön. <3

E: Wow! Was für Farben!

Und während sie das las, überfiel sie wieder die Traurigkeit. Mutlosigkeit...
Die Depression umschlang sie wie ein schwerer, schwarzer Mantel und begann, sie niederzudrücken. Und auf einmal war es egal, dass das Fitnesstraining gut gelaufen war, dass das Wetter ihr das Schießen herrlicher Fotos mit Wolken und Sonne ermöglichte, dass sie eigentlich ihren Mann verlassen wollte...
Sogar, dass sie gerade mit ihrem besten Freund schreiben konnte.
Plötzlich war alles egal. Ihr Herz wurde klamm, kalt, hart und schwer und von einem Moment zum anderen musste sie mit den Tränen kämpfen, während sie eine neue Nachricht tippte.

N: Und schon kommt die Befürchtung wieder, dass das mein letzter Sommer auf diesem Hof werden könnte. Scheiße...

E: Ach herrje. :'(

N: Gerade an so schönen Tagen macht mir das besonders viel Angst und tut am meisten weh. Das erinnert mich an alles, was ich möglicherweise verliere.

Nun liefen Nici die Tränen über die Wangen und sie war froh, dass sie gerade nicht fuhr, sondern auf dem Feldweg stand. Sie sah kaum die Hand vor Augen. So sollte sie nicht Auto fahren. Sie ahnte mehr, als sie lesen konnte, was sie gerade schrieb.

N: Im Juni ist die erste Besichtigung drei Jahre her. Ich hab das Haus gesehen und war hin und weg, wie schön es hier ist...

E: Ach, es wird alles gut. Mach dir nicht so viele Gedanken!

Aber es war zu spät, Nici begann bereits zu ertrinken. Hilflos im Meer der Emotionen, das von der Depression wie von einem Sturm zu hohen Wellen aufgepeitscht wurde. Sie schluchzte und drückte sich eine Hand auf den Mund, um es hinunter zu schlucken.

N: Da war es genau so wie jetzt, weißt du? Alles war grün, die Vögel haben gesungen, und als ich den Ausblick vom Küchenfenster aus gesehen habe, war es um mich geschehen.
Ich weiß, ich sollte mir weniger Gedanken machen, aber es ist verdammt schwer. Das Haus, der Hof, die Hunde... Davon hab ich mein ganzes Leben lang geträumt. Ich wollte nie etwas anderes! Ich hätte nie gedacht, dass ein Mensch − noch dazu mein Mann − ausreichen würde, um aus diesem Traum einen Albtraum zu machen.

E: Hey, hör mir zu. Ich weiß, ich bin sehr optimistisch. Aber ich glaube nicht, dass es so weit kommt. Ich denke, du schaffst das auch ohne deinen Mann.

Und selbst wenn du es doch verlierst – vielleicht ergibt sich daraus eine neue Chance?
Wenn sich Türen schließen, dann nur, damit sich andere öffnen können!

Sie konnte kaum darauf eingehen, obwohl sein Versuch, ihr Mut zu machen, sie im Innersten berührte. Ihre Erinnerungen hielten sie wie in einem Strudel und sie konnte nicht anders, als die Vergangenheit immer wieder Revue passieren zu lassen.

N: Als ich das erste Mal hier aus dem Auto gestiegen bin, hab ich vor meinem geistigen Auge sofort alles gesehen, was ich vom Leben will. Genau hier. Die Hunde in großen Ausläufen, wo sie den ganzen Tag toben können, wenn ich arbeite. Wie das Haus und die Nebengebäude renoviert aussehen würden. Sowohl außen als auch innen.
Und rund um die Apfelbäume wollte ich einen... kleinen Spielplatz. Für das Kind, das kleine Mädchen, das ich damals haben wollte.
Ich wäre gern wirklich nur halb so optimistisch wie du.

E: Wenn ich könnte, würde ich dir meinen Optimismus sofort schicken... :(

Sie bekam fast Schluckauf, weil sie diese Antwort zum Lächeln brachte, während sie gleichzeitig noch immer schluchzte.

N: Allein, dass du ihn mit mir teilst, tut mir schon gut. :)

Nici schluckte und riss sich zusammen, um nach Hause zu fahren. Sie griff nach der Sporttasche und den paar Einkäufen, die sie noch besorgt hatte, und stieg aus dem Auto aus. Als sie in Richtung Hintereingang unterwegs war – die Vordertür zum Hof war noch immer kaputt – erregte eine der Pfingstrosen neben dem Haus ihre Aufmerksamkeit. Sie blieb stehen und schaffte trotz der Traurigkeit ein kleines Lächeln, während sie umständlich ihr Handy aus der Hosentasche angelte, um ein Foto davon zu machen, das sie Elias schickte.

N: Oh... Schau. Das ist die erste blühende Pfingstrose des Jahres. :) Die anderen haben noch nicht mal Knospen, diese blüht sogar schon.
Ich hab keine dieser Pflanzen hier gesetzt, weißt du? Die waren alle schon da und blühen alle nacheinander, jedes Jahr. Als würde dieser Ort einen willkommen heißen!

E: Die ist wirklich schön, Miss. Geht es dir schon besser? Ich spüre aber, dass du immer noch traurig bist. Willst du darüber reden?

Sie konnte nur mit einem traurigen Emoji antworten. Elias schrieb weiter. Kurz darauf trudelte seine Antwort ein.

E: Weißt du noch, ich hab dir ja erzählt, dass ich mich um meine kranken Eltern gekümmert habe... Mein Vater starb kurz nach meiner Mutter und ich stand plötzlich allein da. Die Wohnung konnte ich mir nicht leisten. Mein Job war nicht so gut bezahlt. Also musste ich Winnie schnappen und umziehen. Das war meine erste eigene Wohnung, ich hab nie zuvor allein gelebt.
Aber jetzt bin ich glücklich hier. Die Wohnung ist nicht groß, aber sie reicht für mich und mein Haustier und ich hab einen tollen Ausblick. Und auch mit meinem Geld hab ich haushalten gelernt, deshalb geht es mir jetzt besser als vorher.

Vielleicht ist ein Neuanfang sogar das, was du brauchst?
Und wenn du es gar nicht mehr aushältst, ist zur Not auf meinem Sofa ein
Platz frei! :P

Nici musste lachen, als sie das las. Das rührte sie zutiefst.

N: Ich hatte nicht nur einmal den Gedanken, alles hinzuschmeißen und
auszuwandern, weißt du? Scheidung einreichen, Hof verkaufen, damit den
Kredit zahlen und mit dem Rest als Startkapital ein neues Leben beginnen.
Die Verlockung ist schon da. Auch, weil ich hier sowieso keine Freunde
habe. Dachte auch an Schottland oder Irland, weil mein Englisch ziemlich
gut ist...

E: Was auch immer du anpackst, es wird sicher das Richtige sein! Ich bin
für dich da. :)

N: Mittlerweile haben mir einige Freunde angeboten, bei ihnen zu schlafen,
wenn ich in ihrer Nähe ein Bewerbungsgespräch hätte... ^^ Leute aus
Sachsen, NRW... In Frankfurt soll es auch nett sein, hab ich gehört. ;)

E: Haha, na siehst du, du hast mehr Leute an deiner Seite, als du
dachtest! :) Du machst das!

Wirklich besser ging es Nici nicht. Sie ließ sich schluchzend aufs Sofa fallen
und war einfach froh, dass ihr Mann noch in der Spätschicht war, sodass
sie das Haus ein paar Stunden für sich hatte.

N: Ich kann es mir nur so schwer vorstellen. Ich hab Wohnungen nie gemocht, weißt du? Ich bin zwar in einer Kleinstadt aufgewachsen, dennoch habe ich mich immer nach dem Land gesehnt. Dorfrand oder vielleicht Einzellage, wo ich nur bei der Tür raus muss, um im Grünen zu sein. Nach Weite und Freiheit, und endlich hab ich all das hier gefunden.

Ich bewundere dich dafür, dass du das damals überwinden konntest. Ich zweifle nur daran, dass ich dieselbe Stärke in mir finde. Ich glaube, so viel hab ich gar nicht.

E: Damit wollte ich nur zeigen, dass man alles schaffen kann, was man sich vornimmt.

N: Ich fühl mich gerade absolut nicht so. Ich komm heim und weiß jetzt schon, dass mein Mann mich am Abend wieder anschnauzen wird. Ich hab Angst um meinen Hof, mein Haus... Mein Zuhause. Meine gute Laune ist verpufft.

Ich bin gerade wieder knapp vorm Weinen. Wie kann man sein Leben nur so wenig im Griff haben? Ich bin so erbärmlich, dass ich mich gerade selbst ankotze.

E: Du hast gerade erst begonnen, deinen Weg zu gehen, da ist das normal! Aber du hast schon viel erreicht, siehst du das gar nicht?!

Nici lachte sarkastisch auf, ein bellender, alles andere als fröhlicher Laut.

N: Ach ja?! Was hab ich denn groß erreicht? X unfertige Alben, die nie jemand hören wird, der Hof ist eine einzige riesengroße Baustelle und meine Ehe löst bei mir Suizidgedanken aus!

Oh, so gesehen... Das hat nicht jeder. Auch eine reife Leistung, oder?

E: So hab ich das nicht gemeint...

Nici spürte, dass sie Elias damit gerade verletzt hatte, obwohl das nicht ihre Absicht gewesen war. Sie riss sich zusammen, setzte sich auf und wischte sich die Tränen von den Wangen, bevor sie antwortete.

N: Tut mir leid. Da kam gerade die Zynikerin in mir durch. Ich weiß ja, dass du mich nur aufmuntern willst.

E: *Ellbogen in Seite box * ;)

Nici lächelte nur schwach.

N: Das klappt heute nicht so recht. Aber danke, dass du dir Mühe gibst. Ich versteh noch immer nicht, wie du mich überhaupt ertragen kannst.
An so Tagen wie heute ertrage ich mich selbst kaum.

E: Dafür bin ich ja da! ;)

N: Als mein Mann und ich gestritten haben, hat er was gesagt... Das hat mir zu denken gegeben.
Deshalb bin ich gerade in Versuchung, den leichten Weg zu gehen. Verheiratet bleiben. Die brave Hausfrau spielen... Meine Träume begraben. Ich hab nicht das Gefühl, mehr als das verdient zu haben oder mehr als das wert zu sein.

Er hat mir wieder mit Schlägen gedroht. Ich hatte es satt und meinte ganz trocken, soll er doch. Es wäre mir mittlerweile egal. Und dann meinte er, das macht er jetzt aus Prinzip nicht. Ich sollte wissen, dass er das nur sagt, damit ich die Klappe halte, und nicht, weil er es wirklich machen möchte. Und wenn ich das glaube, sollte ich doch gehen. Außerdem könnte ich es schlechter treffen mit meiner frechen Art.

E: Der Kerl ist das Allerletzte!
Der Typ ist ein Riesenarschloch, Nici! So was verdient niemand, du am allerwenigsten!

N: OK, vielleicht hab ich das nicht verdient. Aber er weiß von meinen Depressionen und auch wenn sein Umgang mit meinen daher kommenden Stimmungsschwankungen scheiße ist, er bleibt zumindest bei mir. Andere würden mich verlassen.
Kurz, vielleicht hab ich was besseres verdient. Aber schau dich um in dieser Welt.
Ich werde nichts besseres bekommen. Nicht so, wie ich nun einmal bin... Ich bin depressiv. Ich bin krank. Und so etwas will niemand haben.

E: Was für ein Blödsinn! Sag mal, hast du schon in Erwägung gezogen, dass er daran eine Mitschuld trägt?! Vielleicht würde es dir besser gehen, wenn er sich nicht wie ein Mistkerl benehmen würde!

Nicht einmal das konnte Nici an diesem Tag aus ihrem Schneckenhaus locken.

N: Ich hatte schon Depressionen, als wir uns kennenlernten...

E: Aber anstatt es besser zu machen indem er gut zu dir ist, benimmt er sich so? Das verstärkt doch deine Probleme nur!

N: Andere würden sich nach neun Jahren mit mir wohl auch nicht besser benehmen.

E: Quatsch! Ernsthaft, das ist Bullshit! Das ist ein Arsch, kein richtiger Mann! Man verhält sich unter keinen Umständen so, und du hast daran schon gar keine Schuld.

Nici brach in Tränen aus und bekam kaum Luft, weil sie so kurzatmig schluchzte.

N: Na toll. Jetzt versau ich dir auch noch deinen Abend. Ich fühle mich furchtbar.

E: Mach dir nicht immer Sorgen um mich, verdammt.

N: … OK. Trotzdem bin ich mir gerade nicht sicher, ob er nicht bis zu einem gewissen Grad Recht hat.

E: Ich bin mir dafür umso sicherer! Einen Scheiß hat er Recht!

Nici tippte wie gelähmt weiter. Sie fühlte sich wie ausgehöhlt.

N: Es geht immer schlechter... Zumindest an dem Punkt ist was dran. Vielleicht HAB ich nur zu hohe Ansprüche, sodass man denen unmöglich gerecht werden kann. Vielleicht ist es meine Schuld, dass ich unglücklich bin, weil ich mit nichts zufrieden bin. Immerhin ist er kein Säufer und schlägt oder vergewaltigt mich auch nicht... Also, ich hätte es wirklich schlechter treffen können...

E: *Sag mal, liest du überhaupt, was ich heute schreibe? O.o*

Aber Nici saß gerade zu tief im Innern des Gefängnisses, das sich an solchen Tagen wie heute um sie herum bildete. Die Mauern waren dick und hoch und sie hatte kein Werkzeug, um sie einzureißen. Elias meinte es gut, aber auch seine Worte arbeiteten bestenfalls mit einem Meißel an diesen Wänden. Was sie bräuchte, wäre eine Abrissbirne. Oder Dynamit... An solchen Tagen fühlte es sich an, als würde man ihren Kopf von ihrem Herzen trennen, und sie hatte keinen Zugriff mehr. Resignation breitete sich in ihr aus.

N: *Doch, ich lese es. Du meinst, er hat nicht recht. Ich hab das schon verstanden. Ich ... stimme nur nicht zu.*
Er meint außerdem, mit den Traumwelten, in denen ich lebe, ist es kein Wunder, dass ich den Kontakt zur Realität verliere. Und im echten Leben unglücklich bin.

E: *Du glaubst diesen Müll doch nicht mehr als das, was ich dir sage? Was er dir antut, ist das Allerletzte!*
Du hast so viel Talent, Nici!
Du darfst das auf keinen Fall wegwerfen!

N: Ich will nicht aufhören Musik zu machen, wirklich nicht... Aber da IST doch immer alles perfekt. Solange ich von Sachen träume, die es nie geben kann, sind meine unrealistischen Erwartungen ans Leben kein Wunder!

E: Das ist doch nicht wahr...

N: Ich werde nie aufhören, Musik zu machen, deswegen musst du dir echt keine Sorgen machen...
Allein, weil das Semikolon an meinem Handgelenk mich dran erinnert.
Aber... mein Leben außerhalb der Texte macht mir Sorgen. Was soll ich damit anfangen?

E: Heute ist ein richtig schlimmer Tag, oder? Ich habe das Gefühl, dich gar nicht zu erreichen. :(

Nici schluchzte beim Lesen dieser Worte so laut auf, dass es regelrecht aus ihr herausplatzte. Sie verschluckte sich und musste husten.

N: Es tut mir leid, ich weiß nicht, warum es heute so viel schlimmer ist als üblich. Mir ist mittlerweile richtig schlecht. :'(Ich will das auch nicht, ich habe mir nicht ausgesucht, so zu denken. Ich hab mir nicht ausgesucht, so zu sein. Ich will auch nur glücklich sein. Und trotzdem passiert mir das immer wieder. Und nun zieh ich dich auch noch runter...! Es tut mir leid... :'(
Willkommen in meinem Kopf. Bitte schnallen Sie sich an, wir rechnen mit schweren Turbulenzen... x(:'(

Nici liefen die Tränen über die Wangen und sie presste das Gesicht in eines der Kissen. Gerade war der Tag noch gut gewesen und nun...? Stürzte sie trotzdem ab! Warum sie? Warum Depressionen? Es war einfach... nicht fair.

Ihr Handy piepte wieder neben ihr. Ihr Gesicht fühlte sich heiß und angespannt an, als sie den Kopf hob und danach griff. Ihr Blickfeld war so verschwommen, dass sie Elias' Antwort kaum lesen konnte.

E: Hör auf, dir wegen MIR Sorgen zu machen. Ich mache mir Sorgen um dich!

Das verstärkte ihr schlechtes Gewissen nur noch mehr.

N: Das hast du echt nicht verdient. Es tut mir so Leid. Ich versteh selbst nicht, warum ich dir nicht einfach was vorlügen kann... Das kann ich bei jedem. Immer! Ich hab meine lächelnde Maske täglich auf. Niemand durchschaut es... Nur dir tu ich immer und immer wieder mit meinen Launen und Gedanken weh. :'(

E: Sperr mal deine Ohren auf: Erstens, du tust mir nicht weh. Und zweitens: Ich will nicht, dass du mich belügst. Du musst mich nie belügen, verstanden?! Außerdem müsstest du mich gut genug kennen, um zu wissen, dass das ohnehin nicht klappen würde. Ich würds sowieso bemerken! :P

Nici versuchte sich mit einigen tiefen Atemzügen zu beruhigen. Wie sollte sie ihm erklären, was ihr durch den Kopf ging und warum sie ein schlechtes Gewissen hatte?

N: Du machst dir meinetwegen Sorgen. Sorgen sind nichts angenehmes...

E: Das ist doch kein Grund, dass du dir Vorwürfe machen musst!

N: So gut müsstest du MICH schon kennen...

E: Stimmt. Trotzdem werde ich nie aufhören, dir das zu sagen! :P ;)

N: Nur eine kleine Frage zwischendurch: Ist es nicht frustrierend, mich immer wieder aus demselben Brunnen zu angeln?

E: Naja, ein wenig. Aber es tut mir nur so schrecklich leid, dass du überhaupt rein fällst, verstehst du?

N: Nur ein wenig? Du bist echt hart im Nehmen. xD

E: Ich sagte doch, ich hab genug Kraft und Hoffnung für uns beide. ;)

Nici schniefte und ging ins Bad, um sich das Gesicht mit kaltem Wasser zu waschen. Danach fühlte sie sich ein kleines bisschen besser. Sie betrachtete sich im Spiegel. Ihre Wangen waren gerötet und ihre dunkel umrandeten Augen glänzten verdächtig, aber sie sah zumindest erfrischt aus. Als sie diesmal Luft holte, konnte sie wesentlich tiefer durchatmen. Sie griff wieder nach dem Handy und als sie sich auf die Couch setzte, fühlte sie sich ruhiger.

N: Darf ich dich um etwas bitten? Hab kein Mitleid mit mir. Mitgefühl ist okay, das zeigt mir, dass du für mich da sein willst. Aber wenn du mich an Tagen wie heute bemitleidest, tut uns beiden das nicht gut.

E: Ich bemitleide dich doch nicht! :O

Nici zog nachdenklich die Stirn kraus. Irgendwas hatte sie offenbar falsch verstanden.

N: Du hast geschrieben, dass es dir schrecklich leid tut. Das waren meine Gedanken zu dem Thema.

E: Das hab ich nicht so gemeint...

N: Okay, ich steh gerade offensichtlich auf dem Schlauch. Was tut dir denn Leid? Mal abgesehen von der Tatsache, dass ich einen Arsch geheiratet habe...

E: Es gibt einen Unterschied zwischen Leidtun und jemanden zu bemitleiden. Ich wollte dir damit nur sagen, dass ich mir wünschte, ich könnte dir besser helfen.

Und diese Worte waren es, die die Mauer einrissen. Wie ein Bulldozer krachten sie in die Wände und Nici sah in ihrem Gefängnis endlich die Sonne.

N: Du kannst dir nicht annähernd vorstellen, wie sehr du mir jeden einzelnen Tag hilfst und jedes Mal, wenn ich in diesen Brunnen falle. Einfach, weil du da bist.

Nici lächelte bei diesen Erinnerungen. Und immer noch war er an ihrer Seite. Die Dankbarkeit für seine Freundschaft, seine Unterstützung und den Halt, den er ihr gab überflutete sie, und die Inspiration für einen neuen Text ließ nicht lange auf sich warten.
Sie setzte sich hin und begann zu schreiben.
Stay By My Side

Der Song erfüllte sie mit Kraft und Zuversicht und während sie in die Tasten hämmerte, musste sie feststellen, dass er das auch ausstrahlte. Jede Zeile und jedes Wort strotzten vor Energie, Dankbarkeit und Lebensfreude. Nici nutzte die Inspiration aus, die sie in ihrem Griff hielt und nahm ihre Gitarre zur Hand. Sie legte ihre Notenblätter neben sich ab und begann, ihren neuen Song zu schreiben.
Noch wusste sie nicht, für welches Album sie diesen verwenden wollte. So oder so musste er nach draußen getragen werden, denn ihr Herz drohte, vor Freude überzulaufen.
Wie konnte ein Mensch nur so viel in ihr berühren?

Neunzehnter Song

Too Strong For You

E: Hey, Miss! Wie war dein Tag?

N: Etwas stressig, ich musste nach dem Hundetraining noch einkaufen um rechtzeitig fürs Kino wieder hier zu sein. ^^

E: Ooooh, cool, was siehst du dir an?

N: Den neuen Avengers! Auf den freu ich mich schon seit einer halben Ewigkeit, hihi. O:)

E: Du Nerd! ^^ Wann gehst du ins Kino und mit wem?

N: 20 Uhr und mit Yamuna! ;)

E: Oh, bitte spoiler mich nicht!

N: Natürlich nicht... wann siehst du ihn dir an?

E: ... 20:30 mit meinen Kumpels. Du hast also 30 Minuten Vorsprung! ;)

N: Da werd ich dich nicht spoilern können, denke ich! ;P Außer du packst im Kino noch das Handy aus. Dann schreib ich dir alle wichtigen Sachen haarklein...

E: Wehe dir!

N: Lol, war nur ein Scherz! Bis später! Viel Spaß! :)

E: Dir auch!

Nici hatte für sich und Yamuna Karten reserviert. Da der Film erst seit zwei Tagen lief, sahen sie zu, dass sie 20 Minuten vor Filmbeginn im Kino ankamen. Während Nici die Karten holte, stellte sich Yamuna beim Buffet an und als die anderen Besucher der Reihe nach eintrudelten, saßen sie schon gemütlich mit ihren Getränken und dem Knabberkram an einem der Tische im Wartebereich vor den Sälen.

Nici legte grinsend den Kopf schräg. »Wow, gut, dass wir früher hier waren.« Sie hatte sich eine kleine Tüte Popcorn und Nachos mit Käsesauce gegönnt. Gerade letzteres war im Kino ihre Lieblingsknabberei. Um zumindest ein bisschen weniger Fitnesstraining für den nächsten Tag einplanen zu müssen, hatte sie sich für zuckerfreie Cola entschieden. Sie tunkte Popcorn in die Sauce. Da sie immer nur die Nachos damit gegessen hatte, hätte sie sich nie vorstellen können, dass das auch zum Popcorn passte, aber tatsächlich war das ziemlich lecker. Draufgekommen war sie nur deshalb, weil ihr mal ein Stück in den Saucenbecher gefallen war.

Yamuna griff nach der Packung Gummibärchen, die sie sich gemeinsam gekauft hatten und riss sie auf. »Jap, so hatten wir definitiv weniger Stress«, meinte sie und nickte in Richtung Kassa, wo die Schlange mit jeder Minute länger wurde. »Und da wir in der Mitte sitzen, müssen wir nicht aufstehen, um die Leute auf ihre Plätze zu lassen.«

Nici kicherte. »Jap, so können wir gleich als erste in den Saal.« Da sie früher während ihrer Schulzeit in diesem Kino gearbeitet hatte, wusste sie, welche die besten Plätze waren und wie lang man diese vorreservieren sollte, um auf Nummer sicher zu gehen.

Yamuna nickte bestätigend und schien etwas sagen zu wollen, aber gerade als sie den Mund aufmachte, erstarrte sie und klappte ihn wieder zu.

Nici folgte ihrem Blick und biss unwillkürlich die Zähne zusammen. Thomas stand mit einem seiner Kumpels in der Warteschlange vor der Kasse.

»Na super«, murmelte sie frustriert. »Hoffentlich sieht er uns nicht und kommt nicht rüber.«

In dem Moment stieß Yamuna sie in die Seite. »Ach was, er wird sicher in der Öffentlichkeit keine Szene machen.«

Gerade da begann das Schild »Einlass« über dem Saal zu blinken. Erleichtert erhob sich Nici und nahm ihre Knabbereien und die Karte. »Gehen wir, bevor er mich sieht. Ich hab echt keinen Bock auf ein Gespräch«, murmelte sie. Noch während sie in den Saal gelassen wurden und ihre 3D-Brillen entgegen nahmen, beschloss sie, sich davon nicht den Besuch verderben zu lassen. Sie wollte nur mit ihrer Freundin einen guten Film genießen und davon würde sie sich nicht abhalten lassen, basta.

Nach mehr als zwei Stunden Action verließen sie das Kino mit allerbester Laune und spazierten plaudernd in Richtung des Parkplatzes, als sie hinter sich jemanden hörten.

»Nici, Nici, warte kurz!«

Und sie hatte gehofft, er hätte sie nicht bemerkt. Genervt verdrehte Nici die Augen und drehte sich um.

Thomas kam gerade aus dem Kino und lief auf sie zu. »Können wir reden?«

Nici hob entschlossen das Kinn. »Thomas, tu mir den Gefallen und lass mich in Ruhe. Das ist für uns beide das Beste.«

Er sah sie fassungslos an, als würde gerade seine Welt zusammenbrechen. »Nici, bitte. Ich weiß, ich habe Mist gebaut als ich kürzlich bei dir war. Aber...«

»Du hast während der gesamten Ehe Mist gebaut, nicht nur, als du vor kurzem da warst! Lass es gut sein! Sonst gibt es bald eine einstweilige Verfügung gegen dich!«, fauchte Nici. Vorbeiwandernde Kinobesucher warfen ihnen neugierige Blicke zu, aber Nici ignorierte das.

Sie drehte ihm entschlossen den Rücken zu. »Leb wohl, Thomas.«

An seiner Stimme als er ihr nachrief, erkannte sie, dass er versuchte, auf die Tränendrüse zu drücken. Aber sie war zu oft darauf hereingefallen, um das jetzt wieder ernstzunehmen.

Sie drehte sich nicht um, während sie und Yamuna auf ihren Golf zumarschierten.

Sie war zu stark geworden, um noch einmal dieselben Fehler zu machen.

Sie und Yamuna kehrten noch bei einer Bar in einem anderen Stadtteil ein, quatschten ausführlich über den Film und gönnten sich ein paar Cocktails – in Nicis Fall alkoholfrei, weil sie fuhr und sowieso keinen Alkohol vertrug – bevor sie sich auf den Heimweg machten.

Zuhause ließ sie noch einmal die Hunde in den Hof und sah bei den Hunden in der Pension und den Heimzwingern nach dem Rechten. Alle freuten sich über ein paar letzte Streicheleinheiten und waren quietschfidel, deshalb kehrte sie zurück in ihre Wohnung. Dort genoss sie eine heiße Dusche und griff nach einem Buch. Sie hatte das Radio angemacht, an dem ein USB-Stick mit ihren Lieblingsliedern steckte. Die Liste wurde leise im Hintergrund abgespielt. Ihre Hunde lagen um sie versammelt auf dem Sofa oder daneben und sie kuschelte sich auf die Couch. Draußen hatte es begonnen zu nieseln und es war angenehm kühl geworden. Da Elias erwähnt hatte, dass er nach dem Kinobesuch noch mit seinen Kumpels ausgehen würde, schrieb sie ihm lieber nicht, sondern wartete, bis er sich meldete.

Da sie sich bald nicht mehr auf das Buch konzentrieren konnte, holte sie ihren Laptop aufs Sofa und ging alte Songtexte durch, um sie zu korrigieren und zu überarbeiten. Dazu hörte sie die Komposition von Elias, die sie nach dem Konzert bekommen hatte, aber nach wie vor fiel ihr dazu kein Text ein. Währenddessen chattete sie in Facebook mit anderen Songwritern und Musikern, teilte Beiträge und Bilder. Auch auf ihrer Fanseite ließ sie sich virtuell blicken und beantwortete Kommentare zu ihren Beiträgen, worüber die Fans sich oft sehr freuten.

Nach einer Weile blinkte das Chatfenster auf und sie lächelte glücklich.

E: Hi, Leo! Wie hat dir der Film gefallen?

Sie schmunzelte.

N: Sehr gut, aber können wir bitte bei Miss bleiben? ;)

*E: Einen Versuch war es wert, Daniel durfte dich im Radio auch so nennen. ^^*

N: Oh, du hast dir das Interview angehört?

E: Ja, ich hab mir die Zeit diese Woche genommen, ich habe nur vergessen, es dir zu erzählen, haha. Welche Szene mochtest du im neuen Avengers am liebsten?

Nici beantwortete die Frage eifrig und sie unterhielten sich gute drei Stunden über die Handlung, Plottwists, Schlüsselszenen und rätselten, wie es weitergehen würde. Dann fiel Nici die Szene nach dem Kino wieder ein.

N: Mein Ex war übrigens da.

E: Ach nein. Ich hoffe, du konntest den Film trotzdem genießen? Ich meine, Hauptsache man hatte Spaß, oder?

N: Ja, keine Sorge, ich habe es mir nicht verderben lassen. Nach dem Film hat er versucht mich abzufangen, um mit mir zu reden, aber ich hab ihn einfach stehen gelassen.

E: Gut gemacht! ;) Aber über irgendwas grübelst du nach, das merke ich. Willst du was los werden?

Nici blies die Wangen auf. Elias kannte sie besser als sie sich selbst. Erst jetzt wurde ihr klar, dass sie wirklich noch darüber nachdachte.

N: Jetzt, wo du es sagst... Ich hatte so eine Art Erleuchtung, als er auf dem Parkplatz versucht hat, mich mit Tränen zu manipulieren, und ich einfach gegangen bin.

E: Ach, was für eine Erleuchtung?

Nici zögerte, ihm das zu erzählen. Es waren zwei der unangenehmsten Erinnerungen ihres Lebens, und sie war sich nicht sicher, ob sie diese mit ihm teilen wollte. Sie würde erst nur andeuten, dass es etwas gegeben hatte, und es ihm überlassen, ob er es hören wollte.

N: Im Wesentlichen besteht diese aus zwei Erinnerungen an Dinge, die ziemlich am Anfang unserer Beziehung passiert sind. Bei denen hat er gelernt, mich zu manipulieren. Interessant, das so zu sehen. Vorher hab ich das nie so betrachtet. Ich wollte das sogar vergessen. Und heute... Epiphanie! ;P

E: Welche Erinnerungen? Was waren das für Erlebnisse?

N: Naja, bei einem Vorfall hat er begriffen, dass ich auf seine Tränen reinfalle. Egal wie arschig er sich benimmt – in dem Moment wo ich die Karte »Schluss machen« ausgespielt habe, musste er nur auf die Tränendrüse drücken. Das kombiniert mit »Ich liebe dich so, das wird nicht mehr vorkommen, bitte bleib bei mir« - und ich hab einen Rückzieher gemacht.
Bei der Zweiten hat er gelernt, wie er mir Angst einjagen und mich einschüchtern kann. Danach habe ich es nicht mehr gewagt, mich auf die Beine zu stellen, ihm aufrecht entgegenzutreten.
Und mit diesen zwei Knöpfen konnte er mich die ganze Beziehung hindurch manipulieren. So hatte er mich all die Jahre unter der Fuchtel.

E: Gut gemacht. Gefahr erkannt, Gefahr gebannt.

N: Da hast du recht.
Beides war relativ am Anfang der Beziehung und rückblickend betrachtet hätte ich ihn da verlassen sollen, aber ich war zu unsicher.
Und ich hab heute auch begriffen, warum es ihm so leicht fiel, mich von seiner Meinung abhängig zu machen, wenn es um meine Äußerlichkeiten ging. Wir waren kein halbes Jahr zusammen, als er mich mehr oder weniger betrogen hat. Und sogar das hat er auf mich abgewälzt.
Dieser elende Trottel...

E: Na toll. So ein Mistkerl.

Blinzelnd begriff Nici, was sie gerade geschrieben hatte. Damit hatte sie fast schon eine Erklärung gegeben, was passiert war!

N: Argh, sorry. Ich schreibe wieder schneller, als ich denke. Ich wollte dir nicht den Abend ruinieren, irgendwie scheint das mein besonderes Talent zu sein. Vergiss, was ich geschrieben habe!

E: Als ob. Alles ist gut! ;)
Willst du es mir erzählen? Du weißt, ich hab immer ein offenes Ohr für dich.

Nici zögerte deutlich. Von diesem Vorfall wusste niemand. Nicht Yamuna oder Mila, nicht einmal ihre Mutter. Bis auf Tatjana, die wirklich alles über Nici gewusst hatte, ohne Ausnahme, hatte sie nie jemandem diese dunklen Geheimnisse erzählt, die sie belasteten…

N: Es gibt Dinge über seine Freunde, die niemand hören will, denke ich. Und ich möchte nicht, dass du wieder wütend wirst.

E: Ich hab dir was versprochen. Nämlich, dass ich immer für dich da bin. Und ich halte meine Versprechen.

Nici lächelte dankbar, und ihr wurde vor Rührung die Kehle eng. Wie so oft fragte sie sich, womit sie einen solchen Freund in ihrem Leben verdient hatte. Einen Menschen, der sie annahm, wie sie war, mit all ihren Fehlern.
Etwas, das ihr Mann nie gemacht hatte.

N: Die Erinnerungen sind ziemlich scheiße. Der erste Vorfall hat mich sehr verletzt. Dirty Talk via Chat und SMS mit einem kleinen Flittchen, das ihn überreden wollte, mich mit ihr zu betrügen. So weit kam es zwar nicht, aber ein Nacktfoto von ihm hat sie bekommen. Diesen Ausrutscher hat er vor mir damit gerechtfertigt, dass ich prüde wäre.

E: Ähm... Okaaaaaaaaayyyy. Schon klar O.o

N: Naja, ich meine als wir uns kennenlernten, wusste ich nicht einmal…

Nici trat gerade noch auf die Notbremse. Scheiße. Nein. Das würde sie ihm nicht erzählen.

Nur Tatjana wusste davon, doch mit ihr war sie nicht mehr befreundet. Und ihr Ex – der es gegen sie verwendet hatte.

Jetzt würde sie dieses Geheimnis mit ins Grab nehmen.

Das wäre selbst für ihn zu viel, da war sie sicher... Traurig notierte sie die Worte *Too Strong For You* am oberen Rand einer neuen Seite ihres Notizbuchs, bevor sie sich wieder dem Chat zuwandte.

Sie löschte die Zeile und begann neu.

N: Vorher hatte ich noch nie eine richtige Beziehung. Klar hab ich etwas Zeit gebraucht. Aber hey, natüüüürlich hat man Verständnis dafür, dass er sich bei einer Fremden Bestätigung holt ... Achtung, dieser Kommentar könnte Spuren von Sarkasmus enthalten.

E: Ach, nur eine kleine Spur. Hab es kaum bemerkt. ;)

Nici kicherte und schrieb weiter, dabei wurde sie schnell wieder ernst.

N: *Das zweite war wesentlich schlimmer. Wenige Wochen nach dem Einzug in die erste Wohnung hatten wir einen üblen Streit.*
Du kennst sicher diese netten Werkzeuge aus dem Baumarkt... Ein Hammer, der auf der einen Seite normal geformt ist und auf der anderen wie eine kleine Spitzhacke aussieht. Keine Ahnung, wie die Dinger heißen.

Es dauerte einen Moment, bis Elias reagierte.

E: *... Ich weiß was du meinst. Und ich hab gerade ein echt grausiges Gefühl im Magen.*

Nici schluckte, bevor sie es wagte, weiterzuschreiben.

N: *Irgendwann während dieses Streits ist er in die Küche gestürmt und hat den Hammer in die Hand genommen.*
Die Haustür war abgesperrt und der Schlüssel lag in der Küche. Die Innentüren hatten keine Schlüssel, weshalb ich mich nirgends einsperren konnte um aus dem Fenster abzuhauen oder die Polizei zu rufen, als er mir mit dem Hammer in der Hand nachgelaufen ist.
Ich hab ihn angebrüllt und bin vor Panik über meine eigenen Füße gefallen, als ich ins Schlafzimmer gerannt bin. Er hat nicht einmal was gesagt, ist mir einfach gefolgt. Und er hatte diesen SCHEISS Hammer so in der Faust, dass man mit dem spitzen Ende zuschlagen kann.

Ich hab geweint und ihn angefleht, dieses Ding wegzulegen. Als er ihn gehoben hat, hab ich mich in die Ecke gekauert und die Arme über den Kopf gelegt, die ganze Zeit bettelnd... Ich hatte Todesangst...

E: Ach du Scheiße...

N: Er hat ihn ein paar Mal runtersausen lassen und immer kurz vor meinem Kopf gestoppt. So nahe, dass ich den Luftzug spüren konnte. Ich hab immer wieder geschrien er solle aufhören. Aber er hat es erst gelassen, als ich aufgehört habe zu schreien und nur noch still in der Ecke saß. Dann hat er ihn zur Seite gelegt und ist raus gegangen... Einfach so. Ganz seelenruhig. Als wäre nichts passiert.

E: Oh fuck. Es tut mir leid, aber mir fehlen gerade wirklich die Worte.

Erst als sie das las, merkte Nici, dass Tränen über ihre Wangen liefen und sich hier Herz fest zusammen gezogen hatte. Allein die Erinnerung machte sie immer noch fertig. Ungeduldig wischte sich über die Wangen.

N: Ich hab mich erst nach ungefähr einer Stunde aus der Ecke getraut. Dann hab ich ein paar Sachen in eine Tasche gepackt und wollte aus der Wohnung raus. Ich wollte einfach nur weg. Zu meinen Eltern...
Da hat er sich mir in den Weg gestellt und mich gestoppt. Ich konnte nicht aufhören zu zittern und hatte immer noch ganz weiche Knie.

E: Das kann ich mir vorstellen. So ein verdammtes Schwein...

N: Und als er sich da vor mich hingestellt hat, konnte ich nicht anders. Ich hab ihn angeschrien. Ich hab gefragt, was das sollte, warum er das gemacht hat. Warum er mich so erschreckt hat. Ob er überhaupt darüber nachgedacht hat, was das in mir auslösen würde. Oder was passiert wäre, wenn es ihm nicht gelungen wäre, rechtzeitig die Hand wieder ruhig zu halten.

Er hätte mich verletzen können, oder schlimmer.

Da meinte er, ich wäre doch schuld... Wenn ich ihn provoziere, hätte ich damit rechnen müssen. Und ich wäre hysterisch und sollte wissen, dass er mir nie wehtun würde.

Elias schien zum ersten Mal, seit sie ihn kannte, sprachlos zu sein. Er schickte ihr nach kurzem Zögern ein Emoji, das erschrocken die Augen aufgerissen hatte, als wüsste er nicht, was er sagen sollte. Und irgendwie war das für Nici sogar tröstlich. Alles, was er hätte sagen können, wäre nur eine leere Floskel gewesen. Für diese Situation und die absolute Todesangst, die sie empfunden hatte, gab es keine Worte. Diese Reaktion war wenigstens... ehrlich.

N: Und außerdem wäre das harmlos gewesen. Er könne nichts dafür, dass ich ein Angsthase bin. Er hatte alles im Griff... :(

E: Ja klar, SO sieht es aus, wenn sich jemand im Griff hat...

N: Du musst mich für dumm halten, ihn damals nicht verlassen zu haben.

E: Nein, das denke ich nicht.

N: Es ist nur... Er war eben mein erster Freund. Ich war vorher immer unsichtbar. Und … ich dachte, mich würde ohnehin kein anderer nehmen. Und dass ich ihm die Sache mit dem Bild als einmaligen Ausrutscher verzeihen müsste.

Und nachdem das mit dem Hammer passiert ist, hatte ich schlicht und einfach Angst, Konfrontationen heraufzubeschwören.

Ab da war ich das brave Mäuschen, das er haben wollte. Es gab nur zwei weitere Male, als ich versucht habe, mich zu behaupten...

E: Lass mich raten... das war, als er dich geschubst hat? :(

N: … Ja, genau. Und beim zweiten Mal hat er mich aus der Wohnung geworfen. Ohne Handy, Geldbörse und Jacke. Im März...

E: Oh Fuck...

N: Danach hab ich die Notbremse gezogen, wenn er die Faust gehoben hat. Er hat mich perfekt abgerichtet.

E: Ich weiß nicht, was ich sagen soll. Es tut mir einfach unheimlich leid, was passiert ist.

N: Jetzt verstehst du wohl etwas besser, warum mich Menschen einschüchtern, die größer sind als ich. :(

E: Ich hoffe doch, daran was ändern zu können.

N: Das mit dem Stoß, von dem ich dir schon mal erzählt habe, war ja verhältnismäßig harmlos. Das ging so schnell, ich hab es kaum begriffen und war mehr oder weniger unter Schock. Aber bei der Sache mit dem Hammer erinnere ich mich an jede Kleinigkeit, jedes Detail. Wie sich der Luftzug auf meinen Armen angefühlt hat. Wie klein ich im Verhältnis zu ihm war, noch viel mehr, weil ich in die Ecke gekauert saß. Und diese verdammte Hilflosigkeit. Das Gefühl des Ausgeliefertseins...
Wie leicht es ihm gefallen wäre mir wirklich wehzutun, wenn er es nur will.
Aber vor allem die Angst sitzt mir richtig in den Knochen. Das ging durch und durch...

E: Das kann ich mir denken. :(

N: Manchmal frage ich mich bei diesen Erinnerungen, was in solchen Köpfen vorgeht. Ich meine, das ist ja vergleichbar damit, als ob ich ein Kind verprügeln würde. Oder einen Hund. Ich kann mir nicht vorstellen, wie man so mit einem anderen Wesen umgehen kann. Es will nicht in meinen Kopf...!

E: Du kannst mir glauben, in meinen genauso wenig.

Nici musste noch kurz darüber nachdenken, wie es ihr dabei noch erging. Es war nicht leicht zu erklären. Wie hatte sie sich danach gefühlt?

N: Was noch dazu kam... Und mit zu den schlimmsten Dingen an der Situation gehörte, war diese Erniedrigung. Dieses betteln und weinen vor

Angst, als wäre man ein zum Tode verurteilter Verbrecher. Dabei hatte ich keine Schuld dran!

Und erst, als Nici das abgeschickt hatte, begriff sie die Worte. Ihr Blick klärte sich, als sie es vor sich auf dem Bildschirm las.

E: Natürlich war das nicht deine Schuld!

Sie las seine Antwort mit einem winzigen Lächeln. Und dann tippte sie es noch einmal, etwas langsamer, als könnte sie nicht glauben, dass sie das wirklich von sich gab.

N: ... Ich war nicht schuld...
Ich glaube, ich habe das zum ersten Mal gedacht oder auch nur gesagt bzw. geschrieben! O.O

E: Das ist super!

N: Ob ich ihn provoziert habe oder nicht ist egal. Es war seine Entscheidung, mir so viel Angst einzujagen. Er war mir nicht mehr gewachsen und hat so reagiert, weil er nicht wollte, dass ich das bemerke.

Nici warf einen Blick auf das noch immer aufgeschlagene Notizbuch, und erschauerte, als sie die Worte oben auf der Seite las. *Too Strong For You.* Der Satz bekam plötzlich eine neue Bedeutung, eine, wie sie nicht positiver sein könnte.

N: Ich bin stärker als er und das wusste er von Anfang an! Nur ich sollte es nicht wissen... Er konnte wieder die Oberhand gewinnen, indem er mir Angst machte oder mich gedemütigt hat. Was er immer tat, wenn er sich nicht mehr anders zu helfen wusste!
Wow. Tag der Erkenntnisse! :'D

E: Genau so war es!

*N: Wow. Der Abend endet direkt richtig gut, haha. ^^*

E: Ich finde es einfach wunderbar, dass du das hier so mitnehmen kannst. :)

Nicis Herz hüpfte bei diesen Worten.

N: Sorry für das Volltexten vorher. Ich hoffe, dass du nicht zu geschockt warst.
Ich meine, es war doch ein... eher heftiges Erlebnis.

E: Doch, ich war schon geschockt. Und du kannst dir mein Entsetzen kaum vorstellen. Wie gesagt... ich bekomme das genauso wenig in meinen Kopf wie du.

Diese Worte waren wie ein Schwall kaltes Wasser und ihre Brust wurde eng. Oh nein…

N: Oh... Es … Es tut mir Leid. :(
Ich muss aufhören, alles bei dir abzuladen. Ich fühl mich echt furchtbar.

... Es gibt Dinge, die man nicht über jemanden wissen will oder sollte. Ich hab dieses Geheimnis nicht mehr ertragen, aber ich hätte es wohl lieber lassen sollen.

E: Hey, Stop!!!
So hab ich das nicht gemeint!
Ich bin froh, dass du mir das anvertraut hast!

N: Ja das weiß ich schon, und ich habe es auch nicht SO gemeint. Ich weiß, dass ich dir alles anvertrauen kann und dass du für mich da bist.
Ich hab in solchen Momenten nur das Gefühl, dich mit meinen Erinnerungen runterzuziehen. Und das hast du echt nicht verdient.

E: Dein Gefühl trügt an dieser Stelle. Natürlich geht das nicht spurlos an mir vorbei! Aber ich freue mich so darüber wenn ich merke, dass die positiven Änderungen stärker sind als der Mist aus deiner Vergangenheit! :)

N: Das ist ja lieb von dir... :)

Doch nun erwachte in Nici eine andere Sorge. Sie musste darüber nachdenken, dass er sie in wenigen Monaten wiedersehen würde. Und diesmal deutlich mehr über sie wusste als vorher.

N: Es ist nur... Ach, Mann. Hm. Okay, ich hoffe, du hast wenn wir uns begegnen nicht diese Bilder vor Augen, wenn du mich ansiehst. Wie ein verängstigtes Tier in der Falle...
Ich will nicht so gesehen werden.

Am allerwenigsten von dir.

E: Ich werde dich nie so sehen! Da musst du dir keine Sorgen machen. Ich werde dich als das sehen, was du bist: eine mutige junge Frau, die ihr Leben in die Hand genommen hat.

Nici spürte, wie sich ein breites Lächeln über ihr Gesicht zog. Sie strahlte richtig.

N: Wow, da bekommt man einen richtigen Energieschub. Danke...!
Ich hätte nicht gedacht, dass ich so wirke. Gerade nach den Geschichten, die du gerade zu hören respektive lesen bekommen hast!

E: Aber ich sehe nicht die Nici aus den Geschichten, die lange vorbei sind. Ich sehe dich, wie du jetzt bist. Im Gegenteil, ich halte dich sogar für noch stärker als bei unserem ersten Treffen, denn jetzt weiß ich, was du alles hinter dir hast, ohne zu zerbrechen. :)

Nachdenklich runzelte Nici die Stirn und lehnte sich in ihrem Sessel zurück. Ja klar, jeder Mensch änderte sich ständig. Aber sie hatte nicht das Gefühl, in den letzten Jahren so eine radikale Wendung hinbekommen zu haben. Ein neuer Mensch, ja, aber sie war immer noch die gleiche... irgendwie. Eine depressive Songwriterin, die sich um Optimismus bemühte und die Dinge mit Leidenschaft und Herzblut verfolgte, die sie liebte.

N: Ich hab nicht das Gefühl, mich sehr verändert zu haben, aber... Danke.
Du bist der Wahnsinn.

Wirklich.

Daran wollte ich dich nur wieder erinnern. ^^

E: Hehe... Danke! ;)

Bevor Nici weiterschreiben konnte, gähnte sie erschöpft und warf einen Blick auf die Uhr.
Fast drei Uhr morgens. Ups.

N: Ich muss jetzt schlafen gehen. Yamuna fährt morgen für ein paar Tage zu ihrer Familie. Ihre Mutter feiert einen runden Geburtstag oder so. Heißt, ich hab ein paar Hunde mehr zu verpflegen und zu beschäftigen. Bis... naja, nicht mehr morgen. Bis später! ^^ *Wieder mal. :D*

E: Gute Nacht. :)

N: Dir auch. Und danke nochmal! :)

E: Immer wieder gern! :)

Zwanzigster Song

Take Some Time

Der Nachmittag danach

Nici fiel gerade die Decke auf den Kopf. Ihr Gespräch vom Vortag mit Elias ging ihr nicht mehr aus dem Sinn.

Jetzt lag sie im Bett, das Kissen auf dem Kopf, und war sich sicher, dass man ihr die Emotionen, die in ihr wallten, von der Nasenspitze ablesen könnte, wenn sie nicht alleine wäre.

Verdammter Mist.

Jetzt zu ihm zu fahren, wäre... So. Verdammt. Verlockend.

Aber ihre Angst hielt sie zurück. Sie wollte ihm endlich alles gestehen. Sie wollte ihm sagen, dass sie ihn nicht nur als Freund gern hatte, sondern mehr für ihn empfand... Auch auf das Risiko hin, dass er ihr bedauernd mitteilte, dass er nicht mehr als Freundschaft für sie übrig hatte. Ja, es täte weh, aber das wäre in Ordnung. Hauptsache, er ließ sie nicht fallen. Hauptsache, es ging mit ihrer Freundschaft weiter. Dann wüsste sie zumindest, woran sie wäre.

Es gab jedoch eine andere Möglichkeit, die ihr viel mehr Angst machte...

Sie warf das Kissen seufzend vom Bett und verschränkte die Hände am Hinterkopf, um an die Decke aufzusehen. Am liebsten hätte sie gerade ihre Mutter angerufen. Oder Mila. Oder Yamuna. Oder alle nacheinander. Oder noch besser gleichzeitig.

Sie setzte sich auf und seufzte tief.

Mit irgendjemandem musste sie reden, so viel stand fest.

Am besten gleich.

Zögernd griff sie nach dem Handy auf ihrem Nachtkästchen und drehte es in den Händen. Yamuna würde wohl noch im Zug sitzen, da hatte ein persönliches Telefonat natürlich nichts verloren... aber vielleicht hatte Mila Zeit für sie?

Sie wählte ihre Nummer und tatsächlich hob ihre Freundin schnell ab.

»Hey, Süße!«, rief Mila fröhlich ins Telefon.

Nici lächelte automatisch, obwohl ihr noch immer nicht danach war.

»Hi... Hast du Zeit?«

»Na, aber klar, bin gerade mit den Hunden auf Tour... was für ein Traumwetter, oder?«

»Ja, stimmt.«

»Mausiii, ich hör, dass dich was beschäftigt. Was ist los?«

Mit einem Stöhnen drückte Nici sich eine Hand auf die Stirn. »Alles und nichts und... Aaaaah. Ich bin so frustriert.«

»Schätzelein, wenn du meine Hilfe willst, musste schon deutlicher werden!«

Ein Schmunzeln huschte über Nicis Lippen. Mila war so geradeheraus und direkt. Das tat ihr gerade richtig gut. Sie setzte sich im Schneidersitz auf, knüllte die Bettdecke auf ihrem Schoß zusammen und stützte die Arme darauf ab. Nachdenklich starrte sie an die Wand. »Es ist wegen Elias.«

Schlagartig wurde Mila ernst. »Habt ihr wieder über was geredet?«

Nici nickte müde und erzählte Mila vom Gespräch des Vorabends. Ihre Freundin hörte geduldig zu und stellte ab und zu Fragen.

»Und du willst noch immer nicht mit ihm reden?«, hakte Mila sanft nach. »Das macht dich ja ganz kaputt.«

»Mann, Mila...« Nici seufzte tief und vergrub das Gesicht in ihrer Hand. »Ich... ich kann nicht.«

»Irgendwas musst du aber machen, Nicilein. So geht's nicht weiter mit deinem Geschmachte.«

»Ich weiß«, nuschelte Nici und zupfte an der Decke herum. Mila schwieg am anderen Ende der Leitung. Schließlich räusperte sich die Sängerin leise.

»Das Album *Write Me A Lovesong*... es ist fertig«, flüsterte sie.

»Was? Aber Nici, das ist super!«, schrie Mila regelrecht ins Telefon. »Wann kommt es raus? Darf ich es hören? Oooooh wie toll!«

»Mal halblang! Mila, das Album darf nicht rauskommen! Nie, verstehst du?!«, rief Nici und merkte, wie ihre Hände zu zittern begannen. »Elias darf davon nichts wissen! Er wird es nie hören, verstanden?!«

»Süße, ihr kommuniziert doch sowieso über Musik. Vielleicht solltest du es ihm auf diesem Weg sagen, daran mal gedacht?«

Tatsächlich hatte sie darüber nachgedacht... Sie hatte alle Gefühle, die ihr Herz erfüllten, wenn sie Elias sah oder sich mit ihm unterhielt oder auch nur an ihn dachte, in dieses Album gepackt.

»Herzilein, was hält dich eigentlich auf, hm?« Mila traf instinktiv einen wunden Punkt in Nicis Vergangenheit.

Wenn Elias sie wirklich nicht nur mochte... sondern mehr für sie empfand... und sie kämen zusammen, wäre das natürlich perfekt. Trotz seiner kleinen, vermeintlichen Schwächen und Fehler war er der Mann, der Nicis Vorstellung eines Traummannes am nächsten kam. Er war charmant, freundlich, rücksichtsvoll, konnte mit Worten umgehen, hatte sein Herz am rechten Fleck...

Elias würde nie die Hand gegen sie erheben. Er war reif und fürsorglich... Und die Art, wie er mit Worten umging, verursachte bei ihr Herzklopfen.

»Ich hab Angst, Mila«, flüsterte sie schließlich schwach. »Das Schlimmste, was er mir antun könnte, ist nicht, mir zu sagen, er wollte nur mit mir befreundet bleiben. Oder die Freundschaft abzubrechen, auch wenn das furchtbar für mich wäre... aber ich müsste eh damit leben, wenn er keinen Kontakt mehr will. Es täte verdammt weh, aber er wäre nur der Nächste in einer langen Reihe von Leuten, die mir den Rücken zugewandt haben. Deshalb wäre auch das nicht das Schlimmste. Daran gewöhnt man sich.«

»Was dann?«, hakte Mila freundlich nach.

Nici zögerte, während sie auf ihrer Unterlippe herum kaute und Löcher in die Luft starrte. Mila versuchte zu raten. »Mit dir zusammenkommen und dich wieder verlassen?«

»Dicht dran. Aber nein... Wenn er mit jemand anderem glücklicher wäre, könnte ich damit leben, weißt du? Ich würde... ihn gehen lassen und wäre noch immer dankbar für die Zeit, in der er mit mir zusammen war... Nein, das wäre nicht das Schlimmste. Bei weitem nicht. Solange er mich in der Zeit geliebt hätte, wäre es nicht tragisch, wenn er irgendwann Schluss machen würde. Wenn ich in der Therapie was gelernt habe, dann, aus allem was mir passiert, etwas positives mitzunehmen.«

Mila schwieg kurz. »Da ist mal was passiert, oder? Schon gut, Nici. Erzähl es mir, wenn du willst. Ich hab ein offenes Ohr für dich.«

Nici presste die Augen fest zusammen. Was ihr durch den Kopf ging, war eigentlich vergessen und vergeben. Es tat im Zusammenhang mit ihren Gefühlen von damals und heute längst nicht mehr weh. Im Gegenteil. Mit dem jungen Mann, der sie damals verletzt hatte, verband sie eine oberflächliche Freundschaft. Sie hatten ein paar gemeinsame Interessen, in erster Linie ihre Liebe zu Hunden. Ein paar Mal im Jahr schrieben sie sich ein paar Zeilen, sie waren in Facebook befreundet und damit hatte es sich. Sie hatte damit abgeschlossen. Als sie sich in ihn verliebt hatte, waren sie unreife Teenager gewesen und ihr war klar, dass das nie eine Zukunft gehabt hätte. Damals war es natürlich schmerzhaft gewesen, aber sie war schnell darüber hinweg gekommen.

Sie wollte sich nur nicht vorstellen, wie sehr sie am Boden wäre, wenn Elias dasselbe mit ihr machen würde wie Kiran damals...

»Nici, bist du noch dran?«, rief Mila ins Telefon.

Nici zuckte zusammen und ihr Blick klärte sich. »Oh, ähm... ja.«

Sie riss sich am Riemen.

Und begann, Mila davon zu erzählen.

Sie hatten sich bei einem gemeinsamen Kurs an einer Schule für Hundetraining kennengelernt. Nici wusste schon damals, dass sie mit Hunden arbeiten wollte.

Kiran hatte eine ganz besondere Art, mit den Tieren umzugehen. Er war mit ihnen aufgewachsen, hatte ein paar eigene im Haus seiner Eltern und sie liebten ihr Herrchen abgöttisch. Sie himmelten ihn richtig an. Nici hatte mit ihrem kniehohen Mischling aus dem Tierheim, dem ersten und einzigen Haustier, das ihr Vater erlaubt hatte, deutlich mehr Probleme. Der nicht mehr junge Hund brachte viele Baustellen aus der Vergangenheit mit und sie war stolz darauf, dass er nicht mehr wahllos schnappte und friedlich an anderen Hunden vorbei gehen konnte, ohne zu bellen und an der Leine zu zerren.

Der nette, schlaksige Junge mit dem Lockenkopf hatte es ihr bald angetan. Er war in den Ferien immer in der Gegend, weil er am liebsten bei der Hundetrainerin Unterricht nahm, wo auch Nici mit ihrem Rolf hinging. In den Pausen zwischen den Trainingseinheiten sprachen sie über alles, was sie interessierte. Und irgendwann während einer ihrer gemeinsamen Trainingsstunden merkte Nici, dass sie sich in Kiran verliebt hatte, mit dem sie mittlerweile seit Wochen eine gute Freundschaft verband.

Er fuhr bald wieder nach Hause, etwa zwei Autostunden von ihr entfernt. Aber sie telefonierten regelmäßig. Sich mit ihm zu unterhalten, tat ihr gut.

Sie träumte und schwärmte heimlich, aber wenn sie sich in Ferien oder an langen Wochenenden wieder sahen, ließ sie sich nichts anmerken.

Irgendwann fasste sie den Mut, ihm am Telefon zu gestehen, dass sie ihn nicht nur als Freund mochte...

Er war im ersten Moment sprachlos. Dann... sagte er zu ihrer Freude, dass sie es ja trotz der Distanz versuchen könnten. Er käme ohnehin regelmäßig in die Gegend. Und sie hätten viel gemeinsam und sie wäre total hübsch. Nici glaubte, vor Freude zu platzen.

Bald darauf trafen sie sich auf einer Heimtiermesse. Das Treffen blieb unschuldig, sie liefen nur Hand in Hand über das Gelände, und als sie sich verabschiedeten, gab er ihr einen Kuss auf die Wange und sie umarmten sich. Aber damit war sie zufrieden.

Sechs Wochen lang telefonierten sie fast täglich. Sie war vergeben... Sie! Die unsichtbare, schlichte, etwas mollige Nici.

Aber kurz, bevor er wieder in die Hundeschule fahren würde, rief er an, um Schluss zu machen. Nici brach das Herz und weinend fragte sie, wieso.

»Weißt du, ich war gar nicht in dich verliebt. Aber alle meinten, du wärst perfekt für mich, weil wir ähnliche Träume haben. Deshalb wollte ich es probieren. Ich dachte, vielleicht verliebe ich mich in dich, wenn wir eine Weile zusammen sind. Aber das klappt nicht. Ich wollte dir nicht wehtun. Tut mir leid...«

»Weißt du was?«, flüsterte sie schluchzend. »Wenn du mir gleich gesagt hättest, dass du nur befreundet sein willst, hätte mir das weniger wehgetan, als mir diese falschen Hoffnungen zu machen!«

Mila war still am anderen Ende der Leitung. »Und ich … ich habe Angst, dass Elias dasselbe macht«, flüsterte Nici geknickt. »Das wäre schlimmer als jede andere Möglichkeit.«

Ihre Freundin seufzte. »Ach, Süße.«

Nici zupfte an der Decke. »Das war es ja noch nicht. Er hat mir auch weiterhin Hoffnung gemacht. Mich sozusagen bei der Stange gehalten. Bei Treffen Händchen halten. Flirten. Komplimente... Er hat irgendwann Monate im Nachhinein zugegeben, dass er immer noch nicht in mich verliebt war, aber mich nicht ganz aufgeben wollte. Falls er keine andere findet, die ihn mag und ihn bei seinen Plänen unterstützen würde, hätte er mich sozusagen noch als Option gehabt. Dann war ich so verletzt, dass ich es endlich geschafft habe, den Schlussstrich zu ziehen.«

Mila schnappte nach Luft. »So ein *Arsch*.«

»Das kannst du laut sagen«, nuschelte Nici.

»Und wie! SO EIN ARSCH!!!!«, schrie Mila nun regelrecht ins Telefon. Nici hielt das Handy einen halben Meter von ihrem Ohr weg und dann passierte es...

Sie musste kichern.

Mila hatte sie trotz ihrer Verwirrung und Traurigkeit zum Lachen gebracht. Nici strich sich über die Stirn und seufzte tief.

»Ach, Nici. Kiran war damals ein dummer Junge, vielleicht neunzehn. Und du warst eine naive Siebzehnjährige«, sagte Mila nun sanft. »Bei Elias und dir steht die Sache ganz anders.«

Nun schossen Nici Tränen in die Augen. »Ich... ich schreib dir und Yamuna das lieber, das solltet ihr beide lesen.«

Mila schwieg kurz, dann konnte sie regelrecht hören, wie ihre Freundin nickte. »Ist gut, Süße. Bis gleich.«

Wenige Minuten später tippte sich Nici am Handy die Finger wund. Yamuna saß noch im Zug und hatte Zeit, mit ihnen zu chatten. Sie berichtete den beiden haarklein von Elias' und ihrem Gespräch vom Vorabend, dass sie ihm einige schlimme Erinnerungen anvertraut hatte und wie er sie vor einer Weile aufgemuntert hatte, ihr Album nicht zu verwerfen. Die Worte flossen nur so aus ihr heraus und ihr Herz tat weh, während sie schrieb, was sie beschäftigte.

Es war nicht nur wegen dem, was Kiran ihr angetan hatte, weshalb sie Elias nicht sagen wollte, wie es ihr erging...

Als sie damit fertig war, den Mädels vom Vortag zu erzählen, waren sie hin und weg.

M:

Schätzelein, ihr seid verknaaaahaaaallt! Das ist soooo süß!

Y:

Und wie süß er ist! Hach...
Den musst du festhalten. Er ist Gold wert! <3 Da draußen gibt es viel Schönes, was auf dich wartet. Die Welt hat so viel zu bieten...

Nicis Lippen zitterten und sie brach in Tränen aus, als sie diese Worte las. Sie war froh, gerade nur mit ihren Freundinnen zu chatten und nicht zu telefonieren. So sah und hörte keiner, wie sie weinte.

N: Deshalb bin ich doch so zwiegespalten seinetwegen... Ja, möglicherweise verdien ich etwas besseres als meinen Ex.
Aber... SO was gutes?!
Er ist reif, verständnisvoll, fürsorglich, kann gut zuhören und mit Worten umgehen... Er weiß immer ganz genau, was er sagen muss, damit es mir besser geht. Und er ist noch so viel mehr, ich könnte stundenlang weiter machen.
Er sollte doch jemanden bekommen, der weniger kaputt ist als ich, oder?

Dahinter platzierte sie einige weinende und traurige Emojis.

Y: Aber was, wenn er das gar nicht will?! Wie du sagst, er ist reif.
Ich denke, er ist in der Lage, diese Entscheidung für sich zu treffen.

N: Ich hätte Angst, ihm wehzutun...

Y: Du darfst auch mal deine Bedürfnisse beachten. Du kannst ihm nicht mehr wehtun als andere Frauen. Und du bist eine tolle Frau, auch wenn du nicht an dich glaubst.

Nici senkte das Smartphone und starrte grübelnd an die Wand. Obwohl es ihr schwerfiel, Yamunas Worte ernstzunehmen... war da was dran. Elias war erwachsen, reif, vernünftig und... ihr bester

Freund. Aber gerade deshalb sträubte sich alles in ihr dagegen, ihn in ihren Sumpf aus Selbstzweifeln, Selbsthass und Zynismus mit hineinzuziehen. Sie wollte das nicht für ihn entscheiden, aber... ja, er wusste, dass es ihr öfter nicht gut ging. Er wusste, dass sie leichte Depressionen hatte, die manchmal in Schüben stärker waren. Sie wollte ihn nur nicht an sich binden, wenn das bedeutete, dass er mit ihr litt. Sie wollte nicht... dass er das so hautnah miterlebte. Als Freund, virtuell, erschien das verhältnismäßig einfach. Ab und zu war sie eben tieftraurig, fühlte sich wertlos, aber das Schreiben ermöglichte es ihm, sie aus sicherer Distanz aufzumuntern.

Elias hatte sie noch nie so dermaßen am Boden gesehen, wie es gelegentlich vorkam. Er hatte noch nie mitbekommen, wie sie schrie und begann zu weinen, nur weil der Tag sich scheiße anfühlte – und ihr dann etwas aus der Hand fiel. Eine Kleinigkeit. Jemand gesundes wäre genervt, würde den Gegenstand aufheben und die Sache war erledigt. Sie saß in schlimmen Phasen ihrer Krankheit erst einmal fünf Minuten am Boden und heulte, bevor sie sich zitternd aufrappelte und die Sachen wegräumte. Danach war sie den halben Tag fahrig und unkonzentriert. An solchen Tagen sagte sie Termine ab und arbeitete nicht mit den Tieren. Dann half ihr nur... Musik. Sie hörte ihre Lieblingslieder, manchmal nicht Zuhause, sondern während sie joggen ging, schrieb eigene Texte oder komponierte. Oder spielte und sang Dinge, die sie bereits konnte. Oder sie traf sich mit ihrer Mutter zum Tanzen. Egal, die Musik half.

Das war sicher etwas, das Elias verstand... aber der Rest? Die Worte ihres Exmannes spukten ihr durch den Kopf.

Hysterisch. Du machst aus Mücken Elefanten.

Ich verstehe so was einfach nicht!

Das hatte ihr schon damals wehgetan. Wie sollte sie es ertragen, solche Worte vielleicht irgendwann von Elias zu hören?

Dann, langsam, machte sich die Idee, die sie schon gehabt hatte, wieder bemerkbar. Ein Plan reifte in ihr heran. Eine winzige Möglichkeit, Elias ihre Gefühle zu gestehen, ohne es ihm direkt zu sagen.

Sie könnte ihm ihr Album schicken, damit er es sich anhören konnte.

Das Album, das mit dem Lied *Write Me A Lovesong* endete...

Yamuna und Mila hakten bereits nach, was los war, weil sie nicht mehr schrieb. Die Töne der eingehenden Nachrichten rissen sie aus ihren Gedanken. Nici blinzelte und nickte sich selbst zu, bevor sie ihren Freundinnen schrieb. Sie wusste, was sie machen würde.

N: Ich werde Al das neue Album schicken... Mal sehen, ob es produziert wird. So oder so werde ich es auch Elias schicken. Damit er es sich anhören kann. Mehr Schritte können nicht mehr von mir kommen. Ich kann nicht direkter werden, unmöglich... Kann sein, dass er den Wink mit dem Zaunpfahl auch dann nicht versteht... Das weiß ich auch. Aber ich kann dann weiter gehen.

Ich hab ihn zu gern, um ihn an mich binden zu wollen, wenn die Möglichkeit besteht, dass ich... ihm nicht gut tue.

Ich kann nicht aussprechen, wie gern ich ihn habe...

Y: Klingt doch nach einem guten Plan.

Aber wenn er auch mit dem Zaunpfahl winkt... greif danach!

N: Ich bin ja auch nicht gut darin, einen Wink mit dem Zaunpfahl zu verstehen.

Y: Da helfen wir dir schon! ;)

N: Oh weh... Da werdet ihr euch noch einiges anhören müssen!

Y: Macht ja nix.
Wobei bei mir der Zaunpfahl in der Regel auch sehr groß sein muss.
Ich glaub, Mila ist da talentierter als wir! ^^

N: Hoffentlich! ;)

Nici bedankte sich bei ihnen fürs Zuhören und stand auf, um an den Laptop zu gehen. Sie schickte eine Mail an Al mit den MP3-Dateien, Noten und Texten ihres neuen Albums, bevor sie der Mut verlassen konnte.

Dann atmete sie tief durch, griff nach ihrem Handy und schrieb Elias, ob er Zeit für sie hatte. Damit sie schreiben konnten – und die hatte er, wie immer. Sie lächelte, als sie begannen zu chatten.

Dazu kam ihr wieder die Idee für ein neues Lied...

Take Some Time

Das würde wohl der nächste Lovesong auf ihrer Liste werden.

Einundzwanzigster Song

Through Your Eyes

Elias hatte einige neue Lieder geschrieben. Im Moment schrieb er wie ein Wahnsinniger. Sie kam kaum mit dem Anhören und Gegenlesen hinterher, weil sie mit ihren eigenen Projekten so beschäftigt war.

Break Free war gerade fertig geworden und die Songs bereits an die Plattenfirma geschickt. Bis zu ihren Studioaufnahmen waren es noch knapp zwei Monate, und Nici konnte es kaum erwarten, auch, weil sie Elias unbedingt wieder sehen wollte.

Er hatte ihr drei neue Songs geschickt. Schon *wieder*. Mit einem faszinierten Grinsen schüttelte sie den Kopf.

N: Wow, wie machst du das?

E: Du inspirierst mich halt! ;)

*N: Da werd ich ja rot. Mach mich nicht immer verlegen! ^^*

E: Musst du nicht. ;)

N: Naja es ist schön zu hören aber irgendwie... seltsam? Im Sinne von... ungewohnt.

E: Hmm naja, aber ist halt so! :D

N: Hm ich glaub dir einfach, auch wenn es mir schwerfällt. ;)

E: Ist aber so. Ohne deine Begeisterung würde ich nicht so viel komponieren. Ich hatte ja Zweifel an End Of Time, *bis du das Album angehört hast.*

N: Ich weiß, das hast du mir erzählt. Aber keine Selbstzweifel nötig. Ich liebe deine Musik!

E: Siehst du, wieder! ;)

N: Was, wieder?

E: Hast mich wieder motiviert.

Nici kicherte.

N: Da, wieder...
*... in Verlegenheit gebracht. ^^*

E: Hihi wir habens drauf!

*N: Na und wie! ^^*

Kurz darauf läutete Nicis Handy. Mit unterdrückter Nummer. Sie runzelte die Stirn. Normalerweise ging sie bei unterdrückten

Rufnummern nicht ran. Aber vielleicht hatte es ihre Mutter wieder geschafft, die Nummer versehentlich zu deaktivieren. Es wäre nicht das erste Mal. Das altersschwache Mobiltelefon von Helena war längst ein Fall für die jährliche Spendenaktion eines Radiosenders, bei der man alte Handys loswerden konnte.

Sie ging ran.

»Hallo?«

Zuerst hörte sie nur Atemzüge. »Hallooo, wer ist da?«, hakte sie genervt nach.

»Du kleines Flittchen!«, lallte kurz darauf ihr Ex ins Telefon. »Du kleines, verdammtes Flittchen. Du Schlampe. Du bist so undankbar…«

Nici wurde abwechselnd heiß und kalt und sie unterdrückte die Erinnerungen, die bei dem Wort »Schlampe« in ihr aufstiegen, mit viel Mühe. Sie schloss die Augen und schluckte, als ihr übel wurde.

»Ich bin keine Schlampe. Lass mich endlich in Ruhe.«

»Doch, bist du. Und du weißt es. Jeder in der Gegend weiß es. Keiner wird dich nehmen, wenn er weiß, was passiert ist. Was du gemacht hast, du Flittchen… Du hättest bei mir bleiben sollen. Niemand wird dich je wollen.«

»Du bist betrunken!«, würgte Nici angewidert hervor. »Hör auf zu saufen. Und lösch endlich meine Nummer!«

Sie drückte mit zitternden Fingern den Aus-Knopf, um das Gespräch mit Thomas zu beenden und warf das Handy unsanft auf den Schreibtisch zurück. Es schlitterte über die Kante und landete krachend am Boden. Die Hunde zuckten zusammen und hoben irritiert den Kopf.

Nici hob fluchend das Handy auf. Die Silikonhülle hatte Schlimmeres verhindert, es war noch ganz.

Mit zitternden Händen legte sie es auf den Tisch zurück und biss sich auf die Unterlippe, um nicht in Tränen auszubrechen, aber es war zu spät. Ihre Augen brannten und ihre Brust wurde eng.

Dieses Arschloch. Wie hatte sie ihm das je anvertrauen können?

Warum überhaupt vertraute sie sich noch jemandem an? Ihr wurde kalt und sie schlang die Arme um den Oberkörper. »Fuck!«, fluchte sie leise und ihre Stimme brach, als sie sich im Schreibtischsessel klein machte und die Beine an ihre Brust zog.

Das Chatfenster blinkte, aber sie ignorierte es und legte die Stirn auf ihre Knie. Die Erinnerungen drohten sie zu überwältigen und unter Wasser zu drücken, im Meer ihrer Depressionen zu ertränken.

Elias' Worte gingen ihr durch den Kopf. Wie oft er ihr gesagt hatte, dass er ein offenes Ohr für sie hätte, sie bei ihm keine Maske aufsetzen und sich nicht verstellen sollte. Was er schon alles akzeptiert hatte, ohne sie fallen zu lassen.

Dass er die Kerze der Hoffnung anzünden würde, wenn sie ins Wasser fiel. Und hier war sie, mitten im stürmischen Meer, am Ertrinken. Noch nie hatte sie die Rettungsweste so dringend gebraucht, aber sie konnte nicht...

Oh Gott, Menschen waren so scheiße. Kein Wunder, dass sie Tiere bevorzugte. Sie hasste Menschen allgemein und ihren Ex im besonderen.

Sie wollte am liebsten gerade mit gar keinem reden. Jeder würde sie irgendwann fallen lassen. Einfach jeder! Ihr Ex hatte ihr das Blaue vom Himmel versprochen und nun machte er ihr das Leben zur Hölle. Von all ihren Freunden waren nur noch Yamuna und Mila übrig, aber was würden die beiden tun, wenn sie eine besonders schlimme Phase hatte?! Würden sie sich langsam zurückziehen und die Freundschaft in einen Dornröschenschlaf fallen lassen, oder würden sie den Kontakt abbrechen?!

Nici hatte keine Chance gegen die Bitterkeit, die sich in ihr breitmachte und ihr wurde noch übler. Wenn sie bereits gegessen hätte, wäre garantiert alles wieder hochgekommen.

Sie hasste hasste *hasste* Menschen. Sie hasste Männer. In diesem Moment hasste sie einfach jeden, aber sich selbst hasste sie am meisten.

Wie hatte sie so dumm sein können? Warum hatte sie sich so angezogen? Warum hatte sie dieses Getränk akzeptiert? Warum war sie überhaupt zu dieser scheiß Party gegangen?

Es hieß, wenn Gras über eine Sache gewachsen war, kam ein Kamel und fraß es wieder ab. Und heute war dieses Kamel Thomas gewesen.

Sie hob ihren Blick, als noch ein paar Mal der Chatton ihres Laptops erklang. Elias hatte ihr geschrieben, ob alles Ok wäre, weil sie sich nicht meldete.

E: Antworte doch. Ich mache mir Sorgen!

Zitternd legte sie ihre Hände auf die Tastatur und schrieb zurück.

N: Tut mir leid, ich war kurz abgelenkt.

E: Ah, ok. Was hast du heute noch vor?

Die Überreste meiner Seele zusammenkratzen, dachte Nici sarkastisch, bevor sie antwortete.

N: Nicht mehr viel. Vielleicht ein bisschen lesen und Musik hören.

E: Nur hören? Du bist keine Hörerin, du machst das doch sonst selbst! ;)

N: Mir ist heute nicht danach.

E: DIR ist nicht nach Texten? Wer bist du und was hast du mit Nici gemacht? ;P

N: Sehr witzig. *Augen verdreh *

E: War doch nur Spaß! O.O Alles ok?!

Ihre Kehle wurde eng und sie brach in Tränen aus. Ihre Finger flogen nur so über die Tasten und sie begriff selbst kaum, was sie schrieb. Es war wie sonst, wenn sie einen Song schrieb – die Worte flossen durch sie hindurch, ohne dass sie diese kontrollieren könnte.

N: Nein. Nichts ist ok. Das Leben ist scheiße und ich will gerade am liebsten nur weg.

E: Wo kommt das denn plötzlich her? Vor fünf Minuten ging es dir noch gut! Was ist los, ich mach mir Sorgen! Und red keinen Blödsinn. Das Leben ist nicht scheiße und wir wissen beide, dass du nicht weg willst!

Wütend wischte sich Nici mit dem Unterarm über die Augen, um die Tränen loszuwerden, bevor sie auf die Tastatur einhackte, als hätte diese ihre Mutter beleidigt.

N: Weißt du, was? Körperlich kann ich verdammt viel ab. Wenn man mich herumschubst oder so, ist mir das egal. Was ich nicht ertrage sind Erniedrigungen und Beschimpfungen. Ich weiß, ich kann extrem zickig sein und auch mal in eine Opferrolle rutschen, ich hab es Thomas während unserer Ehe sicher nicht leicht gemacht. Aber muss er immer diese Überlegenheit ausspielen?

E: Hm ok... Da geb ich dir Recht, das ist ein No-Go... Alles davon.

N: Und wieder hat er es geschafft, dass ich mir am Scheitern unserer Ehe, an allem, was mir passiert ist, die Schuld gebe. Wie kann er mich nur so manipulieren? Wie soll ich je lernen, dass ich nicht an allem schlechten, das mir widerfahren ist, schuld bin?!

E: Miss, ich kann mich in solche Menschen wie ihn schlecht rein versetzen... Ich kann alles nur aus meiner Sicht sehen.

Nici lachte sarkastisch auf.

N: Das darfst du jetzt als Kompliment betrachten: Gut, dass du dich in solche Arschlöcher NICHT hinein versetzen kannst! Das spricht für dich! Könntest du es, würde das bedeuten, dass du entweder eines bist oder selbst mal eines warst! Und so schätze ich dich nicht ein.

E: Ähm... Danke? xD Und stimmt, ich war nie so. Ich kenne das vielleicht umgekehrt ein bisschen, aber nicht so extrem! ;)

Nici schniefte. Dass Elias auch schon unter Manipulationen hatte leiden müssen, erwärmte sie noch mehr für ihn und langsam taute ihr Herz auf. Sie bekam wieder Luft und beruhigte sich weit genug, um zu antworten.

N: Ja ich weiß, auch Frauen darf man nicht unterschätzen. Die können auch ziemlich krank, bösartig und manipulativ sein. Zwar sind wir euch Männern in den seltensten Fällen körperlich überlegen, aber Worte sind auch verletzend.

*E: Ach, du glaubst gar nicht, wie gut ihr uns manipulieren könnt, wenn ihr es darauf anlegt. ^^*

Nici atmete tief durch. Sie begann zu spüren, in welche Richtung sich das Gespräch entwickeln würde, und das machte ihr Angst. Dennoch fühlte sie, dass sie nicht mehr aufhören konnte, diesen Weg zu gehen.

Sie musste es loswerden. Elias war der einzige, der so viel von ihr wusste und immer noch *sie* sah. Wie sie wirklich war. Der trotz der Depressionen ihr Potential erkannte und an sie glaubte.

N: Ich denke nicht, dass du einen der Hauptgründe wissen möchtest, warum ich meinen Mann verlassen habe...

E: *Vielleicht will ich es aber wissen. Wenn es dich so mitnimmt, dass innerhalb von fünf Minuten deine Stimmung kippt, muss es etwas Gravierendes gewesen sein.*

N: *Das hab ich noch keinem außer Tatjana erzählt... Es ist vielleicht harmlos gegen einiges, was andere erlebt haben. Aber... es tut immer noch weh.*

E: *Erzähl es mir, aber nur, wenn du wirklich möchtest. Ich hab ein offenes Ohr für dich... Wie immer.*

N: *Um ehrlich zu sein, waren mir die körperlichen Übergriffe, sprich das Schubsen und die Sache mit dem Hammer, irgendwann relativ egal. Es war, weil ich ihm am Anfang unserer Beziehung etwas anvertraut habe. Von dem er sagte, dass er es akzeptiert, weil es ein Teil von mir ist. Und später hat er begonnen, dieses Geheimnis, dieses Wissen gegen mich zu verwenden. Deshalb habe ich irgendwann nicht mehr viel mit ihm geredet. Ich konnte ihm einfach nicht mehr vertrauen. Und auch anderen gegenüber fiel mir das danach schwer. Tatjana und ich waren fünf Jahre befreundet, bis ich ihr das endlich anvertraut habe... Eben weil mir Thomas' langfristige Reaktion so viel Angst gemacht hat, mich zu öffnen.*

E: *Dazu fällt mir gar nichts ein. Ich weiß nur, dass ich mit dem Typen ein paar Takte reden würde, wenn ich nicht so weit weg leben würde.*

N: *Nette Vorstellung, wirklich. Aber wenn er wüsste, dass ich mich jemandem anvertraut habe, würde ich es doppelt büßen und er würde alles noch schlimmer machen.*

Jedenfalls hab ich mir im Nachhinein gewünscht, ich hätte es ihm nicht erzählt. Ich weiß, wenn man streitet, sagt man oft Dinge, die man nicht so meint. Aber auch eine Entschuldigung nimmt die Worte nicht zurück.

Er hat schon während unserer Ehe öfter als einmal gesagt, ich könne ihn ruhig verlassen – mich Schlampe würde außer ihm keiner nehmen. Und gerade hat er angerufen. Und mir dasselbe wieder an den Kopf geworfen, wo es mir endlich besser ging. Aber ich hab das eben nie wirklich verdaut. :'(Das nagt bis heute an mir.

E: Was für ein Mistkerl! Tut mir leid, dass du das durchmachen musst!

N: Naja, wenn man eh schon einen Minderwertigkeitskomplex hat, denkt man, er hat recht. Sag nur frei heraus, was du darüber denkst. xD

E: Ich hasse solche Typen. Echt, der könnte das Vorbild für einen Hollywood-Bösewicht abgeben.

N: Irgendwie bin ich wirklich selbst schuld an den Gerüchten, die damals über mich kursiert sind, also... wenn ich mir die Suppe eingebrockt habe, muss ich sie auch auslöffeln.

E: Welche Gerüchte?

N: Mittlerweile ist Gras drüber gewachsen... Damals wurde mir nachgesagt, ich sei ein Flittchen. Wenig Einwohner und viele kleine Dörfer, wo jeder fast jeden wenigstens vom Sehen kennt. Du kannst dir denken, was da nach dieser Party los war. Mich wundert bis heute, dass meine Eltern davon nichts gehört haben.

Erst als all das abgeschickt war, wurde Nici so richtig klar, dass wieder ihr kaputtes Herz am Steuer saß. Ach du scheiße...

N: Ach verdammt, darüber rede ich sonst nicht. Ich wollte dir nicht den Abend verderben... schon wieder! Der Anruf von Thomas hat es nur aufgerüttelt, das wollte ich nicht...
Oh Mann, es tut mir leid!

Sie betete, dass Elias das akzeptieren würde – aber sie ahnte das Gegenteil. Und behielt Recht.
Sie kannten einander einfach zu gut...

E: Du verdirbst mir nicht den Abend, keine Angst. Und du hast noch immer nicht gesagt, was passiert ist.

Mit einem tiefen Atemzug nahm Nici den Mut zusammen, den sie brauchte.

N: Einen Abend auf einer Party unvorsichtig zu sein hat gereicht, um den Ruf als Schlampe wegzuhaben... Was danach kam, war ziemlich... beschissen.

E: Wegen einem ONS?

Nici brauchte einen Moment, bis sie begriff, dass das One-Night-Stand heißen sollte. Diesmal tippte sie langsam, aber entschlossen weiter.

Sie wollte das Geheimnis eigentlich nicht lüften, aber es war an der Zeit. Sie war bereit.

N: Wenn es nur einer gewesen wäre. Ich weiß bis heute nicht, was genau passiert ist. Aber jetzt hab ich angefangen, jetzt kann ich genauso gut zu Ende erzählen, wenn du alles wissen möchtest.

E: Natürlich.

Mit einem Schlucken versuchte Nici, die Erinnerungsfetzen zurückzudrängen, die in ihr hochkamen, während sie Elias davon erzählte. Der Körper, der sie an die Hauswand drückte, der Mund, der sich auf ihren presste. Eine Hand unter ihrem Oberteil, die ihre Brüste betatschte und sich im Anschluss unter ihren Rock schob...
Sie biss die Zähne zusammen und hielt sich diesmal beim Schreiben bewusst zurück, als müsse sie nur kurz und knapp Bericht erstatten. Sie wollte nicht darüber nachdenken, was sie an dem Abend oder in den Wochen danach gefühlt hatte, und jetzt, so viele Jahre später, immer noch fühlte. Wie angewidert sie gewesen war. Wie minderwertig sie sich vorgekommen war...
Wie dumm. Und wie sehr sie sich geschämt hatte.

N: Ich hab damals im Kino gearbeitet und ein wenig für einen meiner Arbeitskollegen geschwärmt. Ein ganz netter Kerl. Wäre auch mit einer Freundschaft zufrieden gewesen und hab ihn zu meinem 18. Geburtstag eingeladen. Da hat er mit meiner damals besten Freundin rumgemacht. Naja, Shit happens...

Ein paar Monate später hat er mich auf diese Dorfparty eingeladen, in einem Jugendtreff am Dorfrand. Eintritt zahlen, Getränkeflatrate. Ich war ziemlich trinkfest, deshalb klang das natürlich gut. Ich war zwar nie der Partygänger, aber da hatte ich eine beschissene Zeit.

Ich war 18 und hatte noch nicht mal jemanden geküsst. Hatte auch bis dahin nie einen richtigen Freund. Ich wurde - nur halb im Scherz – aufgezogen als ewige Jungfrau usw., was halt Jugendliche für Scheiß reden, wenn ihnen langweilig ist. Nagt trotzdem am Selbstbewusstsein.

Also bin ich auf die Party gegangen. Hab mich eigentlich sicher gefühlt, es waren ja auch Klassenkameradinnen da und so...

Und dann war ich dumm genug, ein Getränk von jemandem entgegen zu nehmen, den ich nicht kannte. Ich hatte an dem Abend erst einen Becher getrunken. Praktisch gar nichts. Von solchen Mixen konnte ich zehn nacheinander trinken, ohne betrunken zu sein.

Dieser Kerl hat mir was gebracht, und nach wenigen Schlucken... Filmriss. Der Rest ist schwarz bis zu der Stelle, als ich kotzend in der Wiese draußen saß. Nur manchmal glaube ich mich zu erinnern, was passiert ist, aber wenn diese Bilder und Gefühle echt sind, war ich immer nur wenige Sekunden bei Bewusstsein...

Im Nachhinein hat mir jemand gesagt, dass sie mich eine Weile gesucht haben. Mir fehlen vier Stunden.

Meine Strumpfhose war zerrissen und mein Rock voller Gras- und Erdflecken. Ich hatte Blutergüsse... Am Montag drauf erfuhr ich, dass ein Junge an einer anderen Schule prahlte, mich kleines Flittchen auf der Party flachgelegt zu haben. Und dass er leichtes Spiel mit mir gehabt hätte...

Nici grinste humorlos und strich sich ein paar Haarsträhnen aus der Stirn, bevor sie weiterschrieb. Ihr nächster Kommentar troff nur vor Ironie.

N: Auch eine Art von Senkrechtstart, oder? Ich hab es an einem Wochenende geschafft, von der ewigen Jungfrau zur kleinen Schlampe aufzusteigen. Die Klatschweiber hatten Stoff für Wochen.

E: Nici, falls da wirklich was passiert ist, dann wurdest du vergewaltigt!

N: :(Ich weiß bis heute nicht, ob was passiert ist und wenn, dann was. Ich habe mich tagelang furchtbar elend und schwach gefühlt und wollte das gar nicht hinterfragen. Das Einzige, worin ich mir sicher bin ist, dass man mir da was ins Getränk getan haben muss... :(
Meinen Ruf hatte ich danach allerdings weg. »Die Kleine tat nur so brav«, »die Prüdesten sind die Schlimmsten« usw...
Im Kino hab ich es nach ein paar Wochen nicht mehr ausgehalten. Meine Kollegen haben mich immer angestarrt, getuschelt, es kehrte keine Ruhe ein. Ich hab ein paar Wochen später gekündigt.
Zuerst war ich die unsichtbare graue Maus. Dann war ich auf einmal ein Flittchen.
Und als ich plötzlich die Schlampe war, wäre ich gern zum Status »unsichtbar« zurückgekehrt. Ich bin nicht mehr in unserer Gegend ausgegangen, nachdem man mich zweimal ziemlich unterirdisch angemacht hat.

E: Hey, selbst wenn nichts passiert sein sollte – allein dir was unterzumischen, das rundherum, das was an sich passiert ist, fällt für mich unter Missbrauch!!! Und dann muss man sich noch von anderen fertigmachen lassen?! Was soll das denn?!

Dass Elias sich ehrlich aufregte und auch etwas schimpfte, tröstete Nici ein wenig und sie fühlte sich von ihm ernst genommen. Sie wusste nicht, womit sie gerechnet hatte, aber nicht damit.

N: Ich hab es meinem Mann damals erzählt, kurz nachdem wir zusammengekommen sind. Weil ich ehrlich sein wollte. Ein Jahr später hat er mir das bei einem Streit auf dem Silbertablett serviert. Dass mich kleine Schlampe aus unserer Gegend keiner mehr nehmen würde nach dem, was ich mir geleistet habe. Und ich deshalb froh sein sollte, dass er bei mir blieb. Ja, herzlichen Dank. DAS wollte ich damals von ihm hören.
Ich war für alle die Schuldige, weißt du? Ihm hat man noch dafür auf die Schulter geklopft, dass er sich die ewige Jungfrau gekrallt hat. Ich war die Bitch... und den Typen hat man gefeiert.
Verkehrte Welt...

E: Das klingt wie so eine klassische Story vom Land... Das kann ich kaum glauben.

Eine klamme Faust umfasste Nicis Herz wie ein Schraubstock. Fuck. Was sollte das bedeuten? Ihre Depression saß neben ihr und übersetzte. »Er glaubt dir nicht«, flüsterte sie ihr ins Ohr. »Denkt, du willst dich wichtig machen. Wie alle anderen...«
Nici schob sie entschlossen weg. Nein. Nicht Elias...
Sie legte die Hände auf die Tastatur.

N: Du kannst mir glauben, dass ich mir wünsche, die Geschichte wäre erfunden. :'(

E: Ach, tut mir leid, so war das nicht gemeint! Das hast du jetzt hoffentlich nicht gedacht! :O Ich meinte nicht, dass du das erfunden hast, sorry. Aber da ich in einer recht großen Stadt wohne, sehe ich die Leute vom Land wohl anders. Gib mir einen Moment, das zu erklären, es ist schwer, die richtigen Worte zu finden.

Nachdem Nici das gelesen hatte, legte sie die Hände in den Schoß und lehnte sich zurück, während Facebook mit den drei Punkten in der unteren Ecke des Chats anzeigte, dass Elias noch am Schreiben war. Langsam beruhigte sich ihr Herzschlag und auch ihre Kehle war weniger eng. Er glaubte ihr und nahm sie ernst, sie und ihre Geschichte. Könnte er nur verstehen, was ihr das bedeutete...

Wie von selbst griff sie nach ihrem Notizbuch und begann, wieder einen Text zu entwerfen.

Wish I could explain

Dafür fehlten sogar ihr die Worte... Es gab Dinge, die man einfach nicht beschreiben konnte. Aber mit der richtigen Musik würde das ein wunderbares Lied werden, das ihm zeigte, wie wichtig er ihr geworden war.

Ein Piepton signalisierte ihr, dass Elias zurückgeschrieben hatte und sie wandte sich dem Computer zu.

E: Weißt du, solche Geschichten habe ich leider schon gehört. Wo das Opfer noch einmal zum Opfer gemacht wird oder man es gleich als Täter darstellt. Da hört man schon mal: Ach, sie hätte sich nicht so sexy anziehen müssen oder ähnliches... Ich meine, das kann doch nicht sein, dass man Leute dafür auch noch fertig macht.

Ein Schauer lief über Nicis Rücken und sie antwortete zögernd.

N: Was glaubst du, wie oft ich das gehört habe. Ich hatte einen knielangen Rock und eine schwarze Strumpfhose an. Da kamen Kommentare, die in die Richtung gingen: »Mit Jeans wäre das anders ausgegangen« usw... Mal davon abgesehen, dass meine Version keiner hören wollte.

E: Naja, so etwas wie auf der Feier kann überall passieren. Aber ich möchte behaupten, das danach wäre in einer Gegend wie meiner nicht passiert.

N: Ich... hab mich kurz erschrocken oben. Ich hatte es so verstanden als würdest du denken, ich hab mir das ausgedacht. :/

E: Natürlich dachte ich das nicht. Keine Angst. :) Ich finde es nur schockierend...

Erneut musste Nici schluchzen und ihre Augen begannen zu brennen. Sie legte sich eine Hand auf den Mund und versuchte, ihre Gefühle runterzuschlucken, aber es war zwecklos: Sie brach in Tränen aus, doch diesmal waren es gute Tränen. Sie brauchte ein paar Minuten um sich zu fangen, bevor sie antworten konnte.

N: Klar, bei so vielen Einwohnern kennt nicht jeder jeden wie hier bei uns. Da hat jemand einen Cousin aus dem Dorf, wo dein Klassenkamerad wohnt und deshalb weiß er... Laber, laber. Furchtbar!

E: *An sich würde ich ja gerne auf dem Land leben, aber wenn ich so was wie von dir höre, bin ich froh, in einer Stadt zu wohnen, ehrlich. Das ist schon ein Unterschied.*

Nici musste die Buchstaben für ihre Antwort einzeln auf der Tastatur suchen, weil sie so verheult war, dass sie kaum etwas sehen konnte.

N: *Du kannst mir glauben, in dieser Situation hätte ich auch lieber in der Stadt gewohnt. Da hätte man vielleicht gehört »Hey, auf dieser Party ist was passiert«, aber selbst wenn man betroffen war, könnte man unbeteiligt vorbei gehen und so tun, als wüsste man von nichts. Und niemand würde einen erkennen. Aber hier...*

E: *Du hättest eine Anzeige machen sollen. An dir wurde ein Verbrechen begangen...*

N: *Daran habe ich erst gedacht, als es schon viel zu spät war. Zu dem Zeitpunkt wollte ich das alles einfach vergessen.*

E: *Kann ich mir vorstellen, das wäre vermutlich jedem so ergangen. :(*

N: *Kleines Trostpflaster, eine meiner Freundinnen ging in die Parallelklasse des Typen, der geprahlt hat, er hätte mich flachgelegt... Sie hat ihm an der Bushaltestelle eine rein gehauen! ^^*
Danach hab ich den Kerl nie wiedergesehen. Worüber ich echt froh bin.

E: *Immerhin etwas!*

N: Nur du kannst dir vorstellen... ich ging an eine katholische Mädchenschule. Dann sind diese Gerüchte ein paar Lehrern zu Ohren gekommen. Eine Lehrerin hat mich drauf angesprochen, ob das wahr wäre und was passiert ist.
Falls ich wen zum Reden brauche, meinte sie.

E: Naja, das klingt ja okay. Als ich jetzt gelesen habe »katholische Mädchenschule« dachte ich, es wäre noch schlimmer geworden!

N: Nein, es gab keine Konsequenzen oder so, Gott sei Dank. Die Lehrer haben ein wenig mitgetuschelt, aber ich habe der Lehrerin glaubhaft versichern können, dass der Typ das nur erfunden hätte.

Nici atmete tief ein und streckte ihre Finger. Einen Moment schloss sie die Augen, bevor sie die Luft langsam ausströmen ließ und weiterschrieb.

N: Ich... ich möchte mich bei dir bedanken.

E: Wofür denn?

N: Dafür, dass du das ernst nimmst. Dass du nicht denkst, ich würde lügen oder hätte das erfunden. Das bedeutet mir wirklich viel. Ich habe bisher nur zwei Menschen davon erzählt, wovon einer es nur genutzt hat, um mir mit diesem Wissen wehzutun.

E: Du kannst dir gar nicht vorstellen, wie wütend mich das alles macht. Mir fehlen wirklich die Worte. Nicht nur für das, was dir passiert ist, sondern auch für die Reaktion deines Ex-Mannes darauf.

Dass sie ihm schon wieder den Abend verdarb, tat Nici in der Seele weh. Ihr Brustkorb wurde eng, als sie antwortete.

N: Es tut mir leid, ich wollte nicht, dass dich das wütend macht. Es ist nur ein Teil von mir und bei dir hab ich einfach das Gefühl, dass du besser drauf aufpassen wirst als die Leute, die bisher davon wissen. Auch wenn das furchtbar kitschig, dumm oder sonst was klingt...

E: Nein, das tut es nicht!

Ein leichtes Lächeln huschte über Nicis Lippen.

N: Meine größte Angst, wenn ich jemandem Dinge über mich anvertraue ist, dass sich die Wahrnehmung verändert. Dass man mich anders sieht. Im Sinne von... schlechter.

Erst während Nici das schrieb wurde ihr bewusst, dass es ihr ähnlich ergangen war, als sie ihm von der Sache mit dem Hammer erzählt hatte. Dass sie dann Angst hätte, er würde in ihr das verängstigte Mäuschen sehen, als das sie sich damals gefühlt hatte. Mit einem Schlucken hämmerte sie in die Tasten.

N: *Dieses Geheimnis mit mir herumzuschleppen ist einfach... beschissen. Mit wem soll man über so etwas reden? Ich meine... keiner will so etwas hören, davon wissen.*

Aber das bin ich. Es ist vielleicht kein großer Teil von mir.

Aber trotzdem ein... wichtiger.

E: *Hör mal, da ist nichts, wofür du dich rechtfertigen musst! Du bist Opfer eines Verbrechens geworden. Du hättest die Polizei oder einen Anwalt auf den Plan rufen können oder sonst was in der Art. Das soll kein Vorwurf sein, weil du es gelassen hast, aber du hast nichts schlimmes getan. Ganz im Gegenteil!*

N: *Zu dem Zeitpunkt wäre das aus meiner damaligen Sicht sogar das Schlimmste gewesen, weil es noch mehr Aufmerksamkeit auf die Sache gelenkt hätte. So war das Thema schnell vom Tisch, nachdem sich alle genug das Maul zerrissen hatten. :/*

E: *Ich wollte damit nur sagen, dass du keinen Grund für Schuldgefühle haben musst oder sonst was in die Richtung.*

N: *Ich wusste wie du es meinst, ich wollte nur erklären, warum ich es gelassen habe, weißt du? Ich wollte nur schnell aus dem Rampenlicht verschwinden.*

E: *So geht es in der Lage wohl den meisten. Wenn ich im Fernsehen was mitverfolge oder so manche Lebensgeschichten lese, fällt mir das öfter auf.*

N: Du klingst wirklich, als würdest du mehr Leute kennen, denen etwas ähnliches passiert ist...

E: Bitte versteh das nicht falsch, aber ich interessiere mich für solche Kriminalfälle. Das Verhalten von Personen, die offenbar kein Gewissen kennen, hat eine gewisse Faszination. Ich betrachte mich als jemanden, der eine gute Menschenkenntnis besitzt, Verhalten gut interpretieren kann. Nur eben so etwas, genau das... das kann ich nicht nachvollziehen, nicht verstehen. Wahrscheinlich kommt die Faszination daher.

N: Das kann schon sein. Ich denke, je empathischer man ist, desto mehr versucht man, es verstehen zu wollen... obwohl man es nie kann.

E: Damit wollte ich nur erklären, woher ich solche Fälle kenne. Obwohl es mich natürlich schockiert, dass dir so was passiert ist. :(

N: Ach keine Sorge, ich hätte dich nicht für einen Psycho gehalten! ;) Es ist nur so, die Welt ist klein. Ich hätte es traurig gefunden, aber irgendwie verständlich, wenn es in deinem Umfeld jemanden gäbe, dem was ähnliches passiert ist. Statistisch betrachtet ist die Wahrscheinlichkeit recht hoch und...
Naja. Schwer zu erklären, du hast so gut reagiert. Du hast keine abgedroschenen Floskeln verwendet, die absolut nicht helfen, kein gesäuseltes Trösten, bei dem man sich schwach und nicht ernst genommen fühlt. Du hast sogar zugegeben, dass dich das wütend und betroffen macht, viele wagen nicht mal das auszusprechen. Ich fühl mich endlich als Erwachsene behandelt, wenn es um dieses Thema geht. Weil du mich ernst genommen hast. Es ist so, dass ich oft von Dingen höre oder lese, die

anderen passieren und dann relativiert sich das was in der Nacht passiert ist – also, woran ich mich erinnere – sehr schnell. Dann habe ich das Gefühl, das keinem erzählen zu können. Weil es ja nicht so schlimm ist... kein Vergleich mit dem, was XY passiert ist.

E: Kann schon sein, dass du das so empfindest, aber das ist doch Quatsch. Dass jemand anders etwas schlimmeres erlebt hat, macht deines nicht besser. Diese Aussagen finde ich furchtbar: Anderen geht es ja viel schlechter. Das kann schon sein, aber das macht die eigenen Sorgen oder Probleme nicht weniger schlimm!

Nici brannten bei diesen Worten vor Rührung erneut die Augen.

N: Das Problem ist eher, das aus dem Kopf zu bekommen, weil man es so oft hört. Aber dann mit vernünftigen Menschen reden zu können, die klar im Kopf sind hilft mir, das klarer zu sehen. Eben weil es stimmt. Das eine macht das andere nicht leichter.

E: Haha, dass ich klar im Kopf wäre, hab ich auch noch nie gehört! xD

Wenn er das sagte, um sie aufzumuntern, klappte es. Nici schmunzelte und musste schließlich leise lachen. Ihre Schultern entspannten sich und sie hatte das Gefühl, wieder atmen zu können.

N: Ist doch so. Du hast einfach einen ruhigen Blick auf die Dinge, vielleicht hilft es aber auch, dass du das aus der Distanz betrachten kannst.

Ihm das zu sagen war ihr noch ein Bedürfnis, bevor sie im Anschluss wieder zum Thema zurückkehrte.

N: Naja und ich sehe das so... was wäre ich für ein schlechter Mensch, wenn ich mich daran aufrichten könnte, dass andere schlimmere Schicksale erleiden? »Juhu, da kann ich froh drüber sein... FALLS man mich vergewaltigt hat, kann ich mich dank der K.O.-Tropfen (oder was auch immer das war) wenigstens nicht dran erinnern. Andere haben das alles noch im Kopf...« - Da wäre ich doch ein absolut beschissener Mensch.
Es... Es hat mir jedenfalls gut getan, das loszuwerden. Das loswerden zu dürfen. Dass ich mich dir anvertrauen konnte, nur so unter uns. Das fühlt sich an als wäre ich in einem geschützten Rahmen, wo ich einfach gut aufgehoben bin. Deshalb noch einmal, weil man das nicht oft genug sagen kann: Danke, dass du da warst. Danke fürs Zuhören...
Ich meine, es war ja WIRKLICH keine schöne Geschichte... Und auch, dass mein Ex mich damit beschimpft. :/

E: Du weißt doch, dass du mit mir immer über alles reden kannst. Ich werde dir immer zuhören. :)

In dem Moment fühlte sich Nici so aufgefangen, so sicher und wohl, dass ihr erneut Freudentränen über die Wangen liefen. Selbst nach dieser Geschichte, mit diesem Hintergrundwissen akzeptierte Elias sie weiterhin. Sie hätte nach dem Reinfall mit ihrem Ex nicht gedacht, dass es so einen Menschen überhaupt auf der Welt geben könnte, und jetzt das!

N: Danke. Das... Das bedeutet mir wirklich was. Ich meine, jeder ist für einen da, wenn es schöne Dinge zu erzählen gibt. Von den schlechten Dingen und Geschichten, den Schattenseiten einer Person will keiner was hören, obwohl die auch zum Leben dazu gehören. Kennst du den Spruch? »Wer im Regen nicht mit mir tanzt, wird im Sturm nicht bei mir sein. Und wer im Sturm nicht bei mir ist, den brauch ich auch nicht, wenn die Sonne scheint.«

E: Gerade die Schattenseiten machen uns zu dem, was wir sind. Mehr als alles andere. :) Wenn uns nur gute Dinge passieren, wüssten wir diese gar nicht zu schätzen!

Da musste Nici ihm recht geben. Sie fühlte sich wesentlich besser.

N: Da wären wir wieder bei dem klaren Durchblick. Mein Ex versucht immer wieder, mir die Erinnerung daran zu nehmen, wer und was ich bin. Du hältst mir wieder den Spiegel vor und dann weiß ich, dass er nicht recht hat! :)

E: Ich erinnere dich gern dran! ;) Ich wünschte mir nur, man müsste dich gar nicht daran erinnern! :)

N: Hey, es ist bei Gott nicht mehr so schlimm wie es kürzlich noch war! Das kann ich sogar beweisen!

E: Na bitte, lass hören! ;) Jetzt bin ich gespannt. :)

Nici lächelte. Sie ließ sich mit der Antwort Zeit und dachte wirklich sorgfältig über alles nach, was sie sagte. Über alles, was sie gelernt hatte, seit sie Elias kannte und sich von ihrem Ex zu lösen begann, der ihr all das auszureden versucht hatte.

Noch während sie alles eingab wurde ihr klar, dass sie auch daraus ein Lied machen würde. Ihr gingen die Worte *Through Your Eyes* durch den Kopf. Denn sie nahm sich nur endlich auf diese Weise wahr, weil sie es gelernt hatte... Dank Elias.

N: Ok, ich sehe mich so:

Ich entspreche vielleicht keinen gängigen Schönheitsidealen, aber das ist überhaupt nicht schlimm, oder? Schönheit liegt schließlich im Auge des Betrachters. Ich bin hübsch genug, um mich sehen zu lassen. Und obwohl ich kurze Haare habe, gibt es definitiv nichts dran zu rütteln, dass ich eine Frau bin, wie Thomas immer meinte. Ich mag meine braunen Augen. Und meine Tattoos. Das ist Kunst, die ich auf der Haut trage und die muss außer mir keinem gefallen.

Ich bin vielleicht keine Intelligenzbestie, aber ich bin auch nicht dumm. Ich mache mir Gedanken über die Welt, bilde mir meine eigene Meinung und blicke über den Tellerrand.

Ich bin nicht immer die Beste im Bereich Selbstdisziplin, aber das ist egal. Wenn ich etwas tue, dann mit Leidenschaft und Herzblut. Ich liebe viele verschiedene Dinge, deshalb weiß ich manchmal nicht, womit ich anfangen soll!

Ich bin mal depressiv, dann aufbrausend und manchmal wie ein Kind an Weihnachten. Das kann zwar für sonst was für psychische Krankheiten sprechen, aber auch das ist mir egal. Zumindest wird es bei mir nicht langweilig. Das Leben ist schließlich eine Achterbahn.

Bei Büchern, Filmen und Liedern, die mich berühren, breche ich öfter mal in Tränen aus. Aber das ist nicht albern und zeugt auch nicht von Schwäche. Es beweist, dass ich ein empathischer Mensch bin.

Ich habe nicht viele Freunde, aber die können sich auf mich verlassen. Und wenn denen wer was schlechtes will, werde ich zur Löwin – womit ich meinem Sternzeichen gerecht werde! ;)

Ich habe mich von meinem Ex lange unterbuttern lassen, aber es trotzdem geschafft, mich freizukämpfen und mein Leben in die Hand zu nehmen. Was der beste Beweis dafür ist, dass sich unter meiner ängstlichen Fassade ein mutiger Mensch verbirgt.

*So... und mehr fällt mir nun wirklich nicht ein. ^^*

E: Hey, damit hast du dich gerade perfekt beschrieben! ;)

Nici grinste und spürte, wie ihr warm ums Herz wurde.

N: Jetzt bin ich allerdings ganz schön verlegen. Das fühlt sich fast arrogant an, so über sich zu sprechen.

E: Haha, Unfug. Du bist alles, aber sicher nicht arrogant! :)

N: Reicht dir das als Beweis, dass ich auf dem Weg der Besserung bin? ;)

E: Allerdings! :) Ich bin stolz auf dich!

Ein warmes Prickeln lief über Nicis Körper und sie seufzte erleichtert. Es fühlte sich an, als wäre ihr ein Felsbrocken von der Brust genommen worden.

Egal wie oft ihr Ex ihr den Atem nahm, solange Elias da war, um sie auf den rechten Weg zu bringen, fand sie wieder Ruhe. Als würde er ihr die Luft zurückbringen, die Thomas ihr nahm.

Nachdem sie sich für den Abend verabschiedet hatten und Nici sich bettfertig machte, wurde ihr klar, wie wichtig er ihr in der Zwischenzeit geworden war. Nicht nur wegen ihrer aufkeimenden Verliebtheit. Wie viele solcher Freunde hatte sie je gehabt? Die in jeder Situation an ihrer Seite geblieben waren?

Eigentlich nur Tatjana...

Unwillkürlich fragte sie sich, ob eine Beziehung zu Elias überhaupt funktionieren könnte. Der Gedanke gab ihr einen Stich, während sie sich in ihrem Bett einrollte.

Selbst wenn sie es wagen sollte, ihm ihre Gefühle zu gestehen, oder er einfach nur ihr Album hörte und verstand, dass sie ihn meinte und das tatsächlich erwiderte – wie würde das klappen? Wie könnte man das lösen? Frankfurt war so weit weg...

Spontane Treffen wären nie möglich. Wegen ihrer Tiere war immer Vorbereitung nötig, bevor sie irgendwo hinfuhr. Vor allem mit Yamuna und ihrer Mutter müsste sie solche Ausflüge immer im Voraus abklären, damit die Hunde versorgt waren. Sie durfte keine wichtigen Termine haben. Wie oft würde man sich de facto wirklich sehen? Und was, wenn einem von ihnen, Gott bewahre, etwas passierte? Der andere könnte nicht einfach kurz darauf auf der Matte stehen, um für ihn da zu sein. Der Gedanke verursachte Magenschmerzen.

Sie rollte sich auf den Rücken und starrte an die dunkle Decke.

Warum zum Henker musste sie für jemanden zu schwärmen anfangen, der so weit weg lebte? Warum konnte ein Mann, der in so vielen Dingen zu ihr passte, dem sie vertrauen konnte und der ihr zuhörte, nicht um die Ecke wohnen?

Sie schluckte mühsam, als sich ein Knoten in ihrem Hals breitmachte.

Er war so ein guter Freund, aber Freundschaften funktionierten unter ganz anderen Umständen als Beziehungen. Letztere verlangten mehr Nähe, Aufmerksamkeit...

Was, wenn sie die Freundschaft verlor, weil sie ihre Gefühle gestand?

Der Gedanke gab ihr einen Stich. Die freundschaftliche Liebe, die sie Elias schon lange entgegenbrachte, war so stark, dass sie sich ihr Leben ohne den täglichen Kontakt zu ihm nicht mehr vorstellen wollte, es nicht mehr konnte.

Wieder haderte sie mit sich.

War die schwache Hoffnung, dass er sich auch in sie verliebt hätte, es wirklich wert, diese Freundschaft zu riskieren?

Zweiundzwanzigster Song

Building Walls

Nici war nun seit ein paar Wochen zuhause, die neue Konzerttour würde im Sommer beginnen. Die Promotion für ihr neues Album lief bereits. Nach den Aufnahmen war das Album *Write me a Lovesong* in Arbeit und würde kurz vor Beginn der nächsten Konzertreise erscheinen. Das Erscheinen von *Break Free* war unmittelbar danach geplant – für diese Aufnahmen würde sie als nächstes nach Frankfurt fahren.

Elias hatte *Write me a Lovesong* noch nicht gehört, nur ein paar Ausschnitte, da der Produzent um Stillschweigen gebeten hatte, aber sie hatte bereits die CD eingepackt, um sie ihm zu schicken, bevor sie erschien.

Im Moment genoss Nici ihr Leben in vollen Zügen. Es war Mitte Mai und das Wetter wechselhaft. Sie war viel mit den Kundenanfragen beschäftigt und auf Achse.

Für Elias nahm sie sich dennoch täglich Zeit. Auch er steckte bis über beide Ohren in seiner Arbeit, aber sie schrieben jeden Tag bis in die späten Abendstunden in WhatsApp oder dem Facebook-Messenger miteinander. Nici mochte es nicht zu telefonieren, dafür war sie zu unsicher, aber beim Schreiben fühlte sie sich unbeschwerter denn je.

Bis zu einem ganz normalen Dienstag. Am Vortag war sie wie jeden Montag mit dem Therapiehund Balthasar im Einsatz gewesen. Ein Kind mit Down-Syndrom, das normalerweise sehr schweigsam war, hatte begonnen, etwas mehr aus sich herauszugehen, wenn der Hund zugegen war, und auch ein autistischer Junge zeigte deutlichere Reaktionen auf sein Umfeld, wenn Nici mit dem großen Pitbull da war. Das Kind, das gern den Therapeuten um den Hals fiel, war auch diesmal auf einen Sessel geklettert, um sich in Nicis Arme zu werfen, was ihr das Herz aufgehen ließ.

Sie liebte diese Tätigkeit.

Dennoch war sie nicht mit ganzem Herzen bei der Sache.

Seit einigen Tagen fühlte sich Nici wieder seltsam. Sie konnte nicht sagen woher es kam, aber irgendwie ging es ihr nicht gut. Sie war nervös, etwas niedergeschlagen. Ob eine Veränderung in ihrem Leben bevorstand? Sie kannte so etwas bereits von sich, und oft war irgendetwas passiert, wenn dieses Gefühl sich einstellte.

Ihr würde vielleicht Ablenkung gut tun... etwas anderes machen, rauskommen von Zuhause.

Sie rief kurz entschlossen ihre Mutter an und fragte, ob sie am nächsten Tag zum Tanzen kommen könnte. Helena hatte ein Vereinshaus gemietet, das sie jede Woche am selben Tag aufsuchen durfte. Ihre Mutter freute sich, dass Nici im Moment mehr Zuhause war. »Natürlich darfst du kommen, Püppi! Willst du was Neues lernen?«

»Nein, eher ein paar Alte wieder aufwärmen. Wie wäre es mit *Quarter After One*? Ich liebe das Lied dazu!«, schlug Nici lächelnd vor. »Und *Jackson* hab ich auch verlernt.«

Helena lachte leise. »Wir haben einen irischen Kanon, den bieg ich dir bei, ob du willst oder nicht. Denkst du, du kannst *Try Everything* noch?!«

313

Nici grinste. »Darauf schließ ich sogar Wetten ab! Und sonst noch ein paar Duelle... Wie wäre es mit *Black Pearl* und *Chipz in Black*?«

»Herausforderung angenommen!«, erwiderte ihre Mutter. »Spätestens bei *Gambler* gehörst du mir, da trennt sich dann die Spreu vom Weizen!« Nici lachte, weil sie regelrecht hören konnte, wie ihre Mutter dabei die Zunge zeigte. »Wann kommst du? Elsa und ich sind ab 17 Uhr da.«

Nici griff nach ihrem Kalender und schlug ihn auf. »Ich hab noch einen Kundentermin für ein Hundetraining vor Ort, das ist bis etwa 19 Uhr geplant, ich komme dann nach«, meinte sie.

»Alles klar, meine Kleine. Elsa will ohnehin um spätestens 21 Uhr zuhause sein, ich fahre sie heim und dann können wir noch unter uns trainieren. Vielleicht zeig ich dir noch was neues... Also, bis morgen!«

Nici wünschte ihrer Mutter noch einen schönen Abend, bevor sie auflegte und mit dem Säubern der Hundezwinger weiter machte, während diese ihren Auslauf im Hof genossen. Auch dort war danach die Aktion »Such den Hundehaufen« fällig. Bis auf die wenigen unverträglichen Hunde waren sie alle täglich ein paar Stunden zusammen außerhalb der Zwinger, damit sie spielen, Sozialkontakte pflegen und herumlaufen konnten.

Nach getaner Arbeit setzte sich Nici an ihren Laptop, um sich zu entspannen. Yamuna hatte sich bereits in ihre eigene Wohnung zurückgezogen.

Nici scrollte durch Facebook um zu sehen, was es Neues gab. Von Elias hatte sie heute noch nichts gehört. Er hatte am Wochenende erwähnt, dass ein Freund von ihm umziehen und er ihm in den nächsten Tagen helfen würde, Kisten zu schleppen und Möbel aufzubauen. Sie warf einen Blick auf die Uhr. Sechzehn Uhr durch. Sie schrieb ihm eine Nachricht und fragte nach seinem Tag, bevor sie weiter surfte.

Nici klickte auf eine, mit nur 20 Personen relativ kleine, Gruppe von Musikern und Songwritern, die sie alle auf ähnlichem Wege kennengelernt hatte wie Elias. Sie bildeten mittlerweile eine kleine Gemeinschaft, in der jeder für jeden da war und sich alle etwas kannten. Die Gruppenleiterin hatte eine deutsche Karte an der Wand, auf der der Wohnort jedes einzelnen Mitglieds eingetragen war. Naja, außer Nici, die irgendwo an der Wand neben der Karte in der ungefähren Gegend ihres Wohnortes notiert war – sie war die einzige Österreicherin in der Gruppe und echt weitab vom Schuss. Einige wohnten in Elias' Gegend, der Rest einzeln oder maximal mit nur einem anderen in der Nähe über Deutschland verteilt. Es hatte schon Gruppentreffen gegeben, die man zentral anzusiedeln versuchte, aber Nici hatte es noch nicht hin geschafft. Daher war die Songwriterin Jennifer aus der Nähe von Frankfurt die einzige außer Elias, die sie persönlich kannte. Aber sie hatte schon mit fast jedem Mitglied in Privatnachrichten geschrieben und sie hatten alle ein offenes Ohr füreinander.

Marlene, eine junge Frau, die sich sonst eher still verhielt, hatte heute etwas gepostet. Sie war nicht sehr mitteilsam, deshalb fiel Nici das gleich auf. Sie öffnete den ganzen Text mit den angehängten Spruchbildern und begann lächelnd zu lesen. Offenbar hatte Marlene zwei andere Gruppenmitglieder getroffen – bis auf Elias und Peter waren sie alle Frauen – und freute sich riesig über die neuen Bekanntschaften.

Sie las den Text bis zum Ende durch. Offenbar hatte sie noch jemanden getroffen, den sie jedoch im Gegensatz zu den beiden anderen nicht namentlich erwähnte. Hm, vielleicht war er einfach nicht in der Gruppe? Oder sie wollte nicht gleich mit der Tür ins Haus fallen?

Sie schwärmte von der Spontaneität, mit der sie sich getroffen hatten, obwohl sie beide nicht besonders dazu neigten, aber dass sie von ihm überwältigt gewesen war. Dass sie nicht an Liebe auf den ersten Blick geglaubt hätte. Bis heute. Und dass sie alles schaffen würde, solange dieser Mensch an ihrer Seite war. Dass sie Angst gehabt hatte, sich zu öffnen, aber es nie bereute, es dieser Person gegenüber getan zu haben, weil er für sie da gewesen war und ihr versichert hatte, sie würden es zusammen schaffen.

Nici ignorierte das flaue Gefühl in ihrem Magen und kommentierte darunter, dass das toll klang und sie ihr alles Gute wünschte. Das stimmte auch voll und ganz.

Marlene war ein liebenswerter Mensch. Als Nici noch verheiratet gewesen war, hatten sie mal miteinander geschrieben. Sie hatte Nici ermutigt, ihren Weg zu gehen und ihren Mann zu verlassen, und wenn sie das mit dem Haus nicht schaffen sollte, vielleicht sogar auszuwandern – weg da, weg von ihm. Da Marlene vorher in einer ähnlichen Lage gewesen war – allerdings mit Kindern statt einem Haufen Haustiere – hatte Nici der Austausch gut getan und Mut gemacht. Marlenes Weg und wie sie diesen gegangen war, hatte Nici imponiert.

Marlene war der Absprung gelungen und ihr Lieblingsratschlag für Nici war gewesen, sich ihren Ex mit einem Schnuller vorzustellen, wenn er sie nervte oder austickte. Das hatte einige Male dafür gesorgt, dass sie breit grinsen musste – oder es unterdrückte, falls er sie gerade ansah, damit die Lage nicht schlimmer wurde – und ihr den Alltag erleichtert. Dass diese hübsche und liebe junge Frau endlich jemanden gefunden zu haben schien, machte sie froh. So, wie sie schwärmte, klang es für Marlene nach der großen Liebe. Dieses Glück hatte sie mehr als verdient!

Nici schloss den Browser und öffnete das Textverarbeitungsprogramm, um noch zu schreiben, aber irgendwie flutschte es gerade nicht. Sie war mit jedem Wort unzufrieden, das sie in die Tasten drückte und am Ende löschte sie wieder alles. Was war los? Sie war eine Singer-Songwriterin, und zwar professionell, sie konnte nicht nur fremde Songs singen...

Irgendwas in ihr sehnte sich danach zu schreiben, aber sie bekam keine Worte hin. Das unangenehme Gefühl in ihrer Magengegend hatte sich verstärkt, und sie konnte nicht sagen, wieso.

Da es auch nach einer Weile nicht besser wurde, beschloss sie, sich mit dem Schreiben neuer Songs eine Pause zu gönnen und stattdessen ein paar andere Stücke zu singen und zu spielen, die ihr in Fleisch und Blut übergegangen waren.

Sie setzte sich ans Keyboard und versank in den Liebesliedern ihres neuen Albums, um diese zu üben. Ihre Finger glitten über die Tasten und ihre Stimme vereinte sich mit den Melodien. Sie schloss die Augen, um mit der Musik eins zu werden, und langsam wurde der Knoten in ihrem Magen kleiner und weniger hart. Puh.

Das Piepen ihres Handys riss sie aus der Musik. Sie griff danach und lächelte beim Entsperren. Elias hatte auf ihre Nachricht geantwortet. Ihr war nicht aufgefallen, wie viel Zeit vergangen war.

E: Hey! Mein Tag war gut, ich hab nur nicht viel Schlaf bekommen. Und deiner?

Achja, der Umzug!

N: Kisten geschleppt? ;) Oder nur schlecht geschlafen?

E: Ne, Kisten noch nicht. Hab auf ein Paket gewartet und konnte einfach nicht schlafen.

Nici erinnerte sich, dass er vor ein paar Tagen von einer Online-Bestellung erzählt hatte. Sie grinste. Das hatte ihn also abgelenkt?

N: Das neue Mischpult?

*E: Ja. ^^*

N: Zeig mal! (:

Er schickte ihr ein Bild. Wow. Das neue Equipment sah toll aus. Immerhin, als Songwriter würde er damit einiges anfangen können.

N: Hast du es schon in Betrieb genommen?

E: Ja, jetzt gerade angeschlossen.

Kurz machte sie das stutzig. Jetzt gerade?

N: Naja, es wird wohl etwas dauern, bis du am PC alles installiert hast und so, schätz ich mal?
Achja, ich bin mit deinen Liedern fertig.

E: Ja, hab gesehen, dass du mir die Dateien zurückgeschickt hast. Und, deine Meinung?

N: Schreib ich dir dann am PC, ist mir zu viel fürs Handy! ;)

E: Ok! :D

N: Was hast du heute noch vor?

E: Bin noch dabei, das alles einzurichten, wird wohl noch dauern. Und du?

N: Hab noch nie ein Mischpult installiert und keine Erfahrungswerte, sorry! :D
Werde wohl noch versuchen, ein paar neue Texte zu entwerfen und mich um den Haushalt kümmern, damit ich mich am Wochenende auf den Feinschliff konzentrieren kann.

E: Gute Idee.

N: Habe wieder Ideen für ein neues Album, aber beim Schreiben läuft es noch nicht recht. Aber ich will es fertig bekommen und Al schicken. Da muss Bewegung rein.

E: Hmm. Ich drück dir die Daumen!

N: Mal sehen, wie ich dazu komme. Morgen ist erst mal Hundetraining angesagt.

E: Ohje.

N: Naja hilft ja nix. ;)

Dann passierte etwas, das Nici noch nie passiert war. Sie wusste nicht, was sie Elias schreiben sollte. Von ihrer Blockade? Von dem seltsamen Gefühl, das sie seit kurzem hatte?

Schließlich entschied sie sich dagegen und setzte sich an den Laptop, um ihm im Messenger zu schreiben, was sie noch für Anmerkungen zu seinen Texten hatte. So verging noch eine Weile, doch das seltsame Gefühl wollte nicht weichen.

Seine nächste Frage erwischte sie kalt. Sie hätte nicht geglaubt, dass er daran noch dachte. Bei ihr waren veränderte Schilddrüsenwerte festgestellt worden und deshalb musste sie eine Ultraschalluntersuchung machen lassen.

E: Was ist beim Arzt raus gekommen?

Zerknirscht antwortete sie ehrlich.

N: Wurde weggeschickt, hab in dem Chaos und Stress gestern meinen Überweisungszettel verloren. Und mein Hausarzt hatte zu, konnte mir also keinen neuen holen.

E: Oh. Und wann gehst du wieder hin?

N: Naja, muss einen neuen Termin machen, morgen mal anrufen.
Und jetzt mal gucken, ob sich mein Kreislauf erholt. Mir ist eiskalt.

E: Bist du erkältet?

N: Nein, eigentlich nicht. Nur dasselbe wie immer. Zittrig, schwindlig,
kalt. Spüre meine Füße und Hände kaum. Hab schon heiß geduscht, aber es
ist trotzdem nicht viel besser.
*Der Kakao hat allerdings geholfen. Ist ein zuverlässiges Mittel! ^^*

Beim Blick auf die Uhr zuckte Nici zusammen. Schon nach zwei Uhr.
Sie musste dringend ins Bett. Sie hatte am Morgen einen
Friseurtermin.

N: Na gut, ich muss jetzt versuchen zu schlafen. Gute Nacht!

E: Danke, dir auch!

Bevor Nici den Laptop abschaltete, warf sie noch einen Blick auf den
begonnen Song. *Building Walls.*
Es erschien ihr wie ein Zeichen. Und vielleicht nicht das Beste...

Dreiundzwanzigster Song

Never Mine

Der Mittwoch war für Nici ausgefüllt mit Hundetraining und Zwinger säubern am Vormittag und einer Vorkontrolle für den – hoffentlich – neuen Platz eines Tierheimhundes am frühen Nachmittag.

Die Familie wirkte nett und lernbereit. Sowohl das Haus als auch der Garten sahen hundegeeignet aus. Nici kontrollierte wie üblich den Zaun und wies das Paar auf ein paar Schwachstellen hin. »Wenn Sie das verbessern, sehe ich keinen Grund, warum Jace für Sie nicht geeignet sein sollte«, endete sie mit einem Lächeln und notierte das auch auf dem Kontrollformular. »Ich mache am Samstag noch eine Nachkontrolle, wenn das bis dahin passt, können wir das gerne fixieren. Kennengelernt haben Sie Jace ja schon.«

Das Pärchen nickte eifrig. Das wäre ihr erster Hund und Nici hatte sorgfältig ausgewählt, welche Hunde aus ihrem Heim sie als anfängergeeignet erachtete. Jace, ein älterer und sanftmütiger Retrievermischling, der die Grundkommandos beherrschte und beim Gassigehen unkompliziert an der Leine blieb, erschien ihr wie der ideale Kandidat für das junge Paar. Beide waren berufstätig, er in einem Schichtbetrieb, sie als Kellnerin. Aber da sie unterschiedliche Dienstzeiten hatten, wäre der Hund immer nur an ein paar Tagen pro Woche für wenige Stunden allein, womit Jace definitiv zurecht kam. Ein quirliger Junghund wäre hier wohl nicht so gut aufgehoben. Tatsächlich schien ihr Bauchgefühl wieder richtig gewesen zu sein: Die Chemie zwischen Jace und seinen hoffentlich zukünftigen Besitzern hatte von Anfang an perfekt gepasst. Sie kamen dreimal wöchentlich ins Tierheim, um ihn Gassi zu führen, damit er nicht zu völlig Fremden umzog, wenn alles stimmte.

Am Nachmittag loggte sie sich wieder in Facebook ein, um zu sehen, was es Neues gab. Elias und ein paar andere hatten ebenfalls unter Marlenes Beitrag geantwortet, dass sie sich freuten und sich das wundervoll anhörte, was sie erzählte. Sie markierte ein paar der Kommentare mit Likes und Herzchen, bevor sie auf die Uhr sah und sich streckte. Sie hatte noch ein paar Termine zum Hundetraining und würde nach dem letzten eine alte Straßenkatze vom Tierarzt abholen, die sie vor ein paar Tagen gefunden und hingebracht hatte, weil sie nicht gesund wirkte. Heute brachte sie das Tier zurück zu seinem Revier in das Dorf, wo sie sie gefunden hatte. Die Katze war kastriert und wohlauf, sie hatte wohl nur so schlecht ausgesehen, weil sie ziemlich alt war. Sowohl der Tierschutzverein in der Nähe als auch der Tierarzt und sie waren der Meinung, dass es so am besten war, denn dort kannte die Katze geschützte Plätze und wusste, wo sie gefüttert wurde.

Sie packte auch ihre Tanzschuhe und ein frisches Shirt ein, um sich nach den Terminen umzuziehen und zum Tanzen weiterfahren zu können. Heute wollte ihre Mutter ihr eine neue Choreographie beibringen. Einen irischen Line Dance, der als Kanon begann und für den man mindestens drei Tänzer brauchte. Nici war schon gespannt.

Die Termine fürs Hundetraining liefen gewohnt mühelos ab. Nicis positiver Einfluss auf die Hunde ließ sich nicht abstreiten, und ihre praxiserprobten und alltagstauglichen Tipps ließen sich für die

Besitzer leicht umsetzen. Sie fuhr weiter zum Tierarzt, und als sie mit der Katze auf dem Rückweg war, piepste ihr Handy. Da sie während des Fahrens Wert drauf legte, das Handy nicht anzurühren, hielt sie erst einmal in der Nähe des Spielplatzes an, wo sie die Katze gefunden hatte.

»Leb wohl, Süße. Und halt dich brav von der Straße fern«, sagte sie sanft und kraulte das Tierchen unter dem Kinn, das zufrieden schnurrte. Sie setzte sie auf die Wiese und die Katze machte einen genüsslichen Buckel, während sie sich umsah. Sie erkannte ihr Revier und lief zielstrebig los.

Mit einem Lächeln setzte sich Nici zurück ins Auto und fuhr in Richtung Tanztraining. Bei einem Bahnübergang war die Ampel rot. Oje, das würde sich erfahrungsgemäß eher ziehen.

Sie nestelte ihr Handy aus der Tasche, während die Absperrung sich schloss und öffnete die eingegangene Nachricht. Ein Strahlen machte sich auf ihrem Gesicht breit. Elias.

E: Hi! Wie geht es dir?

N: Hey! Danke, alles ok, war nur ein etwas stressiger Tag. Viele Termine. Vormittag Friseur, Nachmittag Vorkontrolle und Hundetraining... aber jetzt bin ich fertig für heute.

E: Oh, cool. Zeig mal deine neuen Haare. :D

Nici lachte und schickte ihm ein Selfie.

E: Sieht gut aus – tolle Farbe. ^^ Was machst du heute noch?

*N: Ich fahre jetzt tanzen, aber warte noch an einer roten Ampel. ^^*

E: Ach so...

Nici runzelte die Stirn. Sie hatte das Gefühl, irgendetwas stimmte nicht. Bevor sie weiter schreiben konnte, schickte Elias ihr die nächste Nachricht.

E: Ich wollte es dir eigentlich schon gestern sagen... Aber ich hab gerade gemerkt, dass du auf den Beitrag und meinen Kommentar schon reagiert hast.

N: Hm? Was sagen? O.O

E: Naja...

N: Was? Ist alles ok?

E: Ja. Es ist nur so, dass ... naja, ich mich gestern mit Marlene getroffen habe. Es war wirklich spontan.

Nicis Hand begann zu zittern, als sie diese Worte las. Ihr Brustkorb wurde ganz eng und sie hatte Probleme, Luft zu holen. Ihr Herz begann zu rasen. Sie versuchte zu atmen, aber es ging schwer, als hätte man ihr Fesseln angelegt.
Es dauerte keine halbe Minute, bis sie hyperventilierte, nachdem sie endlich begriff, was er damit sagen wollte.

Marlenes Beitrag... er hatte Elias gegolten. Er war derjenige, in den sie sich verliebt hatte.

Die Welt drehte sich um sie. Sie spürte, wie sie im Sitzen wankte, und ihre Finger krallten sich fest um das Handy.

Innerlich fiel sie.

Man hatte ihr den Boden unter den Füßen weggezogen.

Und unter ihr...

Nichts als Wasser. Ein unendliches Meer, das im Sturm rauschte.

Und es bestand nur aus Schmerz.

Erst als jemand hinter ihr hupte, merkte sie, dass der Zug bereits vorüber gefahren und die Schranken hochgegangen waren. Sie zuckte zusammen und gab vorsichtig Gas.

Ihre Augen begannen zu brennen und sie schluchzte auf. Es schüttelte sie richtig. Sie fuhr langsam, weil sie kaum sah, wohin sie ihren Wagen lenkte. Die Fahrer hinter ihr überholten sie ungeduldig, aber das interessierte sie gerade herzlich wenig.

Sie wusste, dass sie in diesem Zustand absolut nicht fahren sollte, aber sie musste hier weg. Zuerst dachte sie darüber nach, direkt nach Hause zu fahren, aber wonach ihr Kopf jetzt verlangte, was ihr Herz und ihr Körper so nachdrücklich forderten, dass sie sich fühlte, als zerbräche sie in tausend Teile, war Musik.

Musik, zu der sie sich bewegen konnte, Musik, zu der sie tanzen wollte, bis der Schweiß über ihren Körper lief, wo sie sich so auf ihre Schritte konzentrieren musste, dass alle anderen Gedanken aus ihrem Kopf verschwanden. Wo sie sich so mit der Musik vereinen konnte, dass sie kein Mensch mehr war, sondern ein Wesen, das aus

Takt und Noten bestand und keine Sorgen und keinen Schmerz mehr kannte.

Sie parkte ihren Wagen vor dem Vereinshaus und presste die Hände auf ihre Augen. Sie hatte immer noch Schnappatmung.

Scheiße. Oh verdammt, nein. Warum das? Warum jetzt? Warum sie? Warum hatte sie sich verlieben müssen? Warum hatte sie sich in ihren besten Freund verlieben müssen?!

Obwohl es sie richtig schüttelte, versuchte sie sich am Riemen zu reißen. Tränen fielen auf ihr Handy, als sie schluchzend eine Antwort tippte. Sie durfte sich nicht anmerken lassen, wie es ihr erging. Nici kramte ihre Masken, die sie so lange nicht mehr gebraucht hatte, aus einer Schublade ihres Herzens und setzte sie auf.

Sie wollte Elias nicht verlieren, diese Freundschaft nicht verlieren. Deshalb durfte sie sich nichts anmerken lassen, keinesfalls…

N: Das ging ja schnell, wow. Was habt ihr gemacht?

E: Wir sind einfach spazieren gegangen, haben uns unterhalten.

N: Das hört sich schön an. :)

E: Ist alles ok?

Nici biss sich auf die Unterlippe, um nicht zu schreien vor Frust. Nein! Warum zum Teufel musste er sie durchschauen? Warum kannte er sie so gut?! Warum konnte er nicht so ein Holzklotz sein, der nicht bemerkte, dass etwas nicht stimmte?! Das würde ihre Lage gerade ganz schön vereinfachen!

E: Hey, keine Sorge. Ich werde genauso für dich da sein wie bisher. :)

Wie sollte das funktionieren? Früher hatte sie ihm jederzeit schreiben können, aber jetzt...?! Was, wenn er sich gerade mit Marlene traf? Was, wenn sie gerade bei ihm war oder er bei ihr? Da konnte er sich doch nicht einfach für sie Zeit nehmen, wie er es als Single bisher getan hatte.

Nici konnte sich einfach kein Szenario mehr vorstellen, in dem sie sich ihm noch einmal so öffnen konnte. Sie würde jetzt immer Marlene vor Augen haben, die sie ermutigt hatte, Thomas in den Wind zu schießen, die mutige junge Frau, der der Absprung gelungen war, obwohl sie Kinder hatte, und die sie so inspiriert hatte. Die junge Frau, die jetzt mit dem Mann zusammen war, in den sie sich verliebt hatte...

Mit zitternden Fingern verfasste sie ihre Antwort und dachte über jedes Wort sorgfältig nach, bevor sie es abschickte.

N: Aber nur, wenn es eurem Glück nicht im Weg steht. :(

E: Ach, Unfug. Wieso solltest du?

Weil sie selbst in ihn verliebt war. Weil sie sich ihm nicht mehr öffnen konnte, wenn es eine Frau gab, die ihn mit all seiner Liebe und Aufmerksamkeit verdient hatte. Weil sie ihm nie wieder von sich aus schreiben konnte, wenn sie nicht wusste, ob er nicht gerade mit ihr zusammen war...

Konnte er das nicht sehen? Wieso begriff er das nicht? Von Single zu Single, als Freunde, über gebrochene Herzen und hässliche Geschichten aus der Vergangenheit zu schreiben war völlig anders, aber sie konnte ihm das alles doch nicht mehr erzählen, wenn es eine Frau in seinem Leben gab. Wie würde das denn aussehen?!

N: Naja ich will euch doch nicht stören, weißt du...

E: Tust du nicht. Geht es dir gut?

Fuck. Fuckverdammtaberauchnochmal.

N: Ja klar bin ich ok, wieso fragst du? Ich bin mit meiner Mama tanzen. :O

E: Hm... Ok, wenn du es sagst, glaub ich dir.
Obwohl mir mein Gefühl sagt, dass es nicht so ist.

Wie konnte er so etwas nur sagen?! Darauf konnte sie nicht antworten, unmöglich.

Schluchzend sprang Nici aus dem Auto und griff nach der Tasche mit ihren Tanzschuhen, bevor sie auf das Vereinshaus zulief.

Ihre Mutter Helena und deren Freundin Elsa, die schon verschwitzt waren und einige Tanzbeschreibungen auf dem Tisch vor sich liegen hatten, stellten gerade eine neue Wiedergabeliste zusammen. Sie drehten sich mit einem Lächeln zu ihr um, als sie den Raum betrat.

»Hey, Nici!«, riefen sie.

»Hi!«, krächzte sie nur und huschte schnell zu den Stühlen in der Ecke, um ihre Schuhe anzuziehen. Die beiden wirkten sofort alarmiert, als sie sahen, dass ihr Gesicht ganz verheult war. Wenn sie nur halb so schlimm aussah, wie sie sich fühlte, konnte sie genauso gut zum nächsten Casting für *The Walking Dead* gehen. Ihre Augen fühlten sich geschwollen an und ihre Wangen so heiß, als hätte sie Fieber.

»Nici, was ist los? Ist mit deinen Hunden alles ok?«, rief ihre Mutter und kam mit raschen Schritten auf sie zu.

Nici sprang sofort auf und hob in Abwehr die Hände. »Nein, bitte! Bitte, ich will nicht darüber reden!«, würgte sie hervor. »Ich will nur tanzen, sonst nichts. Bitte!« Ihr Stimme war ein halbes Schluchzen.

Ihre Mutter hielt ein paar Schritte vor ihr inne und sah sie besorgt an, nickte dann und trat einen Schritt zurück. »Okay, schon gut«, sagte sie in beruhigendem Ton. »Komm, wir wiederholen ein paar der neueren Sachen und dann fahre ich Elsa heim. Währenddessen kannst du ja tanzen, worauf du Lust hast.«

Nici nickte ruckartig und wischte sich die Tränen notdürftig von den Wangen. »Ist gut«, murmelte sie heiser.

Sie tanzte ein paar der leichteren Choreographien, um sich aufzuwärmen, während ihre Mutter und Elsa sich in einem der Nebenräume des Vereinshauses unterhielten. Die beiden leisteten ihr noch einmal Gesellschaft für ein paar der schwierigeren neuen Tänze, und als diese wiederholt waren, fuhr ihre Mutter weg, um Elsa nach Hause zu bringen. Nici konnte sich denken, dass sie Elsa nur vor der üblichen Zeit heimfuhr, damit sie sich unterhalten konnten.

Sie schmiss ein paar ihrer Lieblingslieder zum Tanzen in die Liste und tanzte einen nach dem anderen. Ohne Pause und so energisch, als müsse sie einen Wettbewerb gewinnen, in der Hoffnung, ihre Gefühle und Gedanken vergessen zu können. Aber sie konnte all diese Tänze mittlerweile zu gut und musste sich dafür kaum noch konzentrieren. Jede Bewegung im Einklang zur Musik war in ihrem Körper gespeichert, in ihren Muskeln und Knochen, sodass sie über nichts mehr nachdenken musste. Und obwohl sie nach wenigen Minuten schwitzte, war das Tanzen nicht genug.

Nicht genug, um zu verhindern, dass sich in ihrem Kopf ein Lied formte, das so voll Schmerz war, voller Trauer, Angst, Wut und Verzweiflung, dass es ihr das Herz zerriss.

Never Mine

Sie spielte einen Tanz ein, den sie seit drei Jahren nicht mehr zu tanzen geschafft hatte. Seit ihre geliebte Hündin Mara gestorben war. Kurz darauf schallte *This Is The Life* von Amy MacDonald aus den Lautsprechern. Und obwohl sie den Tanz seit drei Jahren nicht mehr fehlerfrei hatte tanzen können, gelang es ihr jetzt mühelos, als hätte sie nie etwas anderes gemacht.

War so das Leben?, fragte sie sich zynisch. Musste man leiden, damit einem manche Dinge gelangen?

In diesem Moment erschien es ihr so, während sie über die Tanzfläche glitt, in dem verzweifelten Versuch, ihre Gedanken und ihr Herz zum Schweigen zu bringen.

Doch in ihrem Inneren schrie und weinte sie. Alles tat ihr weh.

Warum hieß es eigentlich Herzschmerz?

Es beschränkte sich nicht nur auf ihr Herz.

Jeder Muskel in ihrem Körper war verkrampft, so sehr, dass sie die Tränen, die über ihre Wangen liefen und zu Boden tropften, gar nicht bemerkte.

Wenn einem das Herz gebrochen wurde, tat alles weh, nicht nur das Herz.

Sie fühlte sich, als hätte man sie in tausende von Teilen zerschmettert.

Und das Puzzle, das bereits ganz gewesen war, wurde in alle Winde verstreut.

Broken Song

Drawing Back

Nach dem Tanz zitterten Nicis Knie so sehr, dass sie sich hinsetzte und auf ihrem Handy WhatsApp öffnete, um sich im Gruppenchat mit Yamuna und Mila zu melden. Sie war so blind vor Schmerz, dass sie sie nicht begrüßte, sondern einfach drauflos tippte.

N: Alle Kerzen sind aus. Alle im Wasser. Auch die Hoffnung.
Schicksal, Universum, Gott oder woran immer man glauben will (wenn der Glauben nicht auch abgesoffen ist) hat mir alles, was ich mir in einer Beziehung wünschen würde... von einem Partner wünsche... vorgehalten und dann weggenommen.
Ich hab mir gleich gedacht, dass es zu gut ist, um wahr zu sein. Ich hab es irgendwie gehofft, aber ich wusste, dass so ein Mensch nicht für jemanden wie mich bestimmt sein kann.
Ich bin zu spät dran, im falschen Land geboren.
Es ist nicht fair.
Er hat jemanden kennengelernt, ähnlich wie mich, aber sie hat den Heimvorteil, sie wohnt in der Nähe von Frankfurt...
Sie haben sich getroffen und da hat es gefunkt.
Ich freu mich für ihn, aber ich werde nie herausfinden, ob es gepasst hätte, wenn wir uns wieder gesehen hätten...

M: Was? Wie? Wo? Wann? Das gibt es doch nicht?! :O

Y: Nici, beruhig dich und hol tief Luft. Ich weiß, du bist gerade sehr traurig, aber die Kerzen dürfen nicht erlöschen. Die Kerze der Hoffnung darf flackern, aber sie muss weiter brennen! Das schaffst du!

N: Es fühlt sich nicht so an, als könnte ich das. Ich dachte wirklich, dass er mich mag! :'(So viel Feuer gibt es auf der ganzen Welt nicht mehr. Ich fühle mich, als wäre meine Seele ertrunken.
Ich muss bald wieder in die Studios, aber ich kann mich unmöglich mit ihm treffen.
Ich kann da nicht zusehen.
Wie soll ich ihm das erklären?!

Y: Wenn du heimkommst, drück ich dich erst mal ganz fest.

M: Ich auch!!!

Y: Vergiss nie, dass du eine starke, tolle und unabhängige Frau bist, die ihr Leben rocken wird! Du fühlst es vielleicht jetzt nicht, aber du kriegst das hin!

Sie legte das Handy weg, als ihre Mutter den Tanzraum wieder betrat und schnurstracks auf sie zumarschierte.
»Püppi, was ist los?«, fragte sie scharf. »Du weißt, dass du mir alles erzählen kannst, oder?«
Nici nickte nur und stand auf. »Bitte, ich will wirklich nicht darüber reden. Ich will fürs Erste nur tanzen. Können wir ein paar Duelle

machen? Und den Showtanz von *Try Everything*? Bitte. Ich will nur alles vergessen, wenigstens für eine Weile«, krächzte sie.

Ihre Mutter musterte sie einen Moment aus zusammengekniffenen Augen, bevor sie nachgab und nickte. »Ist gut.«

Sie brauchten zwei Anläufe, um *Try Everything* fehlerfrei zu tanzen, dann tanzten sie noch ein paar Duelle. Irgendwann warf Helena die Hände in die Luft, als wolle sie kapitulieren. »Süße, ich kann nicht mehr. Mein Knie, du weißt ja... Willst du noch ein paar Tänze allein machen?«

Entschlossen nickend schob Nici noch ein paar schwierige Lieder in die Wiedergabeliste, obwohl ihr bereits der Schweiß über Gesicht und den Rücken lief. Sie brauchte noch etwas Ablenkung. »Wenigstens noch ein paar«, sagte sie fest, während ihre Mutter sich die Tanzschuhe auszog.

Weitere zwanzig Minuten später verkrampften Nicis Muskeln und bei einer Drehung verlor sie beinahe das Gleichgewicht. Obwohl ihre Gedanken immer noch rasten, musste sie sich widerwillig eingestehen, dass sie keine Kraft mehr hatte.

Nici wankte zum Laptop, beendete das Musikprogramm und fuhr den PC hinunter. Sie drehte sich um, lehnte sich gegen die Tischkante und spürte, wie sie zusammensackte. Nach Luft schnappend vergrub sie das Gesicht in den Händen. Sie spürte, wie ihre Mutter sich neben sie stellte, aber Helena respektierte ihren Wunsch nach Abstand und berührte sie nicht.

»Wenn es dich so mitnimmt und die Hunde ok sind... kann es nur an Elias liegen«, flüsterte Helena. Sie klang ernst. In den letzten Monaten hatte sie natürlich mitbekommen, durch welche Änderungen Nici gegangen war, und da ihre Tochter von Elias'

Musik nur so geschwärmt hatte, davon, dass er ihr bester Freund war und wie sehr sie die Zusammenarbeit mit ihm mochte, konnte sie es sich wohl zusammenreimen.

Nici nickte schwach und hob den Blick. Ihre Augen begannen wieder zu brennen, als sie ihre Mutter ansah.

»Hat er ein falsches Spiel getrieben? Was eure Musik anging?«

Nici schüttelte schwach den Kopf und wieder schluchzte sie. »Nein. Ich... ich hatte begonnen, mich zu verlieben. Aber er... er hat... jemanden kennengelernt.« Sie brachte kein Wort mehr hervor und begann nun hemmungslos zu weinen.

»Oh scheiße«, flüsterte ihre Mutter mit belegter Stimme. Nun legte sie sanft ihre Hände an Nicis Schultern und rieb ihr über die Oberarme. »Das tut mir so leid, mein Schatz.«

»Wenn ich sie wenigstens hassen könnte. Aber nicht mal das. Sie ist so eine Liebe.« Kurz fasste sie zusammen, wie sie schon einmal mit Marlene ins Gespräch gekommen war, dann erinnerte sie sich zurück an Marlenes Beitrag und etwas fiel ihr noch daran auf. »Sie müssen schon seit Monaten geschrieben haben. Er hat sie im selben Netzwerk kennengelernt. Nur... dass sie... näher bei ihm wohnt.«

Tränen kullerten über Nicis gerötete Wangen, während sie begann, ihrer Mutter alles zu erzählen, nach und nach. Sicher eine Stunde stand sie da, schluchzte und weinte, bekam stellenweise kaum Luft, während sie ihrer Mutter alles anvertraute. »Ich hab ihm alles erzählt. Und er hat alles akzeptiert. Ich habe mich noch nie so geöffnet und dann...« Wieder brach ihre Stimme und sie konnte nur noch weinen. »Ich dachte, wir würden so gut zusammenpassen«, würgte sie zwischen zwei Schluchzern hervor.

»Nici, hör mir zu!«, sagte Helena sanft, aber fest und packte Nicis Ellbogen. »Es tut mir leid, dass dir das passiert. Und ich weiß, es tut weh. Aber konzentrier dich auf die Freundschaft, die euch verbindet. Wenn du diese retten willst, musst du ehrlich zu ihm sein. Ihm sagen, was du fühlst, damit er zumindest weiß, wie er mit dir umgehen muss. Woran er ist!« Ihre Stimme klang beschwörend. »Und wenn ihr Freunde seid, wenn er wirklich dein bester Freund ist, wird er damit umgehen können. Und sobald du etwas zu heilen begonnen hast, könnt ihr wieder von vorne anfangen. Als die Freunde, die ihr sein solltet.«

Nici starrte nur stumm auf ihre Schuhspitzen und schüttelte schwach den Kopf. »Das kann ich nicht. Ich ... will die beiden nicht stören, ihnen eine Last sein. Marlene klang so verliebt.« Ihr Ton triefte nur so vor Kummer.

»Dann mach, was du am besten kannst. Mach ein Lied aus deinen Gefühlen. Oder ein Album. Oder drei. Egal, lass es raus. Du kannst es danach genauso gut löschen. Aber es ist wichtig, das zu verarbeiten, die Gefühle nicht hineinzufressen. Und Schatz, ich weiß, das hörst du jetzt nicht gern... Aber dein Seelenpartner wartet noch auf dich. Und so traurig es mich macht, dir das sagen zu müssen: Elias ist es nicht.«

Nici hob den Kopf und begegnete dem strengen, aber liebevollen Blick ihrer Mutter. »Wir haben in einfach allen Belangen zusammen gepasst«, flüsterte Nici leise. »Wie könnte es jemanden geben, der mich noch besser ergänzt?«

Helena seufzte leicht frustriert und trat einen Schritt zurück, um Nici Raum zu geben. »Das ist das Problem unseres Egos, wie wir über die Liebe denken, Nici. Wir brauchen keinen Partner, der uns *ergänzt*.

Wir *sind* bereits ganz. Jeder für sich! Wir *brauchen* keine Ergänzung, keine Vervollständigung. Jeder von uns ist perfekt, wie er ist. Wenn wir dann einen Partner finden, nimmt man sich als Ganzes wahr, und dennoch jeden für sich, verstehst du, was ich meine? Solange du dich nicht als ganz erkennst, wirst du deine Dualseele nicht finden. Aber er ist irgendwo auf dieser Erde, der Partner, der für dich bestimmt ist, nur der Zeitpunkt, ihn zu treffen, ist der falsche. Aber er wird kommen.«

Sie hatte recht, das war überhaupt kein Trost. Nici wusste nicht, woher ihr Körper die Tränen noch nahm, dennoch liefen ihr wieder welche übers Gesicht. »Sorry, du weißt, normalerweise bin ich bei der Spiritualität ganz vorne dabei. Aber im Moment ist mir überhaupt nicht nach Energie-, Universums- und Schicksalsgefasel.«

Helena lächelte traurig und umarmte ihre Tochter. »Das versteh ich, mein Schatz.«

Nici lehnte erschöpft ihre Stirn an die Schulter ihrer Mutter und sackte zusammen. »Im Moment hasse ich die Liebe«, flüsterte sie und begann wieder zu weinen.

Daheim ging sie schnurstracks ins Haus und wehrte die Hunde ab, die sie mit ihrer Zuneigung überschütten wollten, um sich an den Schreibtisch in ihrem Gästezimmer fallen zu lassen und ihren alten Laptop zu starten.

Dort begann sie, zu schreiben. Sie hackte und hämmerte einfach auf die Tasten ein und gab ihrem Schmerz Luft und Raum, um sich zu entfalten. Ein Songtext nach dem anderen floss aus ihr heraus, während sie verkrampft auf den Bildschirm starrte und mit dem

Gefühl schrieb, auszubluten. Aber so ließ sie ihre Schmerzen aus sich heraus. Auf die einzige Art und Weise, die sie kannte...

Durch Musik.

Ungefähr eine Stunde später brannten ihr vom konzentrierten Tippen die Augen und sie lehnte sich zurück, um ihre Finger auszustrecken und Luft zu holen.

Als ihr Blick auf das Kartendeck neben dem Monitor fiel, schluckte sie.

Ach, verdammt.

Sie hatte in der Songwriter-Gruppe am Nachmittag einen Post erstellt, in dem sie für jeden, der sie haben wollte, eine Botschaft aus dem Kartendeck zog. Das machte sie ein- bis zweimal im Monat und diese Aktion kam immer gut an.

Danach war ihr jetzt nicht.

Also, wirklich *gar* nicht.

Aber sie hatte es versprochen... Die Leute warteten ja darauf.

Sie öffnete den Facebook-Beitrag und versuchte sich damit abzulenken, dass sie jedem eine Botschaft zog, die Karte fotografierte und auch die Beschreibung aus dem Beilagsheft abtippte.

Versuchte sich davon abzulenken, dass in derselben Gruppe Marlenes Liebeserklärung stand... Wie sollte sie das weiterhin ertragen?

Und wie sollte sie Elias erklären, dass sie ihn bei ihrem nächsten Aufenthalt in Frankfurt nicht treffen würde? Er rechnete damit, sie hatten das bereits ausgemacht. Wenn sie einen Rückzieher machte, würde er sich fragen, wieso.

Sollte sie einen Notfall vortäuschen? Behaupten, einer der Hunde wäre krank geworden, und vor ihrem Treffen abreisen? Er wusste, wie wichtig ihr die Hunde waren, er würde es nicht infrage stellen, wenn sie in so einem Fall zurück nach Hause fuhr. Sie brauchte mehr Zeit vor ihrer nächsten Begegnung, um ihm wieder als Freundin entgegentreten zu können. Als die Freundin, die sie sein sollte.

Ihr Handy piepte.

E: Hey. War das Tanzen schön? Geht es dir gut?

N: Ja natürlich, wieso nicht? O.o

E: Naja, du hast mal gesagt du hättest Angst, dass ich keine Zeit mehr für dich hätte, wenn ich nicht mehr single bin.

Nici hob ihre Faust an den Mund und biss zu, um einen Schrei zurückzuhalten. Reiß dich zusammen, beschwor sie sich. Zeig ihm, dass er dir wichtiger ist, dass sein Glück dir wichtiger ist, als dein dummes Herz...

Er sollte glücklich sein. Sie wollte nur, dass es ihm gut ging, verdammt, und wenn sie dafür leiden musste, *war* es eben so!

N: Mal ehrlich, du WIRST weniger Zeit haben, und das ist ok, schließlich bist du verliebt. ;) Ich freu mich einfach für dich.

Obwohl Nicis Finger zitterten, war das keine Lüge. Er war glücklich, und genau das wünschte sie sich für ihn.

E: Hm, ich habe immer noch das Gefühl, dass es dir nicht gut geht....

Nici biss sich auf die Lippen und beschloss, zumindest zu einem kleinen Teil mit der Wahrheit herauszurücken. Vielleicht würde das reichen, dass er ihr glaubte.

N: Es geht mir schon seit einigen Tagen nicht mehr besonders, wenn ich ehrlich sein soll. Aber das soll nicht deine Sorge sein.

E: Aber das ist es doch. Das weißt du, oder?

N: Es kommen gerade nur einige Dinge zusammen, deshalb bin ich etwas überfordert, aber ich krieg das hin. Wenn ich wen zum Reden brauche, weiß ich wo du bist, ok? ;)

Nici zog eine humorlose Grimasse, als sie das abschickte. Als würde sie ihn jetzt noch mit ihren Problemen belästigen...

E: Ok...

N: Du musst dir nicht um jeden Sorgen machen. Denk mal nur an dich.

E: Ich mach mir nicht um jeden Sorgen. Aber um meine Freunde sehr wohl.

Nici wurde flau im Magen. Freunde. Sie spürte, wie das Fass überzulaufen drohte. Er musste dringend aufhören, sich um sie kümmern zu wollen.

N: Das ist nett von dir, aber gerade nicht nötig. Ich bin ein Puzzle, schon vergessen? Ich sortiere nur gerade die Teile neu.

Er antwortete nicht darauf. Den ganzen Abend lang nicht.

Sie schob den Gedanken von sich und wollte das Kartendeck wegräumen, weil alle ihre Botschaften hatten, aber bevor sie es in die Vitrine legte, zögerte sie. Eine innere Stimme sagte ihr, dass sie noch eine Botschaft für sich selbst ziehen sollte.

Sie holte noch einmal alle Karten aus der Box und aus einem Impuls heraus begann sie, diese zu mischen. Ihr war nicht danach, eine Karte zu ziehen. Sie mischte den Stapel drei- oder viermal durch, dann sprang eine Karte halb aus dem Deck und fiel auf die Kommode, vor der Nici stand. Sie griff danach und drehte sie um, woraufhin sie humorlos auflachte. Ein bellender, vor Zynismus und Traurigkeit nur so triefender Laut.

Wollte die geistige Welt sie verarschen oder so was?

Sie hatte die Karte mit der Botschaft »Rückzug« in der Hand.

Fast wütend stopfte sie die Karten wieder in die Box und pfefferte das Deck achtlos zurück in die Vitrine. Einige ihrer Dekofiguren fielen um. Egal, die Dinger waren ohnehin aus Plastik. Mit der Verbissenheit eines Piranhas warf sie sich wieder in den Schreibtischsessel und hackte auf die Tastatur ihres armen Laptops ein.

Der nächste Liedtext schrie den Schmerz, der in ihrem Herzen saß, mit jeder Silbe hinaus. Der Song war durch und durch traurig.

Drawing Back

Als sie den Text innerhalb von zehn Minuten geschrieben hatte, war sie regelrecht außer Atem.

Ihr fehlte selbst zum Weinen die Kraft. Verdammt, sie musste noch irgendetwas machen, um sich zu beruhigen.

Sie lief durch den Innenhof hinüber in die Studioräume, die sie eingerichtet hatte, und setzte sich dort ans Keyboard. Da die Räume schallisoliert waren, musste sie dort keine Rücksicht auf die Nachtruhe der Hunde oder von Yamuna nehmen. Obwohl in ihr immer noch ein Sturm tobte, war die Melodie, die dort zu *Drawing Back* entstand, voller Melancholie und Traurigkeit. Sie komponierte das Lied innerhalb kürzester Zeit und schrieb die Noten gleich auf. Und als *Drawing Back* fertig war, komponierte sie noch weiter.

Sie wusste nicht, wie spät es war. Irgendwann, als ihr über dem Keyboard fast die Augen zufielen, weil sie schon die ganze Woche nicht besonders gut und viel geschlafen hatte, schreckte sie auf und warf einen Blick auf ihre Armbanduhr.

Es war drei Uhr morgens vorbei. Und sie hatte um acht Uhr die ersten Termine.

Wankend stand sie auf und schleppte sich zurück in den Wohnbereich, wo sie sich umzog und aufs Bett fallen ließ. Trotz ihrer Erschöpfung konnte sie nicht gleich einschlafen. Ihre Hunde hüpften neben ihr aufs Bett und rollten sich rund um sie ein. Sie schlang den Arm um Lacrosse, ihre irische Wolfshündin, und vergrub das Gesicht an ihrem Rücken. Sie hatte die Hündin eine Woche nach Maras Tod bekommen und von allen Hunden am Hof war Lacrosse ihr besonderer Liebling, obwohl sie alle gern hatte. Als spüre sie, dass sie gebraucht wurde, blieb Lacrosse ruhig liegen und ließ zu, dass Nici sich bei ihr ausweinte. Und während Nicis Tränen in das graue Fell flossen, schlief sie irgendwann doch ein.

Desperate Song

Losing It All

Als Nici am nächsten Morgen aus dem Bett kroch, fühlte sie sich wie gerädert. Zum ersten Mal war sie aufrichtig erleichtert, dass sie nur bis mittags Hundetraining hatte. Am Nachmittag würde sie sich hinlegen. Ihr Kopf brummte furchtbar, schlimmer als nach einem Kater.

Sie klapperte zwei Kunden ab, die sich ein Heimtraining wünschten und fuhr im Anschluss weiter in die Hundeschule, wo sie heute das Agility-Training leiten würde. Die Schüler und Hunde machten es ihr glücklicherweise leicht. Alles lief wie am Schnürchen und sie konnte ein wenig lächeln, während die Hunde durch den Parcours flitzten.

Einer der heutigen Teilnehmer, eine junge Frau mit einer zarten Jagdhündin, war Nicis Lieblingspärchen beim Training. Natürlich versuchte sie keinen Schüler zu bevorzugen, aber diese beiden waren so harmonisch, dass ihr jedes Mal das Herz aufging, wenn sie sie beim Training traf.

Nur an diesem Tag wurde ihr Lächeln von besonders viel Traurigkeit begleitet. Die Hündin erinnerte sie so sehr an Mara, dass es wehtat. Sie hatte nie ein solches Teamwork erleben dürfen, eine so tiefgehende Verbindung, dass man die Gedanken des jeweils anderen zu lesen glaubte, wie man es immer in Büchern las, außer bei Mara. Ausgerechnet einem Hund!

Und jetzt, Jahre später, bei Elias.

Was sich gerade bei ihr abspielte, schien den gesamten Schmerz ihres Lebens zurück an die Oberfläche zu holen. Das, was Kiran ihr angetan hatte. Die Brutalitäten und Demütigungen ihres Ex-Mannes. Die Nacht bei der Party.

Und der Tag, an dem sie Mara verloren hatte. Der Verlust hatte so sehr geschmerzt, dass sie einige Monate später mit einer Überdosis Tabletten versucht hatte, ihr zu folgen, weil sie ohne Mara nicht mehr leben wollte. Was sie damals fast umgebracht hätte, hatte sich im Nachhinein als Glücksfall herausgestellt, denn in der Psychiatrie hatte sie wieder zu musizieren begonnen, nachdem sie über Jahre hinweg kein Instrument mehr angerührt und nicht gesungen hatte.

Und ohne die Musik hätte sie weder Yamuna noch Mila, und auch Elias nicht kennengelernt.

Weil der Umzug gerade so chaotisch war, hatte sie Mara zuhause gelassen. Heute waren Nici und Thomas den ganzen Tag auf der Baustelle beschäftigt, und da es dort nicht nur dreckig, sondern vor allem laut zuging, war das kein Ort für die Hündin. Ein Nachbar würde später nach Mara sehen und mit ihr eine Runde rausgehen, sie kannte den Mann und vertraute ihm. Da das nur bei wenigen Menschen der Fall war, hatten sie Helmut den Schlüssel zu ihrer Wohnung anvertraut.

Nici und ihre Schwägerin schaufelten Schotter zum Betonieren des Fundaments ihrer neuen Garage in Schubkarren, die von Thomas' Freund weggekarrt wurden. Während Nici arbeitete und sich schon darauf freute, dieses neue Zuhause mit Mara und jeder Menge anderer Hunde teilen zu können, rief Thomas nach ihr.

Sie blickte auf und lief in den ehemaligen Rinderstall des alten Hofes. Lächelnd sah sie zu ihm auf. »Soll ich dann das Essen für alle vorbereiten?« Thomas schüttelte den Kopf und biss von einem Sandwich ab, das er in der Hand hatte. »Nein, ich wollte dir nur sagen, dass Helmut mich angerufen hat, weil er dich nicht erreicht hat.«

Vermutlich hatte sie Maras Leine mal wieder verlegt. Nici war nicht gerade das Musterbeispiel für Ordnung. »Oh, ich hab wohl vergessen, es wieder auf laut zu stellen. Ich rufe ihn gleich zurück.«

»Ja, bitte. Er meinte, mit Mara stimmt was nicht.« Thomas wirkte nicht besonders gestresst, während er das sagte. Nici hingegen spürte, wie ihr das Blut aus dem Gesicht wich. Wie konnte er nur so ruhig bleiben? Er wusste, wie abgöttisch sie Mara liebte!

Sie unterdrückte den Drang, ihm ein paar Schimpfwörter an den Kopf zu werfen. Nici fischte ihr Handy aus der Hosentasche und rannte in Richtung ihres Autos, während Thomas wieder zu den anderen ging. »Helmut?«

»Nici! Gott sei Dank meldest du dich!«, rief der ältere Mann gestresst ins Handy. »Mara, sie liegt nur herum und es scheint ihr nicht gutzugehen! Ich weiß nicht, was sie hat. Aber sie scheint sehr zu leiden. Sie lässt sich aber nicht anfassen, wenn ich sie berühre, schreit sie richtig vor Schmerz. Ihr Bauch ist ganz aufgebläht!«

Wenn das möglich war, wurde Nici nun noch blasser und eine kalte Faust umklammerte ihr Herz. Das klang nach einer Magendrehung.

»Ruf alle Tierärzte in der Nähe an. Ich bringe Mara in die erste Praxis, die Zeit hat. In zwanzig Minuten bin ich da!«, schrie sie und sprang ins Auto. Mit durchdrehenden Reifen raste der Golf kurz danach auf die Straße hinaus.

Wäre Nici an diesem Tag in eine Radarfalle geraten, hätte sie ihren Führerschein abgegeben. Statt der üblichen zwanzig Minuten brauchte sie nur zwölf. Es war, als fühle sie, dass es nicht gut ausgehen würde. Sie weinte die ganze Fahrt über. Währenddessen rief sie ihre Mutter an, die heute auf einem Seminar war, und sprach ihr schluchzend auf die Mobilbox. Sie brauchte sie jetzt dringender denn je.

Nici hatte den ganzen Tag noch nichts gegessen, und ihre Beine fühlten sich bleischwer an, als sie zu der Wohnung rannte. Die Tür war nur angelehnt. Helmut schien sie gehört zu haben, er riss die Tür eine Sekunde auf, bevor sie sie erreichte. »Nici, Gott sei Dank! Ich habe mehrere Praxen abtelefoniert.« Er nannte ihr eine Klinik, die etwa zwanzig Autominuten weit entfernt war. »Das sind die Einzigen, wo du sie sofort hinbringen kannst.«

Nici nickte hektisch und schob sich an Helmut vorbei, als sie ein schmerzerfülltes Ächzen hörte. Mara lag neben dem Sofa und hob schwach den Kopf, als Nici ins Wohnzimmer stürmte. »Mara!«, flüsterte Nici. Ihre Stimme war belegt, zittrig. Sie fiel neben Mara auf die Knie. Die Hündin winselte.

»Keine Ahnung, wie lang sie schon da liegt. Ich wollte sie ja hochheben, aber ich habe Angst, ihr wehzutun!«, sagte Helmut verzweifelt. »Ich habe ihre Box hergerichtet, damit du sie transportieren kannst.«

Der Mann nickte zu Maras Box hinüber. Er hatte den Deckel abmontiert, sodass man Mara einfach hineinlegen konnte, und eine Decke hinein getan.

»Danke!«, quetschte Nici hervor und schob vorsichtig ihre Arme unter Maras Körper. Die Hündin jaulte auf, ein regelrechter Schmerzensschrei, als sie sie hochhob und vorsichtig in den Korb legte. »Schon gut, Schatz. Alles wird wieder gut!«, würgte Nici hervor und strich sanft über Maras

Kopf. Die Hündin beruhigte sich etwas, aber starrte noch immer ängstlich zu Nici hoch, die Augen vor Schmerz weit aufgerissen.

»Helmut, bitte ruf meine Mutter an. Deine Frau hat ihre Nummer.« Der Mann nickte. Helmuts Frau war mit Nicis Mutter in derselben Tanzgruppe. »Sag ihr, wo ich mit Mara hingefahren bin.« Sie hob Maras Korb an und lief mit ihm auf den Armen die Treppe hinunter zum Auto.

Als sie mit Mara in der Klinik eintraf, winkte man sie dank Helmuts Voranmeldung sofort in einen der Untersuchungsräume. Nici stellte Maras Korb auf dem Tisch ab und versuchte, ihre Atmung ruhig zu halten, während sie auf den diensthabenden Tierarzt wartete. Sie massierte Maras Ohren und redete ununterbrochen auf sie ein, aber die Hündin war durch und durch gestresst.

Kurz darauf kam Nicis Mutter an und wurde zu ihr gebracht. »Ich hab deinen Anruf abgehört. Helmut hat mir gesagt, in welcher Klinik du bist!« Sie umarmte Nici, die sich an ihre Mutter klammerte wie eine Ertrinkende. »Atme durch. Versuch dich zu beruhigen. Deine Angst schnürt Mara richtig die Luft ab!«, ermahnte Helena ihre Tochter. Nici nickte und machte ein paar tiefe Atemzüge. Kurz darauf ging es ihr besser.

Gerade als sie sich wieder Mara zuwandte, tauchte endlich die Tierärztin auf, die heute Dienst hatte. Sie nickte ihnen lediglich kurz zu und ging dann sofort an den Untersuchungstisch, um nach Mara zu sehen. Mit erfahrenem Blick sondierte sie die Lage. »Hallo. Wann wurde sie gefunden?«

»Der Hundesitter hat sie gefunden. Vor etwa einer Stunde«, würgte Nici hervor. »Bitte, helfen Sie ihr! Mara ist doch erst sieben Jahre alt!«

Die Tierärztin betastete Maras Bauch. Die Hündin kreischte regelrecht vor Schmerz und schnappte nach ihrer Hand, aber sie konnte kaum den Kopf heben. Daraufhin leuchtete die Tierärztin in Maras Augen und prüfte die Farbe ihrer Schleimhäute, bevor sie ihren Puls maß. Sie presste die Lippen aufeinander, als Nici sie flehend ansah.

Die Frau hob den Blick. Was sie in ihren Augen las, fuhr über Nicis Herz wie eine Dampfwalze über eine Vase. Es fühlte sich nicht so an, als würde es in Scherben gebrochen, sondern regelrecht zermalmt. Nici hatte alle ihre Hunde geliebt, aber Mara... Mara war etwas besonderes. Sie war durch und durch ihr Hund, sie hatten eine Verbindung, die bis in ihre Seelen zu reichen schien. Als sie sie bekommen hatte, war sie eine verängstigte und vollkommen traumatisierte Hündin gewesen, und nun waren sie ein Team. Mara war aufgeblüht, war immer für sie da. Ihre beste Freundin.

Ihr Anker in einer Welt, in der es keinen sicheren Hafen für Nici gab...

»Frau Strasser. Der Magen muss sich schon vor einigen Stunden gedreht haben. Ihren Schleimhäuten nach zu urteilen, ist bereits sehr viel Gewebe abgestorben«, erklärte die Tierärztin in einem Ton, als spräche sie zu einem waidwunden Tier. Sie holte leise Luft. »Ach herrje, ich hasse diesen Teil meiner Arbeit. Es tut mir leid... Ich kann Mara nur noch erlösen.«

Nici presste die Lippen aufeinander. Sie wankte. Ihre Mutter stellte sich an ihre Seite. »Kann man sie nicht operieren? Ich meine...«

Die Tierärztin schüttelte nur den Kopf. »Es tut mir leid.« Ihr Ton war freundlich, aber endgültig.

Nici vergrub das Gesicht in ihren Händen. Ihre Gedanken rasten.

Mara. Ihr Fels in der Brandung.

Sie hatte damit gerechnet, für diese Entscheidung Zeit zu haben. Dass Mara alt werden würde, ihre Schnauze langsam grau, dass sie sich langsam an den Gedanken gewöhnen konnte, dass ihre Zeit kam, und dass sie Mara irgendwann friedlich gehen lassen konnte. Nicht so. Nicht, nachdem sie stundenlang allein in ihrer Wohnung gelitten hatte, während Nici auf der Baustelle war.

Nicht jetzt...

Und doch spürte sie, wie sie nickte, als sie sich zu Mara umdrehte. »Erlösen Sie sie«, flüsterte sie so leise, dass sie sich selbst kaum hörte.

Die Tierärztin nickte und bereitete alles vor. »Ich setze zwei Spritzen. Zuerst eine Narkose. Dann die Spritze, die ihr Herz stoppt, während sie schläft.«

Nici konnte nur stumm mit dem Kopf nicken. Sie fühlte sich gelähmt. Ihr Hals war zugeschnürt.

Sie schob eine Hand unter Maras Kopf, umfasste ihre geliebte, kastanienbraune Hündin mit den Armen, so gut es ging, ohne ihr wehzutun, und schmiegte ihre Stirn an Maras Hals. Die Hündin winselte leise und schleckte über Nicis tränenüberströmte Wange, als sie die erste Spritze bekam.

»Ich liebe dich, Mara«, schluchzte Nici, als Mara langsam die Augen zufielen. »Ich liebe dich mehr als alles andere auf der Welt. Ich wünschte, du hättest alt werden können. Ich wünschte, wir wären noch länger zusammengeblieben. Ich wünschte, ich hätte es gespürt, dich mitgenommen. Es tut mir so leid. Ich liebe dich.«

Die Tierärztin setzte die zweite Spritze und lauschte alle paar Minuten Maras Herzschlag.

Auf einmal spürte Nici, wie ein Teil ihrer Selbst sich von ihr löste und in den Weiten des Universums verschwand. Sie wusste, was dieses Gefühl bedeutete, noch bevor die Tierärztin die Worte aussprach.

»Ihr Herz schlägt nicht mehr.«

Nici strich über den Kopf der Hündin, deren pure Anwesenheit ihr das Leben gerettet hatte, als sie dabei gewesen war, sich selbst zu verlieren. »Ich weiß«, flüsterte sie.
Sie hatte es gerade eben gefühlt.

Obwohl vor Erschöpfung beinahe ihre Knie nachgaben, setzte sich Nici zuhause in ihrem Studio ans Keyboard. Sie hatte den Laptop mit hinüber genommen, schrieb an ihren Liedern und komponierte auch gleich die Melodien. Oh verdammt, war das ein frustrierendes Album. Aus jedem einzelnen Lied sprachen Schmerz, Angst, Trauer und Verzweiflung, während sie alles verarbeitete, was sie niederdrückte. Aus der Vergangenheit und der Gegenwart. Aus Maras Tod, von verlorenen Freundschaften und ihrem armen, gebrochenen Herzen...

Konnte nicht *einmal* etwas Gutes in ihr Leben treten, das dazu bestimmt war, bei ihr zu bleiben? Würde sie immer alles und jeden verlieren? Sie wusste nicht, wie lange sie das noch ertragen konnte. Sie wagte kaum noch, ihr Herz zu öffnen, eben darum, und dennoch passierte ihr das immer wieder.

Ihr Handy riss sie aus den unglücklichen Erinnerungen und sie wischte sich über die Wangen.

E: Puh, endlich alles für den Urlaub gepackt. Sicher fehlt trotzdem was. xD

Ein humorloses Schmunzeln huschte über Nicis Lippen. So kurz, nachdem er sich frisch verliebt hatte, ging es in einen tollen Urlaub. Na, wenigstens einer von ihnen war glücklich.

N: Ach, dafür gibt es Supermärkte.

E: Da hast du Recht. ^^ Hast du gestern noch geschrieben?

Und wie, dachte Nici zynisch, bevor sie weiter tippte.

N: Hab am Abend unterbrochen, um den anderen ihre Karten zu ziehen.

E: Ah ok, wie viel hast du denn?

N: Ich hab in der Nacht noch fünf Lieder geschafft. Jetzt wieder eines, und ein zweites ist fast fertig. Ich glaube, ich brauche mich mit meiner Leistung nicht zu verstecken. An Out Of Time hab ich auch weitergemacht. Reicht es, wenn ich dir das morgen schicke?

E: Ja natürlich!

N: OK... vielleicht ist es bis dahin sogar halbwegs fertig.

E: Ach, was du schaffst, schaffst du. Haben ja keinen Zeitdruck, also stress dich nicht, du machst eh schon so viel. ^^ Ich muss noch zu einem letzten Termin mit einer Band, bis später. :)

N: Naja, ich hab sonst gerade nichts zu tun.
Ok, dann komm gut hin. Schönen Abend noch!

E: Danke. Bis später!

Bis später. Aber nur, wenn *er* sie ansprach. Sie konnte ja nicht wissen, ob er sich nachher mit Marlene traf, immerhin war es sein letzter Tag vor dem Urlaub. Und sie könnte ohnehin über nichts mehr mit ihm reden. Was sollte sie ihm denn sagen?

Oh verdammt...

Nici zog die Beine an die Brust, schlang die Arme darum und legte ihre Stirn auf ihre Knie.

Sie spürte, wie sie die Kontrolle verlor, während sie versuchte, ihre Gefühle zu unterdrücken. All den Schmerz, die Wut, Frustration, ihre Hilflosigkeit und die Angst, die mit jeder Minute stärker wurde, bis sie glaubte, gleich eine Panikattacke zu bekommen.

Nicis Mutter sagte immer, es gäbe Kopf- und Herzmenschen. Und obwohl das Herz viel wichtiger wäre als der Kopf, müsste jeder eine Hand am Steuer haben.

Nur der Kopf würde viel zu vernünftig denken. Im Leben gäbe es keinen Spaß und keine Spontaneität.

Das Herz hingegen war impulsiv und völlig gefühlsgesteuert. War das Herz allein am Ruder, konnte das nach hinten losgehen, denn es filterte und unterdrückte nichts. Der Kopf musste mitsprechen. Nici war eher ein Herzmensch, dennoch blieb ihr Kopf meist recht vernünftig.

Nici versuchte, sich zurückzuhalten, aber der Rückzug, den sie sich aufzwingen wollte, während sie in ihrem Schreibtischsessel saß, den Kopf auf die Hände stützte und sich gut zuredete, funktionierte nicht. Nicht mehr.

Das Meer, mit dem Nici ihre Emotionen immer so bildhaft verglich und das im Moment von einem Sturm aufgeschaukelt wurde, zog sich zurück.

Nur, um als Tsunami wiederzukommen und Nicis Welt, ihr ganzes Selbst hinfort zu spülen.

Sie verlor die Kontrolle. Aufatmend hob sie den Kopf. Es war, als wäre sie nur eine Zuschauerin, fast wie eine außerkörperliche Erfahrung, als sie das Handy in einem Notizzettelhalter am Schreibtisch aufstellte, die Videofunktion startete und sich mit der Gitarre hinsetzte, um *Drawing Back* aufzunehmen. Sie brach während des Liedes in Tränen aus und ihre Stimme brach immer wieder, aber sie hielt durch und sang es tapfer zu Ende, bevor sie die Kamera ausmachte und das Video – ohne Schnitt, ohne Filter – in die Musikergruppe hochlud. Sie brauchte einen Halt, irgendeine Stütze, und nur dort waren Leute, die sie kannte, die sie verstanden. In diesem Netzwerk fühlte sie sich immer aufgefangen, gut aufgehoben...

Dann, mechanisch wie ein Roboter, setzte sie sich an den PC, schrieb und schrieb und schrieb einfach weiter.

Nici war wie in Trance. Erst als ihr Handy piepte, zuckte sie zusammen und ihr Blick fokussierte sich auf den Liedtext und den Titel des Songs, an dem sie gerade tippte: *Losing It All.* Na grandios.

E: Warum sagst du mir nicht, wie schlecht es dir geht?

Erschöpft strich sich Nici über die Stirn. Wenn Elias' Beziehung mit Marlene funktionieren sollte, musste er aufhören, sich um sie zu sorgen. Er konnte seine Versprechen nicht halten, wenn er eine Freundin hatte. Das ging nicht.

N: Weil das so nicht weitergehen kann. Ich muss lernen, für mich selbst zu stehen.

E: Aber das muss doch nicht heißen, dass du mir nichts mehr erzählst.

Nicis Finger waren bleischwer, als sie über die Tastatur glitten. Es fühlte sich an, als würde sie sich ein Bein abhacken, als sie folgende Worte tippte.

N: Mit manchen Dingen muss man klarkommen. Da hilft auch Reden nicht.
Mach dir keine Sorgen um mich. Ich hab keine Tabletten zuhause und mich schon seit einer ganzen Weile nicht mehr selbst verletzt. Ich hab auch nichts davon vor. Ich brauch nur Ruhe. Ein bisschen... Rückzug.

E: Ok... Aber zieh dich nicht ganz zurück, ja?

Nici schluchzte auf und biss sich wieder in die Faust. Wie konnte er so etwas sagen? Wie wichtig konnte sie ihm schon sein? All die schönen Worte, die er ihr gesagt hatte, hatten dafür gesorgt, dass sie sich besser fühlte, und etwas zu sehen glaubte, das nicht da war. Was hatte er erst Marlene alles gesagt, wenn Nici ihm schon so verfallen war?! Sie fühlte sich abgewertet.

N: Ich kann und will nichts versprechen. Ich zieh mich so weit zurück, wie es nötig ist. Nötig sein wird.
Hör auf, mich beschützen zu wollen... -.-

Er las ihre Nachricht, aber antwortete nicht mehr.

Auch nicht nach fünf Minuten, zehn. Und nach einer Stunde.

Oh scheiße. Tränen traten ihr in die Augen. Sie hatte ihn von sich gestoßen... Und obwohl sie einerseits wusste, dass das nötig war, um ihn zu schützen, vor *ihr* zu beschützen, vor ihren Depressionen, ihren Gefühlen, machte sich Panik in ihr breit. Weil sie ihn nicht endgültig verlieren wollte, ihre Freundschaft nicht verlieren wollte. Sie fühlte, wie ihr alles aus den Händen glitt, und das machte ihr Angst.

Irgendwann sprang Nici auf und pfiff nach ihren Hunden, um ein paar Runden über das Grundstück zu laufen.

Eine weitere Stunde später war sie unter dem alten Nussbaum zur Ruhe gekommen. Nici lehnte sich an den Stamm und sah zu den Sternen auf, bevor sie schluckte und ihr Handy aus der Hosentasche holte. Sie musste versuchen, es ihm zu erklären, so gut sie konnte, ohne ihre Gefühle zu offenbaren.

N: Ich bin gerade mit den Hunden draußen, weil ich frische Luft brauchte.

Direkt bin ich bei so etwas mit Worten immer unbeholfen, aber ich versuche zu erklären, warum ich diesen Rückzug brauche.

Mein Leben fühlt sich gerade ziemlich scheiße an. Die Depressionen haben mich voll im Griff. Ich stecke in einem Labyrinth ohne Karte, Kompass und jede Möglichkeit, den Weg zu markieren. Und das am Mittwoch... es hat das Fass zum Überlaufen gebracht.

Ich freu mich wirklich für dich.

Aber so schlecht, wie ich mich gerade fühle, ertrage ich das gerade nicht. Ich kann mich FÜR dich freuen, aber nicht MIT dir.

Plus der Faktor, dass ich es mir am Dienstag schon irgendwie dachte. Bei Marlenes Post. Vielleicht mein Bauchgefühl... Ach, keine Ahnung.

Ich hätte es lieber von dir gehört, das ist alles.

Dass ich gerade nicht damit umgehen kann, dass andere glücklich werden, während ich es immer noch nicht geschafft habe, mich von meinem cholerischen Ex zu lösen, tut niemandem gut. Es ist für alle gesünder, wenn ich unter diesen Umständen auf Distanz gehe.

Ich habe dir oft gesagt, ich wäre eine schlechte Freundin. Kein guter Mensch. Du hast mir nie geglaubt.

Ich gönne dir dein Glück von Herzen. Aber mein Glück muss ich alleine suchen, dabei kann mir niemand helfen...

E: Das muss ich erstmal verdauen. Ich antworte dir später.

N: So ging es mir auch... Bis später. :(

Nici könnte schwören, ein reißendes Gefühl in der Brust zu haben, als sie sich erneut in Facebook einloggte. Sie gründete eine Gruppe, die sie ihre Rückzugsecke nannte und auf »Geheim« stellte, damit nur ihre Mitglieder sie sehen konnte, bevor sie eine kleine Handvoll Leute dorthin einlud, denen sie vertraute. Neben Yamuna und Mila waren das nur vier Leute aus der Gruppe mit Musikern – Peter, Jennifer und zwei andere Songwriterinnen, mit denen sie sich über ihre Verliebtheit unterhalten hatte, auch wenn von den Vieren keiner wusste, dass sie konkret in Elias verliebt war.

Als nächstes schrieb Nici Selina, der Leiterin der kleinen Musikergruppe, eine Nachricht.

N: Hey. Es geht mir gerade nicht gut... Ich werde mich fürs Erste aus der Musikgruppe zurückziehen, ich brauche etwas Abstand. Aber ich hab euch alle wirklich gern und wollte fragen, ob es für dich ok ist, dass ich irgendwann wiederkomme... wenn es mir besser geht.

Bisher hatte sie Selina als wirklich herzensguten Menschen kennengelernt. Da diese einen ähnlichen Leidensweg hinter sich hatte wie Nici und jetzt glücklich verheiratet war, hatte sie sie einmal gefragt, woran sie erkannt hatte, dass der Mensch, mit dem sie zusammen war, für sie der Richtige war. Selina hatte auf Anhieb erraten, warum sie fragte und dass Nici sich in Elias verliebt hatte. Offenbar war es sehr leicht zu durchschauen gewesen. Das hatte Nici zuerst erschreckt, aber Selina hatte sie beruhigt: Sie würde kein Wort sagen – Zwinker-Emoji. Sie seufzte leise. Da kam schon Selinas Antwort.

S: Wozu? Du hast ja jetzt eh deine eigene Gruppe! Ich hab gesehen, wie du eine gegründet hast.

Nici klappte der Mund auf. Ja, man sah die Gruppen bevor sie geheim gestellt wurden, aber sie hätte nicht gedacht, dass Selina das persönlich nehmen würde. Oh Mann.

N: Hör mal, ich wollte nur nicht, dass du zwischen die Stühle kommst. Ich weiß, dass du sowohl Elias als auch Marlene persönlich kennst, die beiden schon getroffen und gern hast. Ich brauchte ein paar Leute, die neutral sein können, und wollte dich nicht damit belasten. Du hast genug um die Ohren.

S: Jaja. Weißt du was? Du kannst mich gern haben. Ich bin für dich da und alles, was ich dafür kriege, ist ein Tritt in den Arsch.

Fuck. So war das nicht geplant. Nici fühlte sich so machtlos, als würde sie zusehen, wie ein Zug entgleiste. Nun hatte sie auch Selina wehgetan. Ihre Augen brannten, als sie weiter Beteuerungen, Entschuldigungen und Erklärungen tippte, die Selina alle las, ohne zu antworten.

Nur eine Minute später war Nici aus der Gruppe ausgeschlossen worden, in der sie ihre Familie gefunden zu haben glaubte. Da die Gruppe auf geheim gestellt war, fand sie sie gar nicht mehr.

Und Selina hatte sie aus der Freundesliste gestrichen...

Fassungslos starrte sie in den Monitor, während ihre Hände langsam in ihren Schoß sanken.

Was zur Hölle passierte gerade in ihrem Leben?

Tränen liefen ihr über die Wangen.

Alles lief aus dem Ruder, nachdem es ihr vor kurzem noch gut gegangen war... Genau *das* passierte hier. Und sie konnte nur zusehen. Alles schien vorherbestimmt, und sie fühlte sich, als hätte sie keinen Einfluss mehr auf irgendetwas.

Ihr Leben raste auf einen Abgrund zu. Und es gab keine Bremse, keinen Anker, keinen Halt mehr für sie.

Sie vergrub den Kopf in ihren Händen. Erschöpfung überfiel sie. Sie hatte diese Woche noch keine 20 Stunden Schlaf bekommen – und es war Freitagabend. Sie hatte eine Freundin und, wie es schien, ihren besten Freund verloren.

Und so gut wie alle Menschen, die ihr in den letzten Monaten ans Herz gewachsen waren.

Sie schrieb weitere Songs, die nun nach und nach wieder positiver wurden. Sie erzählten von Freundschaft, Nähe, Dankbarkeit und der Freude, manche Erlebnisse gemacht, manche Menschen kennengelernt zu haben, von der Zeit und dass diese ihre Wunden heilen würde, wenn man ihr nur die Chance dazu gab. Sie erzählten von gemachten Fehlern, Entschuldigungen, Vergebung.

Am Ende konnte sie kaum noch aufrecht sitzen.

Ein komplettes Album, ein ganzes Textdokument voller Lieder, die ihre letzten 72 Stunden zusammenfassten. 15 Seiten Schmerz, Frust, Angst, Liebe, Freundschaft, Dankbarkeit. Jedes an Elias gerichtet.

Das Dokument trug den Titel *Losing It All*.

Nici betrachtete die Worte mit trüben Augen. Ihr Blick war glasig vor Müdigkeit und sie nahm kaum wahr, was da stand.

Sie würde es wieder löschen.

Egal wie gut die Texte sein mochten, wenn man sie noch etwas schliff, diese Songs hatten keinem anderen Zweck gedient, als ihr Herz zu heilen. Sie würde sie noch ein paar Mal lesen, um das alles zu verarbeiten, und dann in den Papierkorb verfrachten. Mit sofortiger Leerung. Sie konnte nicht riskieren, alles noch schlimmer zu machen.

Irgendwann fiel sie ins Bett, aber obwohl sie am Zahnfleisch kroch, fand sie keinen Schlaf. Sie warf einen Blick auf ihr Handy. Ein Uhr morgens... Wegen einer Vorkontrolle, zu der sie fahren musste, läutete bereits um sechs ihr Wecker.

In einer Stunde würde Elias mit seinen Freunden losfahren.

In irgendeiner Studie, die Nici mal gelesen hatte, hatten Forscher festgestellt, dass Schlafmangel auf das Gehirn wirkte wie

Betrunkenheit. Dass man nicht mehr vernünftig handeln konnte. Ungefähr so, als würde man eine Flasche Schnaps trinken.

Genauso erging es ihr im Moment.

Nici erhob sich noch einmal aus dem Bett und wankte zu ihrem Schreibtisch zurück. Da sie den Laptop einfach zugeklappt hatte, war die Sitzung sofort wiederhergestellt, als sie ihn öffnete. Sie rief den Facebook-Chat an Elias auf.

N: Ich habe diese Woche keine 20 Stunden geschlafen und mir ist so schwindlig, als hätte ich eine halbe Flasche Whisky intus. Aber wenn das hier der größte Fehler meines Lebens sein soll, ist es eben so.

Sie hängte das Dokument *Losing It All* an die Nachricht und drückte auf Enter. Elias schien online zu sein – im Fenster leuchtete sofort die Nachricht auf: »Gesehen: 01:28«.

Es war ihr nur noch egal.

Als sie diesmal ins Bett fiel, zog ihr Körper endlich die Notbremse. Der Schlaf dieser Nacht fühlte sich weniger wie Schlaf an als wie ein Koma.

Doch als sie am nächsten Morgen die Augen aufschlug, war sie sofort wieder voll da.

Und sie erinnerte sich genau an das, was sie Elias geschickt hatte.

Ihre Hunde hoben den Kopf, als der Wecker läutete. Nici starrte wie gelähmt an die Decke. »Fuck. Was hab ich getan?«, flüsterte sie und ihre Kehle wurde eng.

Sad Song

Three Lives

Nici hasste sich selbst. Den ganzen Vormittag ratterten dieselben Gedanken durch ihren Kopf.

Was hatte sie sich nur dabei gedacht...

Mit einem Seufzen musste sie im selben Atemzug zugeben, dass sie gar nicht nachgedacht hatte. Sie hatte aus einem Impuls heraus gehandelt.

Sie schrieb einen traurigen, kurzen Beitrag in ihrer Rückzugsecke.

N: Ich hab was ziemlich Dummes gemacht. Jetzt weiß er alles...

Noch am Vorabend hatte sie einen Post gesetzt um allen zu erklären, warum sie aus der Musikergruppe gegangen war. Es überraschte sie nicht, dass ohnehin alle Bescheid gewusst hatten, dass sie für Elias geschwärmt hatte.

Peters Antwort hatte sie irgendwie amüsiert, aber auch gerührt, trotz ihrer Traurigkeit.

P: Süße, bei Marlenes Post musste ich gleich an dich denken und dabei ist mir das Herz in die Hose gerutscht. Man musste ja blind sein, um das nicht zu erkennen. Du warst so begeistert von Elias wie das graue Mäuschen der High School vom Quarterback der Footballmannschaft... Ich kann dich ja verstehen, er ist ein genialer Musiker.

Nici seufzte. Peter war auch einer der ersten, der auf ihren neuen Beitrag reagierte.

P: *Ach, Herzi. Kurzschlussreaktion? :(*

N: *Ja... Schlafmangel, Frust. Ich hatte mich nicht mehr im Griff. :(Ich will doch nur, dass wir Freunde bleiben und dass er glücklich ist.*

P: *Süße. Hör mir mal zu. Erstens, die Sache braucht jetzt einfach Zeit. Zweitens, er war lange single. Jetzt ist er mit einer Frau mit Kindern zusammen, das ist eine ganz neue Situation, und gleichzeitig hört er von dir, dass du dich in ihn verknallt hattest. Klar ist er jetzt mal überfordert. Drittens kämpfen in ihm jetzt zwei Menschen: Der Musiker und dein Kumpel Elias, die dich mögen und als Kollegin schätzen, gegen den, der Marlene nicht verlieren will. Er ist verliebt, Nici. Aber vor allem, so hart es klingt, Elias braucht dich nicht. Er war schon vor dir ein Songwriter und er wird auch nach dir einer sein. Damit es dir wieder gut geht, musst du dir selbst klar machen, dass du ihn auch nicht brauchst.*

Nici senkte das Handy und rieb sich über die Augen. Sie wusste, dass Peter recht hatte, dennoch fühlte es sich nicht so an, als würde sie Elias nicht brauchen. Auch, wenn sie sich sicher war, dass er sie umgekehrt tatsächlich nicht brauchte.

Aber... Wie sollte sie *Out Of Time* ohne ihn fertigstellen? Obwohl sie fast alles allein geschrieben hatte, kam dennoch so manche Melodie und die meiste Inspiration von ihm.

Der Tag zog sich wie Kaugummi.

Nach den Vorkontrollen fuhr sie mittags noch zur Hundeschule weiter. Heute waren wieder ein paar Leute zum Agility-Training mit ihr angemeldet.

Die meisten Schüler waren pünktlich wie immer, aber eine Schülerin, die normalerweise pünktlicher war als eine Schweizer Uhr, war spät dran. Es war mittags – hatte sie den Termin vielleicht vergessen?

Stirnrunzelnd zog Nici ihr Handy aus der Tasche, das mittlerweile öfter seine Zicken machte und dessen Touchscreen immer ungenauer wurde. Sie scrollte auf WhatsApp durch die Kontaktliste, um Janine Frecher anzurufen. Hoffentlich war alles ok – es könnte sich ja auch um einen Notfall handeln, wenn sie nicht kam.

Und als sie an Elias' Nummer vorbeiscrollte, begann ihr Handy tatsächlich... seinen Kontakt zu wählen. Wollte dieses Mistding, dass sie einen Herzinfarkt bekam?!

Fluchend drückte sie auf den roten Knopf. Hier war die Verbindung nicht die beste, hoffentlich hatte er den Anruf also nicht angezeigt bekommen. Sie war sauer. Konnte man nur Pech haben?! Okay, manche Sachen verbockte sie selbst, aber dass das Handy ausgerechnet so eine Panne bei diesem einen Kontakt haben musste, war doch ein schlechter Scherz!!!

Kurz darauf traf die Schülerin ein. Auf der Strecke hatte es einen Autounfall gegeben, deshalb war sie umgeleitet worden und hatte sich verspätet – mit leerem Handyakku.

»Ach, kann passieren. Hauptsache, ihr seid wohlauf!«, antwortete Nici lächelnd und begrüßte auch Janines Hund, bevor das Training begann.

Da ihr Handy auf lautlos eingestellt war, bemerkte sie die Nachricht von Elias erst, als sie den Platz abgesperrt hatte und zurück zum

Auto ging. Trübsinnig erinnerte sie sich während des Lesens daran zurück, dass Elias gemeint hatte, er wolle ihr ganz viele Fotos schicken, weil sie das Meer so liebte. Er hatte vor wenigen Wochen noch gemeint, sie würde ihn garantiert anflehen, ihr weniger Fotos zu senden, und sie hatte gelacht und gemeint, das würde garantiert *nicht* passieren...

E: Hi. Sind gerade in Frankreich angekommen. Melde mich später.

Schrieb er ihr aus Pflichtgefühl oder weil ihm der Anruf angezeigt worden war? Peinlich berührt antwortete Nici.

N: Hi. Hoffe, die Fahrt war gut. Ich weiß nicht, ob der Anruf durchgegangen ist, ich wollte nur sagen, dass das ein Versehen war. Eine Schülerin hatte sich verspätet und als ich ihre Nummer gesucht habe, hat mein Handy deine beim Vorbeiscrollen angewählt. Wollte dich nicht stören, tut mir leid.

Oh verdammt, nach was für einer faulen Ausrede klang das denn? Aber es war nun einmal die Wahrheit.
Er antwortete ohnehin nicht darauf.
Mit einem tiefen Seufzen ließ sich Nici in ihr Auto fallen und brach auf. Sie wollte sich am Nachmittag hinlegen, sie war wirklich streichfähig...
Am späten Nachmittag läutete ihr Handy.
»Hey, Mäuschen. Vergiss nicht, um 6 beim Supermarktparkplatz zu sein.« Ihre Mutter war am Telefon.

Nici, die von dem Handy aus ihrem Nickerchen gerissen worden war, blinzelte bedröppelt auf den Wecker. »Ähm, was, wieso?«, nuschelte sie.

»Schätzchen, die Linedance-Gruppe *Fierce Skippers* feiert heute ihr 10-jähriges Bestehen, schon vergessen? Ein Workshop mit zwei Tänzen, eine gute Band... wir sagen schon seit Ewigkeiten, dass wir dort gemeinsam hinfahren. Fast die ganze Gruppe wird da sein. Und es wird dir gut tun. Wir treffen uns beim Supermarkt und ich nehm dich mit, ok? Angeblich kommen sogar Mario und Lilly, die Choreographen von *Try Everything*. Einer der beiden Tänze, die wir heute lernen, ist auch von ihnen.«

Nici verspürte keine große Lust, heute noch ihr Haus – oder das Bett – zu verlassen, gab jedoch bald nach. Nur Zuhause Trübsal zu blasen, würde ihr auch nicht helfen.

Sie fuhr mit ihrer Mutter zu dem Country-Fest und während sie der Band auf der Bühne zuhörte – den *Road Chicks*, die wirklich tolle Stimmen hatten – dachte sie darüber nach, dass sie gerne die Videos, die sie mit dem Handy machte, an Elias geschickt hätte. Ihm hätte die Musik sicher auch gefallen...

Sie lernte bei dem Workshop einen Tanz zu einem der Lieder der *Road Chicks*. Über die Ironie dahinter musste sie schief lächeln. Der Tanz war von ihren Lieblingschoreographen und hieß *Together Again*, während es in dem Lied *Whole 'nother Bottle Of Wine* darum ging, sich mit dem besten Freund zu treffen, der einen wieder auf die richtige Spur brachte, wenn man falsch abbog, und mit diesem eine Flasche Wein zu trinken...

Elias hatte sie oft wieder auf die richtige Spur gebracht, und nun würde sie die Straße allein wiederfinden müssen, wenn sie falsch abbog, fürchtete sie.

Aber sie dachte nicht nur an Elias. Sondern auch an so manch andere Freundschaften, die sie in den letzten Jahren verloren hatte. Außer Elias dachte sie oft an Tatjana und hoffte, dass es ihr gut ging.

Sie war doch echt erbärmlich, oder?

Am Sonntag schrieb sie ein weiteres Lied, diesmal ein hoffnungsvolles. Tatsächlich ging es ihr wesentlich besser und sie schaffte es, ein klein wenig Abstand zu der Sache mit Marlene und Elias aufzubauen. In dem Song ging es darum, wie wichtig ihr ihre Freundschaft zu Elias war, ihr Teamwork, und dass sie bereits zu heilen begonnen hatte. Dass sie zwar explodierte, wenn sie überfordert war, aber dann umso schneller wieder zur Normalität zurückkehren konnte. Er hieß *Not The End*.

Am Montag nahm sie allen Mut zusammen, nahm den Song auf und schickte ihn Elias, der sich seit Samstag nicht mehr gemeldet hatte.

N: Ich dachte mir, ich schicke dir diesen Song, bevor mich der Mut wieder verlässt. Damit du weißt, dass es auch anders geht. :/

E: Ich höre ihn mir an. Versprochen.

Offenbar meinte er damit »sofort«. Denn fünf Minuten später meldete er sich bereits.

E: Das Lied ist wirklich schön. Wie immer. Ein gutes Abschlusslied für ein Album. Auch, wenn es eigentlich kein Ende ist...

Nici schluckte nervös, bevor sie ihre Antwort eintippte.

N: Ob es das Ende ist, liegt nicht mehr bei mir. Das ist nicht mehr meine Entscheidung.

E: Ich muss darüber noch nachdenken, Nici.

Nici. Nicht mehr Miss. Das stach.

N: ... Ok... Ich wollte nur sagen, dass mir das alles leidtut. Ich hab mir dieses Gefühlschaos auch nicht ausgesucht.

E: Gib mir bitte noch Zeit.

Nicis Augen brannten, aber sie wollte ihn nicht noch mehr bedrängen.

N: Ok.

Er meldete sich die ganze Woche nicht mehr. Nici versuchte, geduldig zu bleiben, auch, wenn sie täglich bei vielen Kleinigkeiten, die sie gern mit ihm geteilt hätte, an ihn denken musste.
Als er ein paar Tage im Urlaub war, änderten er und Marlene ihren Beziehungsstatus auf Facebook. Sie schrieb – nach kurzem Zögern – ein Kommentar darunter, dass sie sich für die beiden freute, was sie

auch absolut ehrlich meinte. Dennoch klickte sie bei beiden Freundesprofilen auf »nicht mehr abonnieren« - ihrer seelischen Gesundheit zuliebe.

Sie schrieb Selina ein letztes Mal eine Entschuldigung auf WhatsApp, die diese noch am selben Tag las. Aber da sie nicht mehr darauf reagierte, gab Nici es auf und sperrte Selina sowohl auf WhatsApp als auch auf Facebook. Warum sollte sie für jemanden erreichbar bleiben, der offensichtlich nichts mehr mit ihr zu schaffen haben wollte?

Sie lebte vor sich hin. Schrieb ihre Songs, kümmerte sich täglich um die Hundetrainingstermine, um die Hunde ihres Heims und ihrer Pension.

Nur das Album *Out Of Time* rührte sie nicht an, während sie auf Elias' Antwort wartete. Falls er daran mitarbeiten wollte... Es war doch ihr gemeinsames Werk, oder? Wenn es ihm nur einen *Bruchteil* dessen bedeutete, was es ihr bedeutete, würde er es nicht aufgeben... Zumindest hoffte sie das.

Die Woche verging langsam. Am Samstag leitete Nici wieder das Agility-Training, als ihre Mutter sie zwischen zwei Trainingsrunden anrief.

»Hi, Mutti«, meldete sie sich und winkte einer Schülerin, die gerade zum Platz fuhr. »Was gibt es?«

»Einen kinesiologischen Notfall, mein Schatz. Hast du heute Nachmittag schon was vor?«

»Nein, ich hab Zeit. Nach dem Agility kann ich absperren und fahren.« Nici runzelte die Stirn. »Worum geht es denn?«

»Du hast sicher von dem illegalen Hundevermehrer gehört, der gestern aufgeflogen ist. Von der Bande haben sie mehrere hundert

Hunde beschlagnahmt. Etwa zweihundert Hündinnen und deren Welpen. Alle in furchtbarem Zustand. Die schlimmsten Fälle haben sie auf diverse Kliniken verteilt, einige auf die Tierheime, aber naja... du weißt ja, wie das ist. Viele fahren jetzt schon in der Nebensaison auf Urlaub, die Heime quellen über mit abgegebenen oder ausgesetzten Hunden. Deshalb haben sie in einem Not-Aufruf viele der Tiere auf private Pflegeplätze aufgeteilt, damit alle versorgt werden können. Die wenigen Kliniken und Heime, die noch Kapazitäten haben, liegen alle so weit weg, dass die Tiere den Transport dahin nicht einmal überstanden hätten, dazu sind sie zu schwach und der Stress wäre zu viel geworden.«

Nein, von diesem Fall hatte Nici noch nicht gehört. Sie lauschte ihrer Mutter aufmerksam. »Jedenfalls hat Michaela, eine Freundin von mir, eine der Hündinnen übernommen. Da sie selbst Tierpflegerin ist, sind sie bei ihr in guten Händen. Die Hündin heißt jetzt Tessa. Hat drei Welpen. Sie wurde tierärztlich zwar betreut, aber ist so vollkommen gestresst, dass sie mit ihr nicht ständig in die Praxis kann, vor allem mit den Welpen. Sie hat uns gebeten, sie zusätzlich noch alternativ zu behandeln. Und da du auf Hunde sowieso einen guten Einfluss hast...«

Nici brauchte nicht darüber nachzudenken. Wenn sie helfen konnte, war sie dabei. »Alles klar. Wann soll ich bei dir sein?«

Helena atmete auf. »Du bist ein Schatz. Um drei?«

»Gut, wir sehen uns.«

Michaela begrüßte die beiden nach einer über einstündigen Autofahrt mit einer Umarmung. »Danke, dass ihr gekommen seid. Tessa treibt mich wirklich zur Verzweiflung. Sie hat kaum genug

Milch, aber lässt mich nicht an ihre Welpen ran, um diese mit dem Fläschchen aufzupäppeln!«, plapperte sie sofort drauf los, noch während Helena den Koffer mit den pflanzlichen Heilmitteln aus dem Auto lud.

Sie wurden erst einmal von Michaela ins Haus gebeten, um etwas zu trinken und sich kurz von der Autofahrt zu erholen. Dort erklärte sie den beiden alles, was sie über Tessa wusste, was allerdings nicht viel war. »Sie und die Welpen sind vollkommen abgemagert. Weil sie auch Flöhe haben, sind sie in Quarantäne von meinen Tieren untergebracht. Dass sie kaum Milch hat, ist kein Wunder, sie ist ziemlich geschwächt. Die schlimmsten Fälle von diesem Vermehrer sind in den Kliniken und bei Tierärzten, aber da es in ihrem Fall nur um die Zufütterung geht und man ansonsten laut den Tierärzten nur abwarten kann, ob die Welpen durchkommen, habe ich Tessa bekommen.«

Nici und ihre Mutter hörten aufmerksam zu und stellten Fragen zu dem, was bei Tessa behandelt worden war und was Michaela bisher mit den Welpen gemacht hatte. Diese seufzte frustriert. »Tessa lässt sich zwar streicheln, aber in dem Moment, wo man ihre Welpen anfassen will, schnappt sie zu und gerät in Panik. Ihre Zitzen sind ganz wund, weil die Jungen ihr keine Ruhe lassen, aber sie hat eben zu wenig Milch.«

Helena warf Nici einen vielsagenden Blick zu. »Tessa dazu zu bewegen, uns ihre Welpen anzuvertrauen, wird wohl dein Part.«

Sie nickte nur entschlossen. »Das krieg ich hin!«, meinte sie zuversichtlich.

Michaela führte sie zu ihrem Quarantänezwinger, einem gefliesten Raum mit Hundebett, Wasserschüssel und einem kleinen

Außengehege. Ein kleiner Vorraum trennte den Zwinger vom Haus, die Tür des Zwingers bestand aus einem einfachen Gitter.

Im Hundebett sprang sofort eine abgemagerte und ungepflegte Jack-Russel-Hündin auf die Pfoten und betrachtete die Neuankömmlinge aufmerksam, aber noch ohne Bellen und Knurren. Nici und Helena bemerkten sofort, dass sie das linke Hinterbein entlastete.

»Nimmt sie Leckerlis an?«, fragte Nici leise.

Da Michaela nickte, griff Nici in die Gürteltasche, die sie für das Training mit Leckerlis gefüllt hatte und nahm eine Handvoll heraus. Die Hündin fletschte nervös die Zähne, als Nici den Raum betrat und sich ihr langsam näherte, während Michaela und Helena noch im Vorraum blieben.

Nici blieb einfach neben der Tür stehen und ging dort in die Knie, um weniger bedrohlich zu wirken, bevor sie sich kurzerhand auf den Boden setzte. Da sie der Hündin nun fast auf Augenhöhe gegenübertrat, beruhigte sich Tessa schnell, stellte die Ohren auf und begann, in die Luft zu schnuppern. Sie roch wohl die getrockneten Fleischstücke, die Nici dabei hatte.

Nici warf ihr ein Stückchen hin. »Hi, Tessa. Stehst du auf Hühnerherzen? Hab ich im Dörrautomat getrocknet. Viel besser als das Zeug aus dem Supermarkt, das kannst du mir glauben.«

Die Hündin lief ohne zu zögern auf das Leckerli zu und sammelte es vom Boden auf. Nici warf ihr das nächste entgegen, diesmal weniger weit. Es dauerte nicht lange, bis sie Tessa auf diese Art in Reichweite gelockt hatte, jedoch noch, ohne die Hand nach ihr auszustrecken. Die Hündin brauchte einfach Zeit.

Tessa taute jedoch rasch auf und lief um Nici herum, während sie sie von oben bis unten beschnupperte. Nici lachte leise. »Ja, du riechst meine Hunde. Und jede Menge andere.« Sie legte ihre Hand so auf ihrem Knie ab, wie sie da mit untergeschlagenen Beinen am Boden saß, dass Tessa auch an ihren Fingern schnuppern konnte.

Michaela lachte nervös, als Tessa kurz darauf ihren Kopf in Nicis Hand schmiegte. »Bei mir hat das länger gedauert.«

Nicis Mutter lächelte unverkennbar stolz, während Nici ihnen ein Grinsen zuwarf. Tessa war ihr gerade auf den Schoß geklettert, um an ihrem Gesicht zu schnuppern. »Das sind wir gewohnt. Nici hat einfach ein Händchen für Tiere. Dafür darf man ihr nie eine Zimmerpflanze schenken! Sie lässt Kakteen vertrocknen und ersäuft alles andere.«

»Du meinst eher umgekehrt, oder?«, hakte Michaela mit hochgezogenen Augenbrauen nach.

Helena schnaubte belustigt. »Leider nicht.«

Als Tessa von ihrem Schoß hüpfte, rutschte Nici nach und nach näher an ihr Bettchen heran. Die Hündin folgte ihr und musterte sie aufmerksam, aber ohne jede Feindseligkeit. Allerdings wuchs ihre Anspannung sichtlich, während sich die junge Frau ihren Babys näherte.

Schließlich saß Nici direkt neben dem Hundekorb, lehnte sich entspannt an die Wand und war einfach... da.

Tessa hüpfte in den Korb und blieb über ihren Welpen stehen, während sie Nici im Auge behielt, als wolle sie sichergehen, dass Nici nichts im Schilde führte. Nici glaubte, sie gut verstehen zu können. Als reine Zuchtmaschine waren Tessa all ihre Jungen viel zu früh entrissen worden, bevor sie wieder welche bekam, deshalb hatte sie verständlicherweise Angst um ihre Welpen. Aber es dauerte nicht

373

lange, bis Tessa zögernd aus dem Korb hinüber auf Nicis Schoß kletterte und sich zwischen ihren Beinen einrollte.

Nici legte ihre Hand auf den Rand des Korbs und wartete, aber da Tessa sie nur beobachtete, ohne zu knurren oder die Zähne zu fletschen, griff sie langsam nach dem ersten Welpen und hob ihn heraus. Tessa spitzte ihre Ohren und behielt sie genau im Auge, aber rührte sich sonst nicht.

»Ich glaube, ihr könnt die Milch zubereiten«, murmelte Nici leise in Richtung Vorraum.

Michaela nickte erleichtert. »Dann mach ich das mal.«

Etwa fünfzehn Minuten später saß jede von ihnen mit einem Welpen und einem alten Handtuch auf dem Schoß am Boden und fütterte einen von ihnen. Tessa lief zwischen ihnen hin und her und sah nach dem Rechten, aber schien endlich aufgetaut zu sein. Immer, wenn sie unsicher wurde, kletterte sie halb auf Nicis Schoß, stieß mit ihrer Nase gegen die Hand, die das Fläschchen für ihr Baby hielt und kletterte wieder von Nicis Beinen herunter.

Die Welpen waren noch klein, hatten gerade erst die Augen geöffnet, und schienen nicht so aktiv und quirlig zu sein, wie es eigentlich sein müsste. Der Vermehrer, der für dieses Elend verantwortlich war, konnte froh sein, dass er verhaftet worden war – Nici war nämlich gerade sehr danach, diesen Kerl zu erwürgen.

Danach behandelten sie Tessas Bein. In der Klinik hatten sie es geröntgt, aber da es nicht gebrochen war, war sie nicht zu den Notfällen gezählt worden. Sie hatte lediglich einen üblen Bluterguss.

»Die Hündinnen waren in Käfigen untergebracht. Vermutlich ist sie einfach mit ihrem Bein wo hängen geblieben«, mutmaßte Nicis Mutter, während sie Tessas Bein sanft massierte. Die Hündin winselte zwar, aber ihr entspannter Gesichtsausdruck zeigte deutlich, dass ihr die Behandlung gut tat. Helena hatte ein paar Tropfen eines pflanzlichen Öls auf ihre Fingerspitzen aufgetragen, das die Durchblutung anregen und den Schmerz lindern sollte.

Nici kuschelte immer noch mit den Welpen. Sie war hin und weg von den Zwergen und beobachtete sie lächelnd, wie sie sich aneinander schmiegten und übereinander kletterten. Noch waren sie zwar mager, schwach und unterentwickelt, aber jetzt, wo Tessa zuließ, dass man sie aus dem Korb nahm, waren ihre Chancen definitiv gestiegen.

Danach kümmerten sie sich noch um ein paar verwaiste Bauernhofkätzchen, die von der Mutter verstoßen worden waren. Michaela hatte sie zu sich genommen, weil sie während ihres Urlaubs gerade ohnehin Zuhause war und die Zeit hatte, sie zu versorgen. Sie hatten seit drei Tagen keinen Kot mehr abgesetzt, waren aber noch fit und agil und schienen sich wohlzufühlen.

»Ich massiere zwar täglich ihre Bäuche nach jeder Fütterung, aber irgendwie scheint das nicht so ganz zu klappen«, seufzte Michaela, während sie den Jungen ihre Milch gaben.

»Massier zusätzlich ihre Oberschenkel, zwei bestimmte Punkte am Rücken und ihre Schultern«, riet Nicis Mutter Michaela und zeigte ihr gleich, in welche Richtung sie die Kätzchen wie massieren sollte. »Die Mutter würde sie als ganzes putzen und nicht nur ihre Bäuchlein. Im Rücken sind Akupressurpunkte und in den Schultern und Oberschenkeln verlaufen Meridiane, die die Darmtätigkeit unterstützen. Wenn du die ausstreifst und massierst, sollte da bald wieder Bewegung rein.«

»Und verdünn die Milch etwas mehr«, fügte Nici hinzu, während sie dem Glückskätzchen, das kaum ihre hohle Hand ausfüllte, etwas Milch einflößte. »Im Moment ist es sehr heiß für diese Jahreszeit, ich könnte mir vorstellen, dass sie da einfach mehr Flüssigkeit benötigen.«

»Ich hab schon versucht ein paar Tröpfchen Öl zur Milch hinzuzufügen, aber dann werde ich das noch probieren, Dankeschön«, nickte Michaela.

Nici schoss noch ein paar Bilder von den Katzenjungen – von Tessa und ihren Welpen hatte sie bereits welche gemacht – bevor sie und ihre Mutter sich für die Heimfahrt rüsteten.

Zuhause strahlte Nici vor Freude. Sie lud ein paar Fotos von den Welpen und den Katzenjungen in ihrer Rückzugsgruppe hoch und schrieb einige Worte dazu.

N: Heute habe ich das erste Mal seit Ewigkeiten weder getextet noch komponiert, aber hey – ich hab die niedlichste Ausrede ever! :D

Die Reaktionen folgten prompt.

J: Die sind ja süß!

P: Schön, dass du geholfen hast.

Nici strahlte nur so. Ein paar Stunden rauszukommen und den Tieren helfen zu können, hatte ihr gut getan. Sie fühlte sich leicht wie schon lange nicht mehr. Naja, genau genommen wie seit zwei Wochen nicht mehr.

Ihr Hochgefühl hielt den ganzen restlichen Tag. Sie ging noch mit ihren Hunden gemeinsam mit Yamuna laufen, fütterte die Tiere anschließend und kümmerte sich um die Hunde in der Pension und des Heims. Als sie sich an den Laptop setzte, um ein paar Texte zu schreiben, war ihr Herz noch immer auf Wolke sieben.

Gerade, als sie ein neues Dokument öffnete, piepte ihr Handy und sie warf einen Blick darauf.

Michaela hatte ihr geschrieben.

M: Den Katzen geht es gut. Aber Tessas Babys sind gestorben... Alle drei... Als ich am Abend wieder rein kam, waren alle tot. Tessa trauert furchtbar...

Nein. Nein, so durfte das doch nicht enden.

Nici wankte im Sitzen und ihre Finger klammerten sich an die Tischkante.

Warum? Wieso? Wie hatte das so schnell gehen können? Sie hatte diese Welpen und ihre Mutter vor wenigen Stunden erst gesehen. Sie hatte diese drei kleinen Leben in der Hand gehalten, vor sich gehabt, mit ihren winzigen Herzen, die so tapfer weiterschlugen. So klein. So *jung.* Sie hatten nie in einer Wiese spielen können, nie einem Ball nachjagen, nie einen liebevollen Platz finden dürfen. Nur ein Tag, nur ein einziger Tag war ihnen vergönnt gewesen, nachdem man sie aus der Hölle, dieser Welpenfabrik geholt hatte.

Drei kleine Leben, einfach so erloschen.

»*Scheiße!*«, brüllte Nici und sprang auf. Tränen liefen ihr über die Wangen. Einen verstörenden Moment lang fragte sie sich ernsthaft, ob ein Fluch auf ihr lag. Ob einfach alles, was sie anfasste, dazu bestimmt war, schief zu gehen, kaputt zu gehen...

Im festen Glauben, immer noch in ihrer Rückzugsecke zu stehen, tippte sie einen neuen Facebook-Status ein.

Fick dich doch, Universum!!!

Sie begann mit langen Schritten durchs Haus zu irren, die Hände an ihrem Hinterkopf verschränkt, das Kinn an die Brust gezogen, und versuchte einfach, Luft zu bekommen, aber der Sauerstoff schien verschwunden zu sein. Als sie sich in ihrem Schlafzimmer wiederfand, wo sie sich einmal orientierungslos um sich selbst drehte, fiel ihr Blick auf das Dinosaurierstofftier aus Frankfurt.

Das Andenken, das ihr Elias geschenkt hatte.

Ihre Augen brannten.

Dann packte sie das Stofftier und schleuderte es mit einem lauten Schrei durch den Raum, bevor sie begann, das Schlafzimmer zu verwüsten. Sie riss die Schranktüren auf und zerrte Hüte, Perücken, Kleider, Hosen und Röcke heraus, um sie durch den Raum zu werfen, bevor sie die Nachttischlampen packte und gegen die Wand schleuderte, wo die Schirme und Glühbirnen in unzählige Scherben zerbrachen. Sie zerrte die Laken von dem Bett, das sie sich früher mit ihrem Ex geteilt hatte, zerknüllte auch diese und pfefferte sie durch die Gegend.

Sie hasste ihr Leben. Sie hasste sich selbst. Sie hasste ihre Depression, die sie immer wieder die Kontrolle verlieren ließ.

Sie hasste Selina, die sie ausgeschlossen hatte, sodass der Kreis von Menschen, die sie verstanden, deutlich geschrumpft war.

Und sie hasste Elias, der nicht mehr für sie da war, gerade jetzt, wo sie ihn so dringend zum Reden gebraucht und am Nachmittag eigentlich gerne noch alles Schöne, was sie erlebte, mit ihm geteilt hätte.

Vom Schreien war sie heiser, ihr Hals schmerzte, als sie irgendwann inmitten all der herumliegenden Kleidungsstücke auf die Knie fiel und sich mit einem lauten Schluchzen hinkauerte. Sie hatte einen Schnitt in der linken Hand, von dem sie nicht wusste, woher er stammte, aber es war ihr auch egal. Teilnahmslos betrachtete sie die Blutspuren, die sie auf den letzten Dingen hinterlassen hatte, die durch das Zimmer geflogen waren. Langsam beruhigte sie sich und begann wieder zu denken.

Schluckend setzte sie sich auf, um sich umzusehen. Was für ein Durcheinander...

Zitternd erhob sie sich und ging ins Badezimmer, um dort ihren Schnitt zu säubern. Sie legte einen dünnen Verband an. Ihre Hunde kamen mit gespitzten Ohren aus dem Wohnzimmer, als sie merkten, dass ihr Frauchen sich beruhigt hatte.

Nici lächelte leicht, ging zurück ins Schlafzimmer und begann, aufzuräumen. Zuerst sammelte sie die Scherben der Nachttischlampen auf. Die Lampen waren unwiederbringlich hinüber... Naja, auch egal. Ihr Ex-Mann hatte sie angeschafft, sonderlich gemocht hatte sie die Dinger nie.

Sorgfältig faltete sie ein Kleidungsstück nach dem anderen, legte oder hängte es zurück in die Schränke und bezog das Bett neu. Sie benötigte fast eine Stunde, um das Chaos zu beseitigen, das sie angerichtet hatte.

Mit einem Durchatmen ging sie zurück ins Arbeitszimmer, um den Laptop abzudrehen, nur um festzustellen, dass sie ihren Post ganz normal für Freunde sichtbar auf ihre Pinnwand gesetzt hatte, nicht in ihre Rückzugsecke. Ein halbes Dutzend Leute, teilweise Personen, von denen sie seit Monaten oder Jahren nicht gehört hatte, hatten sich per Privatnachricht erkundigt, was passiert war und ob alles in Ordnung sei. Zerknirscht beantwortete sie alle Nachrichten mit der bloßen Andeutung, dass etwas sie heute einfach aus der Bahn geworfen hätte, und drehte den Laptop dann ab.

Dass Elias nicht zu den Leuten gehörte, die ihr geschrieben hatten, überraschte sie nicht. Was sie eher überraschte war, dass sie keine Enttäuschung darüber empfand. Es war ihr einfach egal.

Als sie einen Blick auf die Uhr warf, seufzte sie leise. Es war schon nach drei Uhr morgens. Sie sollte sich wirklich mittels Kalender-App daran erinnern, ab und zu mal früher schlafen zu gehen... Obwohl, jetzt hätte sie ohnehin keine Ruhe gefunden.

»Lacrosse«, rief sie leise und nur Sekunden später tauchte die langbeinige Hündin mit einem freundlichen Schwanzwedeln neben ihr auf. Nici lächelte leicht und verließ mit ihr den Wohnbereich, um unter dem Nussbaum hinter dem Haus Zuflucht zu suchen.

Sie legte den Kopf in den Nacken und blickte zum Sternenhimmel auf, während Lacrosse sich neben sie setzte und ihren Kopf an ihre Taille lehnte. Nici kraulte ihr geistesabwesend die Ohren. Der östliche Horizont begann sich schon geringfügig zu erhellen. Der Sommer näherte sich eindeutig mit großen Schritten.

Nici beschloss, den Welpen, die gestorben waren, eigentlich allen, die starben, ohne wirklich gelebt zu haben, einen Song zu widmen.

Three Lives, ging ihr durch den Kopf, während sie einen Moment die Augen schloss, um sich im Herzen von Tessas Welpen zu verabschieden.

Immerhin, einen Tag waren sie geliebt worden. Am letzten Tag ihres Lebens hatten sie Liebe und Fürsorge erfahren.

Wenn es sonst keinen Trost gab, wenigstens an dieser Tatsache konnte sie sich festhalten.

»Sorry, Universum«, flüsterte sie in Richtung Milchstraße. Im Angesicht dieser Schönheit fühlte sie sich wie immer winzig, und auch ihre Sorgen schienen zu schrumpfen. »Mein >Fick dich< war nicht so gemeint.«

Hopeful Song

Holding You

Nici war mit Balthasar unterwegs ins Förderzentrum. Egal, was in ihrem Leben dazwischen kam, wenn es sich nicht gerade um Studioaufnahmen oder ein Konzert drehte, ließ sie sich diesen Termin nicht nehmen. Sie genoss es viel zu sehr, zu sehen, wie die Kinder aufblühten, wenn der Therapiehund zugegen war.

Wie immer ging sie in dieser Tätigkeit vollkommen auf. Wenn sie und Balthasar die Kinder der Reihe nach besuchten, hatte in ihrem Kopf nichts anderes Platz.

Heute war das Wetter sonnig, aber angenehm mild. Eine leichte Brise strich durch die parkähnlichen Anlagen, die das Zentrum umgaben, deshalb waren die Betreuer und Therapeuten mit den Kindern in den Garten raus gegangen.

Die Kinder, die keinen Rollstuhl oder Kinderwagen benötigten, saßen auf Gartenstühlen oder Parkbänken.

Ein Teenager, der nicht sprechen konnte, Sebastian, klatschte in die Hände und gluckste vor Freude, als Nici mit dem Hund um die Ecke bog, bevor er in ihre Richtung deutete.

Eine der Therapeutinnen wurde auf Nici aufmerksam und hob lächelnd den Blick, bevor sie sich wieder zu den Kindern umdrehte.

»Hey, schaut mal, wer da ist! Nici und Balti!«

Die Kinder lächelten, manche klatschten nur in die Hände. Andere riefen »Balti, Balti« und deuteten dabei auf den großen Hund, der wie irre mit dem Schwanz wedelte. Balthasar liebte die Kinder abgöttisch und hatte eine Engelsgeduld. Die Ausbildung zum Therapiehund war mit ihm die helle Freude gewesen. Er schien dafür gemacht zu sein.

Ein Strahlen machte sich auf ihrem Gesicht breit, während Nici mit Balthasar auf die Gruppe zusteuerte, um die Arbeit aufzunehmen.

Sie ging mit Balthasar von einem Kind zum nächsten. Jeder durfte Balthasar streicheln, selbstständigere Kinder durften ihn mithilfe der Leine ein Stück führen oder ihm Kommandos geben, während Nici aufpasste, dass alles okay war. Fast alle Kinder streichelten Balthasar liebevoll, andere tätschelten ihn eher unbeholfen, aber auch das duldete er und wirkte dabei sogar glücklich. Trotzdem behielt ihn Nici wie immer genau im Auge.

Viele waren der Meinung, dass ein Therapiehund keine besonderen Aufgaben zu meistern hätte, aber das Gegenteil war der Fall. Balthasar musste sich auf jedes Kind individuell neu einstellen, manche Kinder hatten keine gute Koordination und waren daher nicht unbedingt sanft mit ihren Liebkosungen. Wieder andere wollten ihn an der Leine führen oder ihm einfache Kommandos geben, die er dann je nach Kind befolgen sollte oder eben nicht. Das war für den Hund harte und anstrengende Arbeit, deshalb führte Nici ihn nach jedem Kind ein paar Minuten von der Gruppe weg, damit er sich ins Gras legen und entspannen konnte. Dort bot sie ihm Wasser an und ließ ihn einfach kurz Hund sein. Wenn er Zeichen von Anspannung oder Stress zeigte, müsste sie ihn sofort aus der Arbeit nehmen und runterkommen lassen, denn selbst der erfahrenste Hund konnte sich überfordert fühlen oder einen schlechten Tag haben. Schließlich waren sie Individuen und genau wie Menschen, konnten sie auch mal Schmerzen oder schlechte Laune haben und hatten dann keine Lust zu arbeiten.

Jonathan kletterte nach den Minuten, die ihm mit Balthasar zustanden, wieder einmal auf eine der Bänke, wobei Nici und seine Therapeutin aufpassten, dass er sich nicht wehtat. Er hielt sich die Faust nachdenklich vor den Mund, während er zwischen den beiden hin und her sah, als müsse er noch grübeln. Nici grinste und wusste, was folgen würde, und schon breitete er die Arme aus und warf sich mit Schwung von der Parkbank, diesmal in Nicis Arme. Lachend fing sie ihn auf – mittlerweile hatten ihre Berührungsängste, was die Kinder betraf, deutlich nachgelassen – und setzte ihn vorsichtig auf dem Boden ab. Er lachte zu ihr auf und lief dann zurück zu einer der Betreuerinnen.

»Wer ist der Letzte für heute?«

»Florian«, antwortete die Therapeutin Theresa und nickte zu dem Jungen in seinem speziellen Kinderwagen hinüber. Florian hatte schwere Epilepsie und erlitt täglich mehrere Anfälle.

Nach Balthasars Pause wurde der Junge aus dem Wagen geholt und in einen Rollstuhl gesetzt, wo er beweglicher war. Nici ging mit Balthasar zu ihm, der sich sofort liebevoll an das Kind kuschelte und seinen großen Kopf auf Florians Schoß ablegte. Der Junge kicherte und lachte voller Begeisterung. Er streichelte den Hund, setzte sich aufrecht hin und zappelte mit den Beinen. So aktiv war er selten.

»Balthasar ist das Highlight seiner Woche«, lächelte Theresa, die neben Florian saß. »Wenn er nur den Namen ›Balti‹ hört, flippt er vor Freude aus. Das gilt allerdings für die meisten Kinder.« Sie schoben seinen Rollstuhl im Kreis um den Sitzplatz der Gruppe, während Balthasar, immer in Reichweite für Florians dünne Arme, daneben her lief. Im Schatten eines Baumes blieben sie stehen und Balthasar ließ sich streicheln.

Auf einmal winselte er auf und begann, über Florians Hände zu schlecken. Schon verkrampfte das Kind sich, seine Hände und Füße zuckten und erstarrten dann, während es die Augen panisch aufriss. Sofort war Theresa bei ihm und legte einen Arm um Florian, damit er sich gehalten fühlte. Nici ging neben dem Rollstuhl in die Knie und griff sanft nach seiner verkrampften Hand, um sie leicht zu massieren, bis seine Finger sich lockerten, während Balthasar seinen Kopf an Florians Beine schmiegte. Der Anfall wirkte nicht besonders schlimm und war nach kurzer Zeit wieder vorbei.

»Ich glaube, das war es schon«, murmelte Nici stirnrunzelnd.

Theresa beobachtete den Jungen noch. Seine Muskeln entspannten sich langsam und er sank etwas zusammen. Er sah sehr müde aus.

»Ich weiß nicht, er scheint noch nicht ganz da zu sein.«

Nici warf Balthasar einen Blick zu. »Ja, du hast recht. Balthasar ist noch nicht so entspannt wie sonst.«

Schon ruckte Florians Oberkörper nach vorne und er übergab sein Mittagessen. Ein bisschen was von dem Erbrochenen landete auf Balthasars Leine und Geschirr und tropfte über die Schulter des Hundes, der Rest landete auf dem Rollstuhl und im Gras. Theresa hob Florian sofort aus dem Wagen und hielt ihn vornübergebeugt, während er sich noch zweimal ins Gras übergab. »Oh Gott, Nici, tut mir leid!«, rief sie gestresst mit einem Blick auf Balthasar, der nur geringfügig irritiert wirkte und bereits wieder zu Florian drängte, um sich an das Kind zu schmiegen.

Eine der anderen Therapeutinnen eilte schon mit einem Tuch herbei, um Florians Hände sauber zu wischen – seine Kleidung und seine

Beine hatten nichts abbekommen – und notdürftig Balthasars Geschirr zu putzen.

»Ist schon gut, ich hab ein Reservegeschirr im Auto. Wir waschen das einfach mit dem Gartenschlauch ab und Zuhause landet es in der Waschmaschine«, beruhigte Nici die beiden. »Und wenn ihr mir ein nasses Tuch für Balthasar gebt, reicht das. Der wird Zuhause gebadet. Soll nix schlimmeres passieren.«

Nici ging neben Theresa in die Knie und nahm Florian sanft in den Arm. Er schien fertig mit dem Erbrechen zu sein, zumindest war er jetzt ganz schlapp und lehnte sich nur erschöpft an Nici und die Therapeutin. Nici angelte ihren Autoschlüssel aus der Hosentasche und hielt ihn der zweiten Betreuerin hin. »Sophie, bist du so lieb, mir Balthasars zweites Geschirr zu holen? Es liegt im Kofferraum.«

Nici stand auf, um Florians Wagen zu holen und half Theresa, ihn wieder hineinzusetzen, bevor sie Balthasars Geschirr abnahm und mit dem Schwamm, den ihr Sophie reichte, den Hund notdürftig säuberte, damit das Auto nicht schmutzig wurde. Danach ließ sie sich von ihr zeigen, wo sie den Wasserschlauch fand. Dort spritzte sie Balthasars Geschirr sauber und wusch auch den Hund kurz ab – bei der Hitze konnte er das einmal vertragen, und die gründliche Wäsche mit Shampoo folgte dann zuhause.

»Wie geht es Florian jetzt?«, fragte sie und führte Balthasar noch einmal zu den Kindern, die sich über seinen Anblick freuten.

»Besser«, gab Theresa zurück und wirkte zerknirscht. »Das tut mir wirklich leid, Nici. Heute ging es ihm so gut, ich dachte nicht...«

Nici winkte ab. »Ich sagte doch, schon gut.« Sie war überrascht über sich selbst, aber tatsächlich hatte es ihr nichts ausgemacht, Florian zu halten und ihren Hund vom Erbrochenen des Kindes zu säubern.

»Kann man alles waschen. Wir sehen uns nächste Woche wieder«, meinte sie mit einem Augenzwinkern.

Theresa lächelte sie an. »Du bist ein Schatz, Nici. Mich wundert wirklich, dass du keine Kinder hast.«

Nici schmunzelte und deutete mit dem Kopf auf die Gruppe. »Hab ich doch... jede Menge.«

Bei der Heimfahrt wurde ihr langsam klar, dass sich heute irgendetwas für sie verändert hatte. Früher hatte sie es immer belächelt, wenn jemand sagte, ihm würde es nichts ausmachen, Windeln zu wechseln oder Erbrochenes von seinen Kindern zu beseitigen. Wenn man sie liebte, machte man das einfach.

Nachdenklich senkte sie ihre Hand hinab zu ihrem Bauch. Sie hatte immer panische Angst davor gehabt, ein Kind zu bekommen, aber jetzt... Thomas war nicht mehr Teil ihres Lebens. Wenn sie den richtigen Menschen fand, der an ihrer Seite war... warum nicht? Das erste Mal versuchte sie wirklich und ernsthaft, sich sich selbst als Mutter vorzustellen.

Trotz ihrer Depressionen... könnte sie eine gute Mutter sein?

Vielleicht.

Sie sah in ihren Gedanken Florian, den sie heute gestützt und gehalten hatte, während der Anfall ihn schüttelte. Und dann dachte sie an das Mädchen, die kleine Tochter, die sie sich immer gewünscht hatte, aber zu viel Angst empfunden hatte, um diesen Wunsch Wirklichkeit werden zu lassen.

»Finally I feel like

Holding you...

Nothing feels like

Holding you.
And if you belong to me
I'd never stop
Holding you...«

Wie von selbst flossen diese Worte aus ihr heraus. Langsam wurde ihr klar, dass sie sich eine Zukunft wünschte.

Aber vorher musste sie sich von ihrer Vergangenheit lösen. Sie musste heilen, ganz werden. Ihre Abhängigkeiten abstreifen.

Endlich begriff sie, was ihre Mutter gemeint hatte.

Sie war bereits ganz. Sie musste nicht ergänzt werden!

Ein leichtes Lächeln huschte über ihre Lippen, das wieder ernst wurde, als ihr Blick auf den Ehering fiel, der immer noch an ihrer Hand saß. Er war umgearbeitet worden, ja. Dennoch... Es war ihr verdammter *Ehering!*

Das Ding musste weg.

Zuhause nahm sie Lacrosse und ein paar andere Hunde mit, um im Wald eine Runde zu laufen. Heute hatte sie Yamuna nichts erzählt, sondern war einfach aufgebrochen.

Bald erreichte sie den Teich, der auf ihrer heutigen Strecke lag, und hielt an seinem Ufer inne.

Die Hunde liefen sofort in das flache Wasser, um gierig zu trinken.

Schwer atmend stemmte Nici die Hände in die Seite und ließ ihren Blick über die Wasseroberfläche schweifen, bevor sie den Ring abnahm.

Die Silberschicht darin glänzte. Die Gravur *Music & Texting,* anstatt der früheren Inschrift »Thomas« und ihrem Hochzeitstag, war deutlich lesbar.

Dennoch war es der Ring, den ihr Thomas angesteckt hatte. Sie hatte diese Jahre bisher nicht aus ihrem Leben streichen wollen, aber nun sah sie es ein.

Solange sie diesen Ring trug, würde sie nie glücklich werden und nie eine Zukunft haben.

Die drei Diamanten glänzten in dem matten Edelstahl.

»Leb wohl, Thomas«, flüsterte Nici.

Sie holte tief Luft, schloss den Ring fest in die Faust... und warf ihn in den Teich. Mit einem letzten Glitzern durchbrach er die Wasseroberfläche und verschwand.

Nici warf einen Blick auf den Kalender. Dass Elias gemeint hatte, er würde noch Zeit brauchen, war zwei Wochen her. Sie litt unter der Ungewissheit, was ihre Freundschaft betraf. Dieses ständige Hoffen, ohne zu wissen, ob er überhaupt noch an sie dachte oder ob sie ihm nicht ohnehin bereits egal war, machte sie fertig. Er war längst aus Frankreich zurück und hatte sich noch immer nicht gemeldet.

Diesmal schrieb sie kein Lied. Es gab keine Lieder mehr, die sie mit ihm verbinden konnte. Sie schrieb einen Brief, in dem sie ihn um eine Entscheidung bat. Ob sie noch Freunde sein könnten. Oder wenigstens Kollegen.

Und was aus *Out Of Time* werden würde. Das Album hatte zu viel Potential, um es verkommen zu lassen, dennoch gehörte ein Teil davon ihm. Sie betrachtete es nicht als ihr Recht, allein daran weiterzuarbeiten.

Dann wartete sie.

Love Song

Unbroken Soul

In den nächsten Tagen beschäftigte Nici ihre Hände viel. Sie arbeitete mit den Hunden, machte Sport, hörte Musik, tanzte und schrieb neue Texte. Manche würden das vermutlich unter Verdrängung einordnen, aber sie verdrängte nichts aus ihrer aktuellen Situation. Im Gegenteil, sie dachte ununterbrochen an alles, verarbeitete es bestmöglich.

Seit sie Elias den Brief geschickt hatte, hatte er sich nicht mehr gemeldet. Sie hatte ihm den Ball zugespielt und nun lag das, was von ihrer Freundschaft übrig war, in seinen Händen. Ein komisches Gefühl. Sie hatte Angst vor seiner Entscheidung.

Ja, es würde nicht mehr so sein wie zuvor. Sie konnte definitiv nicht mehr so viel mit ihm teilen, das musste ihnen klar sein. Sie mussten weniger Zeit miteinander verbringen, und wenn... falls... sie miteinander an neuen Songs arbeiteten, dann musste das professioneller ablaufen, ohne persönlich oder privat zu werden. So viel Nähe hätte nie zwischen ihnen aufkommen dürfen.

Sie hoffte, sie konnten zu dem Status einer oberflächlicheren, aber guten Freundschaft, Kollegschaft zurückkehren. Als Team.

Das, was sie Yamuna und Mila geschrieben hatte, meinte sie immer noch ernst: Sie hatte ihn lieber als Freund in ihrem Leben als gar nicht. Ab und zu ein paar kleine Erfolgserlebnisse teilen oder – ohne zu viele Details zu verraten, nicht wie sie es leichtsinnigerweise getan hatte – sich auch mal über Dinge aufregen, die sie beide nervten. Sich weiterhin über Musik austauschen.

Sie war dabei, die Scherben aufzusammeln. Bald würde sie wieder ganz sein. Dank Glaube und Hoffnung. Sie würde ihren Frieden finden...
Dann würde auch die Liebe in ihr Leben zurückkehren.
In gewissem Sinne war das bereits geschehen.
Als sie nachts noch einmal über das Grundstück gewandert war, war es vollkommen dunkel gewesen. Eine klare, sehr finstere Nacht in ihrem kleinen Dorf. Und als sie zum Himmel aufgesehen hatte, konnte sie die Milchstraße erkennen. Sie liebte diese Nächte, weil sie so selten vorkamen.
Und dann hatte sie ein Gefühl tiefer Zufriedenheit erfüllt. Sie mochte zu weit gegangen sein, Elias ihre Gefühle für ihn so deutlich zu zeigen, aber sie bereute es nicht. Sie musste das alles loswerden, um selbst nicht kaputt zu gehen, und sie hätte diese Maske nicht auf ewig tragen können. Das hätte ihn nie überzeugt, dafür kannte er sie mittlerweile zu gut. Er hätte gespürt, dass etwas mit ihr nicht stimmte.

Je ruhiger und klarer ihre Gedanken waren, je mehr Tage vergingen, desto besser war sie sich über ihre Emotionen im Klaren.
Sie war ein Mensch, der die Emotionen, Gefühle, Trauer, Wut und Frust sehr intensiv erlebte. Was andere in Monaten verarbeiteten, spielte sich bei ihr innerhalb weniger Tage ab, als würde man alles zusammenstopfen, damit man schneller fertig war. Kein Wunder, dass das viele überforderte – inklusive ihr selbst. In dieser Hinsicht

war sie wie ein Vulkan. Es brach aus und riss ihre halbe Seelenwelt in den Abgrund, aber dann kehrte schnell wieder Ruhe ein. Und wohin die Asche fiel, entstand neuer Boden, auf dem alles wieder blühte, schöner als je zuvor.

Langsam begriff sie, auch wenn es schwer war, sich das einzugestehen, dass sie weniger verliebt gewesen war, als sie dachte. Ihre Verletztheit hatte wohl daher gerührt, dass sie auf sich selbst wütend gewesen war, frustriert, weil sie sich von der Angst hatte bremsen lassen. Wenn, wenn, wenn! Sie und ihr Gedankenkarussell!

Und dann hatte endlich eine Frau das in Elias gesehen, was sie in ihm gesehen hatte, und unzählige Frauen vorher so dumm gewesen waren zu übersehen... Seine Freundlichkeit, seine herzliche und fürsorgliche Art, sein Humor, seine ansteckend optimistische Art, die Welt zu sehen.

Hatte sie für ihn geschwärmt? Definitiv. Geträumt, gehofft? Natürlich. Er hatte ihr gefallen und gefiel ihr immer noch und es wäre gelogen zu behaupten, dass sie seine Aufmerksamkeit nicht genossen hätte. Nach allem, was passiert war, nachdem ihr Ex sie so verletzlich hinterlassen hatte, war sie natürlich besonders empfänglich gewesen für jede Art von Freundlichkeit und Aufmunterung... Dennoch war es ihre Entscheidung gewesen, sich so sehr zu öffnen, und nun musste sie die Konsequenzen tragen. Sie wollte und durfte ihm nicht im Weg stehen... Aus jeder von Marlenes Zeilen, die ihm gewidmet waren, sprach pure Freude und Liebe. Genau das, was er verdiente und Nici ihm wünschte.

Das tägliche Schreiben, womit trotz Freundschaft Schluss sein müsste, würde ihr natürlich fehlen. Ab und zu ein bisschen Smalltalk, ja. Aber nicht mehr täglich und nicht mehr so viel. Sie wollte sich nicht irgendwann fragen müssen, ob sie ihm und Marlene im Weg stand. Das könnte sie sich nicht verzeihen.

Und keine Treffen. Das tat eigentlich am meisten weh.

Sie schuldete ihm immer noch eine kalte Cola in einem Café, auf die sie ihn nie einladen können würde...

Ja, Verliebtheit war da gewesen. Hundertprozentig.

Aber dennoch, für die Entwicklung tieferer Gefühle hätte das Schreiben, trotz aller Geheimnisse nie ausreichen können. D as verdiente keiner von ihnen... Er verdiente alles, einen Menschen, der voll und ganz für ihn da sein konnte, und sie ebenso.

Wie hätte das je funktionieren können, auf diese Entfernung? Nun war sie endlich ehrlich zu sich selbst – es hätte nicht geklappt. Nicht auf diese Distanz. Während ihr Blick über den Hof wanderte, wurde ihr auch klar, wieso.

Sie liebte die Musik. Aber ihr eigentliches Lebenswerk war dieser Hof, die Arbeit mit den Hunden, und auch mit den behinderten Kindern. Die Musik war nur ein Mittel gewesen, dieses Ziel erreichen und leben zu können.

Sie könnte diesen Ort, ihr Zuhause, nie aufgeben. Für nichts und niemanden auf der Welt, egal wie gut sie zusammenzupassen schienen.

Und umgekehrt hatte Elias einen Freundeskreis und ein Leben da, wo er herkam. Sie hätte nie von ihm verlangt, das für sie aufzugeben.

Selbst wenn ein Mann ihr das anbieten würde, würde sie aus Liebe eher nein sagen oder sogar Schluss machen, als das zuzulassen. So was mochte in Liebesromanen oder Hollywoodfilmen romantisch sein, aber im echten Leben gab es bei so etwas keine Happy Ends. Keiner sollte sein Leben für den anderen total umkrempeln müssen.

Irgendwann würde es deswegen böses Blut geben, Vorwürfe, und das hätte sie nicht gewollt. Erst recht nicht von ihm!

Sie wollte jemanden wie ihn. Aber ... in ihrer Nähe. Wo alles greifbar war und *realistisch*...

Er war doch hoffentlich nicht der letzte Gentleman der Welt, oder?

Ihr Mann hatte sie dazu gebracht zur Zynikerin zu werden, den Glauben zu verlieren. Sie hatte gedacht, auf der Welt gäbe es nur noch Arschlöcher. Männer wie Thomas, die ihre körperliche Überlegenheit ausnutzten, ihre Frau unterdrückten und klein hielten... weil sie eigentlich nur nicht mit ihr mithalten konnten.

Elias hatte es geschafft, das rückgängig zu machen, diesen kaputten Teil von ihr zu reparieren, so unglaublich ihr das erschien.

Endlich sah sie sich, wie sie war.

Stark. Leidenschaftlich. Hübsch. Nicht auf den Kopf gefallen.

Und endlich wieder *mutig*.

Sie hatte keine Angst mehr.

Und selbst wenn sie wieder Angst hätte, diesmal würde sie stärker sein.

Mut bedeutete nicht die Abwesenheit von Angst, sondern sich nicht davon bremsen zu lassen. Endlich begriff sie das, nachdem sie solche Sprüche so lange nur verächtlich und zynisch von sich gegeben oder gar belächelt hatte.

Und nicht nur das – sie hatte den Glauben wieder gefunden.

Noch war sie dabei, die Glasscherben aufzusammeln und wieder zusammenzubauen, in die sich ihr Herz verwandelt hatte, aber sie wusste, dass ihr das gelingen würde.

Dann würde ihr neues Herz das Licht in allen Rissen, die entstanden waren, brechen und in tausend Regenbogenfarben zurück werfen, und der Mann, der dieses Strahlen dann erkannte...

Dieser Mann war derjenige, der dafür sorgen würde, dass ihr repariertes Herz ganz blieb.

Es würde nie wieder brechen, wenn sie aufpasste, wem sie es schenkte.

Automatisch lächelte Nici, während sie zwischen ihren Hunden auf der Wiese stand und zu den Sternen aufsah. Sie lehnte sich an den Stamm des alten Nussbaumes, den sie so liebte, und fühlte sich geborgen. Der Baum strahlte eine besondere Ruhe und Weisheit aus.

»Ich werde immer wieder neue Fehler machen...«, murmelte sie eine Zeile aus einem ihrer Lieblingssongs, zu dem sie leidenschaftlich gerne tanzte.

Hm. Sie wusste schon, was sie als nächstes Tattoo bekommen würde.

Die Lyrics ihres liebsten Liedes.

Doch was dazu?

Schmetterlinge und Blumen, für Leichtigkeit und bunte Farben?

Vögel als Symbol für Freiheit?

Einen Löwen – ihr Sternzeichen – für den neu gefundenen Mut?

Oder... dabei lächelte sie... vielleicht gleich einen Phönix? Der Gedanke gefiel ihr. Und immerhin, einen Drachen trug sie schon auf der Haut. Das würde doch passen.

Wo könnte sie das stechen lassen? Über den Rippen? Oder am linken Schulterblatt... dort war auch noch Platz.

Das Motiv würde sie wohl nach Frankfurt/Main führen, zu der Tätowiererin ihres Drachens. Sie wusste, dass sie es schaffen konnte, sich in Elias' geographische Nähe zu begeben, egal wie seine Entscheidung ausfiel, denn langsam setzte die Heilung ein...

Sie hob das Gesicht und schloss mit einem Lächeln die Augen, als eine Brise über ihre Wangen strich.

»Ich werde immer wieder neue Fehler machen«, wiederholte sie zu sich selbst. Eine der Hündinnen fühlte sich angesprochen und stupste mit der Schnauze gegen ihre Hand. Sie legte ihre Hand auf den weichen Kopf und strich sanft darüber, während sie leise fortfuhr. »Jeden Tag. Aber ich werde keinen Fehler ein zweites Mal machen!« Ihre Stimme wurde fester, entschlossener.

In diesem Moment begriff Nici den Unterschied zwischen Alleinsein und Einsamkeit. Sie hatte sich entschieden, einige Dinge endlich allein zu schaffen, mit ihrer eigenen Kraft. Aber einsam war sie nicht. Sie hatte immer noch ihre Mutter. Ihre Freunde waren an ihrer Seite, auch wenn Tatjana ihr nach wie vor fehlte. Die Freundschaft, die sie dank Elias' Zuspruch endlich zu beenden gewagt hatte, nachdem sie ihr so viel Energie gekostet hatte.

Würde sie Elias verlieren? Hatte sie ihre Freundschaft zu sehr überstrapaziert, ihm zu sehr wehgetan nach allem, was passiert war? Das würde sich weisen... Das lag nun bei ihm. Sie hatte keinen Einfluss mehr darauf. Sie konnte nur hoffen, dass er alles ernst gemeint hatte, was er gesagt hatte. Erinnerungen an Dinge, die er ihr geschrieben hatte, gingen ihr durch den Kopf.

Obwohl wir uns noch nicht lange kennen, sind wir Freunde geworden.

Sehr gute sogar! Und du bist mir sehr wichtig geworden.

Du bist ein guter Mensch. Einer der besten, die ich kenne.

Weißt du, vielleicht bin ich deshalb single, weil ich Freiheiten brauche.

Meine Freunde – zu denen auch du gehörst.

Nici hoffte, dass ihre Offenbarung ihn nicht von ihr weggetrieben hatte.

Trotz ihrer aktuell schwierigen Phase hatte sie aus den letzten Monaten viel mitnehmen können und viel gelernt.

Sie war unendlich dankbar für die Zeit, die hinter ihr lag, trotz aller Kratzer und neuer Narben.

Sie war ganz. Sie war heil.

Das Puzzle war fertig, sie sah das Bild... und es war toll. Nicht perfekt... aber wunderschön.

Endlich liebte sie sich selbst.

Erneut blickte sie zum Himmel auf. Sie spürte, wie Hoffnung, Frieden und Glaube stark in ihr brannten.

Und endlich...

Endlich war die Kerze der Liebe dazu gekommen. Sie lächelte zu den Sternen auf, als sie das Feuer in sich spürte, das sie nie gesehen hatte, nie hatte sehen wollen. Elias, Yamuna, Mila war es endlich gelungen, zu ihr durchzudringen. Sie hatten alle Mauern und Masken, hinter denen ihr Ex sie gefesselt hatte, zu entfernen geholfen, aber viel hatte sie selbst geschafft.

Plötzlich überkam sie ein Gefühl, das sie schon lange nicht mehr gespürt hatte.

Sie war stolz auf sich.

Nici lächelte und Freudentränen liefen über ihre Wangen, als sie das Gesicht erneut in den Wind streckte.

»Ich bin Zuhause«, flüsterte sie. Und schon entfaltete sich vor ihrem inneren Auge ein neues Lied und eine Melodie rauschte durch ihr Herz wie ein Fluss, ein Strom, der ganze Ozean... Unendlich wie ihr Leben und das ganze Universum.

Ihr Glück wartete noch auf sie. Ihre Lippen formten leise Worte und sie sang mit dem Wind eine sanfte Melodie.

Unbroken Soul

Freedom Song

Letting Go

Traurig starrte Nici auf den Bildschirm. Auf den einseitigen Brief im A4-Format, den ihr Elias am Vortag geschickt hatte.

Er wollte seine glückliche Beziehung nicht gefährden – etwas, das sie natürlich verstand. Sie hätte auch nie von ihm verlangt, ihre Freundschaft aufrecht zu erhalten, wenn das ihm und Marlene im Weg stand. Wie könnte sie ihm darüber böse sein?

Sie hatte in all den Wochen, seit er gemeint hätte, er brauchte noch Zeit, um sich alles durch den Kopf gehen zu lassen, nicht mehr an ihrem gemeinsamen Album *Out of Time* gearbeitet...

Er hatte ihr die Rechte an seiner bisherigen Arbeit daran geschenkt und schrieb, wenn es erfolgreich war, würde er es ihr gönnen.

Am meisten schmerzte sie allerdings der Vorwurf, sie sei unaufrichtig zu ihm gewesen, auch nachdem er nicht mehr single gewesen war... Und dass er das von anderen Songwritern aus der Gruppe hatte hören müssen, die er ebenfalls zu seinen Freunden zählte.

Es hatte einen ganzen Tag gedauert, bis sie begriffen hatte, was diese Worte tatsächlich bedeuteten. Nämlich, dass einer der Menschen, denen sie sich anvertraut hatte, ihm erzählt hätte, sie würde sich nicht für die beiden freuen.

Oder spielte er lediglich auf die beiden Tage an, an denen sie weiterhin versucht hatte, sich normal zu verhalten, obwohl es sie innerlich zerrissen hatte...?

Aber im Zusammenhang mit diesen Worten, dass er es von gemeinsamen Freunden erfahren hatte, passte das nicht recht ins Bild.

Oh Mann. Das war irgendwie klar. Da hatte sie es *endlich* geschafft, zu mehreren Leuten Vertrauen zu fassen – und dann vertraute sie einer Person zu viel. Immer wieder ging das schief.

Der Inhalt des Briefes machte sie jedoch noch aus einem weiteren Grund traurig. Nach Wochen des Wartens und Schweigens hatte sie ihm in WhatsApp geschrieben und um Klarheit gebeten, weil sie diese Warterei und Hofferei nicht mehr aushielt. Zehn Minuten später hatte Elias ihr das hier geschickt. Er meinte, er hätte Zeit gebraucht, um die richtigen Worte zu finden, und sich deshalb nicht gemeldet. Der Brief las sich jedoch bei der näheren Betrachtung so, als hätte er ihn in besagten zehn Minuten ohne viel Federlesen in die Tastatur gehämmert und abgeschickt. Sie hatte danach noch einmal geantwortet, aber keine Antworten mehr erhalten, auch nachdem er ihre Nachrichten gelesen hatte.

Naja, vielleicht war das besser so.

Es klopfte an die Tür ihres Arbeitszimmers.

»Herein...«, murmelte Nici mutlos.

»Alles ok?«, fragte Yamuna sanft, als sie das Zimmer betrat.

Nici stieß sich vom Schreibtisch ab und lehnte sich seufzend zurück. »Nicht wirklich.«

Yamuna setzte sich auf das kleine Sofa und Nici drehte den Sessel zu ihr herum. »Willst du darüber reden?«

Mit einem Nicken holte sie Luft und erzählte Yamuna von Elias'
Schreiben und dass jemand – ihrer Vermutung nach Selina – mit ihm
geredet haben musste. »Also… ich glaube nicht, dass sie sich
absichtlich eingemischt hat«, schob sie hinterher. »Und ich bin mir
zu 99,9% sicher, dass es nichts an seiner Entscheidung geändert
hätte, die Freundschaft zu beenden. Auch, wenn uns zehn
Zugstunden trennen – er hätte doch immer Sorge haben müssen,
dass ich mich zwischen ihm und Marlene einmische, obwohl er mich
gut genug kennen müsste, um zu wissen, dass ich das nicht tun
würde. Trotzdem… die Unbefangenheit wäre so oder so weg
gewesen. Man kann nicht mehr auf dieselbe Art und Weise mit
einem Freund reden, wenn dieser in einen verliebt ist. Oder es…
war. Das geht einfach nicht mehr.«
Traurig blickte sie auf ihre Hände hinab, bevor sie wieder hochsah.
»Aber dass der Musiker in ihm nicht einmal weiter, nur als Kollegen,
an *Out of Time* arbeiten möchte, tut weh. Ich habe gedacht, dass
dieses Werk ihm genauso viel bedeutet wie mir. Und doch ist er
einfach bereit, das wegzuwerfen. Das… das ist echt hart.« Ihre
Stimme war belegt.
Yamuna nickte verständnisvoll und deutete schließlich auf den
Bildschirm. »Darf ich den Brief mal lesen?«
Nici zuckte die Achseln und deutete einladend auf den Computer.
Vor ihren Freundinnen wollte sie keine Geheimnisse mehr haben.
»Nur zu.«
Yamuna scrollte über den Bildschirm und las sich das Schreiben
durch, bevor sie verärgert schnaubte. »Er lässt dich vier Wochen
zappeln für *das* hier? Du nimmst fünf Kilo ab und bist jede Nacht in
Tränen aufgelöst über die verlorene Freundschaft, für *das da*?«, rief

sie schließlich erzürnt. »Sorry, aber so wichtig kannst du ihm nie gewesen sein!«

Nici seufzte und stützte den Kopf in die Hände. »Ich bin selbst Schuld. Ich hätte ihm das nie erzählen sollen...«

Yamuna winkte ab. »Blödsinn. Das musste raus. Es hätte dich sonst kaputt gemacht. Vielleicht war die Art und Weise nicht gut, aber so eine Kurzschlussreaktion hätte jedem passieren können.«

Nici hob den Kopf. »Achja? Auch jemand, der keine Depressionen hat?«, konterte sie genervt.

Yamuna nickte entschlossen. »Wenn ich sage jedem, meine ich *jedem*, Nici. Deine Gefühle waren verletzt, klar kommt es da zu Fehlern. Aber was ich nicht kapiere, ist das.«

Sie deutete auf den Absatz, in dem Elias meinte, sie wäre unaufrichtig gewesen. »Hab ich was nicht mitbekommen? Ich dachte, du freust dich für die beiden?«

Nici seufzte leise. »Ich hab mich auch aufrichtig für die beiden gefreut, und zwar vom ersten Moment an... Ich konnte mich nur nicht aktiv *mit*freuen. Das hab ich ihm auch gesagt. Vielleicht spielt er damit noch einmal auf das an, was ich Selina geschrieben habe, als ich die Gruppe verlassen habe? Wobei das dieselbe Wortwahl war... Ich hätte nicht gedacht, dass ausgerechnet Leute, die mit Wörtern arbeiten, den Unterschied zwischen >für< und >mit< in diesem Zusammenhang nicht begreifen!« Bei diesen Worten konnte sie sogar die Augen verdrehen.

Yamuna tat es ihr gleich, als sie sich aufs Sofa fallen ließ. »Meine Güte... Dass sie sich so übertrieben von dir distanziert hat nach dieser Sache, fand ich im Übrigen auch kindisch. Sie war ja nicht mal direkt betroffen. Du hattest doch mit Selina keinen Kontakt mehr seither, oder? Also alles, was du Elias danach geschrieben hast, war definitiv aktueller als alles, was sie ihm hätte weitergeben können.«

Nici zuckte erneut die Schultern. »Nur ein paar Tage danach, aber da ging es nicht um Elias. Da hab ich mich nur bei ihr für meinen Ausrutscher entschuldigt und ihr erklärt, warum ich sie nicht mit einbezogen habe in den Kreis der Leute, bei denen ich Halt gesucht habe«, flüsterte sie. »Darauf hat sie nie geantwortet. Da sie mich bei Facebook aus der Freundesliste geworfen hat, hatte ich mit ihr eigentlich abgeschlossen. Das war selbsterklärend.«

»Ja, aber... Du freust dich doch mittlerweile *mit* ihnen, oder?« Yamuna musterte sie prüfend.

Nici nickte und hob den Blick. »Ja, natürlich. Von ganzem Herzen. Und ich wünsche ihnen alles Gute. Ich wünsche ihnen, dass sie glücklich werden, dass sie wirklich die große Liebe füreinander sind.«

Noch während Nici das sagte, wurde ihr klar, dass es stimmte. Sie hatte ihn losgelassen. Passend dazu entstand ein neuer Song in ihren Gedanken: *Letting Go*. Sie wusste sofort, dass dieser in das Album *Out Of Time* passen würde.

»Was hast du ihm gestern noch geantwortet?«

Nici schnaubte. »Dass meine Gefühlswelt etwas größer ist als ein Teelöffel und dass man sich sehr wohl für jemanden freuen kann, auch wenn man für sich selbst traurig ist. Und dass ich Marlene zwar nicht gut kenne, aber dass dieses eine Mal schreiben gereicht hat, um sie ins Herz zu schließen. Immerhin hat sie mir ebenfalls Mut gemacht, meinen Mann zu verlassen. Darauf hab ich keine Antwort mehr erwartet, ist also ok, dass er nichts mehr geschrieben hat.«

Yamuna hörte ihr einfach ruhig zu und ließ sie ausreden, bevor sie leicht nickte. »Gut gesprochen.«

Nici wandte sich noch einmal dem PC zu, wo WhatsApp im Browser geöffnet war, und seufzte leicht. »Ich habe erst einen Tag im Nachhinein begriffen, dass jemand mein Vertrauen missbraucht und mit ihm geredet haben muss... und dass er das tatsächlich mehr glaubt als alles, was ich ihm geschrieben habe. Das tut eigentlich am meisten weh.« Sie hob hilflos die Hände. »Dass ich... ich hab ihm mein Herz ausgeschüttet. Ihm alles erzählt. Ihm meine Gefühle erklärt, bildlich und mithilfe von Musikzitaten, ich hab alles vor ihm ausgebreitet. Ich hab jede Maske abgelegt, etwas, das ich noch nie zuvor so richtig gemacht habe. Nicht in dem Umfang. Ich war noch nie in meinem Leben aufrichtiger als in dem einen Album und dem Brief danach... Ich habe das gemacht, worum er mich immer wieder gebeten hat. Ich habe die Masken abgenommen... Ich war ehrlich. Jeder will Ehrlichkeit, aber wenn man die Wahrheit hört, glaubt man sie nicht?«

In Nici war nicht einmal wirklich Platz für Wut – sie fühlte sich frustriert und mutlos. »Selbst wenn Selina mit ihm gesprochen haben sollte... ob absichtlich oder nicht … dann hat sie ja nicht gelogen. Ich war ihr gegenüber halbwegs offen. Ich habe meine Gefühle in Worte gefasst, so gut ich konnte. Sie hat diese Worte interpretiert. Und diese Interpretation meiner Gefühle in ihren Worten an Elias weiter gegeben. Sie hat die Wahrheit gesagt, aber *ihre* Wahrheit. Das, was für Selina wahr war, als es um meine Gefühle ging... Und das heißt, er hat ihre Wahrheit aus dritter Hand mehr geglaubt als meine, direkt *von mir* in Worte gefassten Gefühle.« Tränen traten ihr in die Augen. »Er hätte mich besser kennen müssen. Er weiß mehr über

mich als fast jeder andere Mensch auf der Welt. Und dennoch...
wenn jemand, der mich kaum kennt, denn mit Selina habe ich nie
soooo viel geredet, aber wenn dieser Jemand mit ihm über mich
redet, glaubt er dieser Person mehr als mir? Und warum traut er mir
nicht, wenn ich sage, dass ich sowohl das eine als auch das andere
empfinden konnte? Es ist nicht ... fair.«

Yamuna stand auf und legte sanft einen Arm um Nicis Schulter.
»Nein, das ist es auch nicht.«

Nici schluchzte nun unkontrolliert. »Und ich weiß verdammt
nochmal, dass ich Fehler gemacht habe. Ich weiß, dass mein
Verhalten scheiße war. Ich hab mich entschuldigt. Ich hab auch nicht
einmal erwartet, dass man mir vergibt. Ich hab nicht mit Absolution
gerechnet. Aber dass die Entschuldigungen nicht einmal *akzeptiert*
werden – ich spreche nicht von *angenommen*, aber zumindest
akzeptiert – das ist einfach nur scheiße! Ich fühl mich wie ein Stück
Dreck. Ich bin ersetzlich und austauschbar und ich frag mich, ob wir
überhaupt jemals Freunde waren!« Am Ende dieses Satzes schrie sie
fast und ihre Hände zitterten. Nici ballte sie zu Fäusten, um es zu
verbergen. »Und dann meinte er noch, er hat alles so gemeint, wie er
es sagte? Ok, zu der Zeit mag es gestimmt haben, dass er wirklich
alles so gemeint hat. Dass er für mich da sein und mich nie im Stich
lassen würde und alles. Aber dann nach diesem Fehler waren all
diese Worte, egal wie ehrlich sie vor Monaten noch waren, plötzlich
bedeutungslos!«

Yamuna seufzte leise, aber ließ sie ausreden. Nici schluckte und holte
ein paar Mal tief Luft. Ihr Herz zog sich zusammen und sie biss sich
auf die Lippen, um nicht mit dem herauszuplatzen, was ihr
eigentlich durch den Kopf ging... dass sie sich *selbst* so fühlte, als

wäre sie bedeutungslos, nicht nur die Worte, die sie zu hören bekommen hatte. War überhaupt irgendein verdammter Buchstabe etwas wert gewesen, den er geschrieben hatte? Egal, ob es sich um ein Versprechen gehandelt hatte oder ob er sie aufbauen wollte? Oder waren die Worte einfach etwas gewesen, womit er um sich werfen konnte, weil er eben Songwriter war, genug davon zur Verfügung hatte und wusste, wie man damit umging?!

Dennoch war ihre Stimme wieder ruhig, als sie weiter sprach. Sie flüsterte fast. »Ich hab mir sogar überlegt, ob ich das noch schreibe. Das mit den Wahrheiten, was man für Wahrheit hält und ob die Interpretation meiner Worte wirklich so viel wert sein kann wie die Offenheit, die ich in meine direkt an ihn gerichteten Schreiben und das Album gesteckt habe... Aber ich hab mich entschieden, es sein zu lassen. Zum einen würde es nichts ändern. Es würde nur trotzig wirken, und … da steh ich wirklich drüber.«

Sie sah Yamuna an, die entschieden nickte. »Sehr gut, Süße. Das ist genau die richtige Entscheidung!«, meinte diese aufmunternd und stieß sie leicht in die Seite. Nici lächelte sachte. »Wenigstens eine richtige Entscheidung in den letzten chaotischen Wochen«, murmelte sie traurig.

Yamuna setzte sich wieder zu ihr. »Was wird aus *Out Of Time*?«

Nici zuckte traurig die Schultern. »Die Melodie, die Inspiration... die kam von ihm. Aber dennoch stammt fast der gesamte Text von mir. Ich werde es fertig schreiben und vertonen, dann sehen wir weiter.«

Sie strich sich mit der Hand über die Stirn. Wieder breiteten sich hämmernde Kopfschmerzen hinter ihren Augen aus und sie seufzte leise. »Sollte das Album Gewinn abwerfen, schicke ich ihm trotzdem einen Anteil dran. Auch wenn er mir die Rechte daran schenkt und er deshalb nicht als Mitwirkender draufstehen wird, möchte ich, dass es fair bleibt. Er hat immerhin dran mitgearbeitet. Ich hab ja noch immer seine PayPal-Adresse.« Sie lächelte humorlos.

Yamuna nickte. »Das ist sehr anständig von dir.«

Nici warf einen Blick auf den Computer. »Ich... ich habe diesen alten Facebook-Account. Vor ein paar Jahren wollte ich mich aus Facebook zurückziehen und habe es dann nicht getan. Aber es wird Zeit. Ich lösche den alten Account und übertrage vorher nur noch die Adminrechte für meine Musikerseite auf den neuen. Aus den Augen, aus dem Sinn. Es wird besser für alle Beteiligten sein, wenn ich mich in Luft auflöse, von der Bildfläche verschwinde. Meine Kommentare, alles was ich hochgeladen habe, auch das verhängnisvolle Lied, alle Posts... all das wird ebenfalls verschwinden. Und innerhalb weniger Monate bin ich in Vergessenheit geraten.« Nici lächelte traurig und strich leicht über die Tastatur. »Ein kompletter Neuanfang ist wohl das Beste. Und vermutlich wird sich Elias in ein paar Jahren zwar noch ab und zu daran erinnern, dass er eine Weile mit einer depressiven Songwriterin befreundet war... aber irgendwann nicht einmal mehr meinen Namen wissen. Und auch das ist gut so.« Sie hob den Blick. »Er braucht mich nicht mehr. Und ... ich ihn auch nicht.«

Yamuna stand auf und umarmte sie. »Du hast recht, Nici. Du brauchst ihn bei Gott nicht! Alles wird wieder gut.«

Nici löste sich aus der Umarmung. »Ja, das wird es.«

Die nächsten Tage konzentrierte sich Nici ununterbrochen auf das gemeinsame Album, das sie und Elias geschrieben hatten. Obwohl es ihr anfangs schwerfiel – es fühlte sich einfach falsch an, ohne ihn daran zu arbeiten – ließ sie sich nicht davon abbringen.

Im Alltag war es am schwierigsten, weil sie seine Freundschaft da am meisten vermisste, auch wenn sie das Gefühl von früheren verlorenen Freundschaften nur zu gut kannte. Diese Momente, in denen man etwas besonderes oder außergewöhnliches erlebte und das mit einer bestimmten Person teilen wollte – nur um zu erkennen, dass das nicht mehr möglich war.

Sie ertappte sich auch außerhalb der Musik öfter dabei, an Elias zu denken. Nicht als den Mann, für den sie in Schwärmerei verfallen war, sondern an den besten Freund, den sie von sich weggetrieben hatte. An den Freund, den sie verloren hatte, nachdem er die Reißleine gezogen hatte. Über Wochen und Monate hatten sie täglich oder so gut wie täglich gechattet, nun hörten sie nichts mehr voneinander. Sie fragte sich, wie es ihm ging. Wie es seinem herzkranken besten Freund ging... Verdammt, sie fragte sich sogar, ob seine *Katze* wohlauf war.

Irgendwann an einem dieser Tage ging sie mit Yamuna mit den Hunden laufen. Sie joggten schweigend nebeneinander her, jeder ein paar hechelnde Hunde um sich. Irgendwann, als sie kurz Halt machten, weil einer der Hunde sein Geschäft verrichten musste, stützte Yamuna keuchend die Hände in die Seiten. »Sag mal, du hast vergessen, mir zu erzählen, was bei der Ultraschalluntersuchung raus gekommen ist!«, schnaufte sie.

Nici schob ihre Wasserflasche zurück in den Gürtel und wischte sich den Schweiß von der Stirn. Vor ein paar Wochen war sie endlich beim Arzt gewesen, um ihre Schilddrüse untersuchen zu lassen. »Kein Befund. Nur die Unterfunktion. Das Gewebe ist unverändert,

Gott sei Dank. Ich hatte schon die schlimmsten Albträume«, gestand sie ihrer Freundin.

Yamuna hob lächelnd die Hand zum High Five und Nici schlug ein. »Na, wenigstens was. Freut mich, dass alles ok ist!«, sagte sie. »Welche Untersuchung steht eigentlich als nächstes an? Hast du nicht was erwähnt?«

Nici seufzte mit verdrehten Augen. »Die Gastroskopie, die alle zwei Jahre fällig ist.«

Yamuna lachte. »Mädel, du bist echt ne Baustelle.« Damit nahm sie etwas Spannung aus dem Thema, das Nici nicht gänzlich losließ. Nicis Mutter hatte Magenkrebs gehabt, ihre Tante mütterlicherseits neigte zu Magengeschwüren, eine andere Tante hatte Brustkrebs und ihr Vater hatte kurz nach dem vierzigsten Geburtstag seinen ersten Herzinfarkt gehabt. Nicis Hausarzt war daher übervorsichtig mit den Vorsorgeuntersuchungen.

Mit einem schiefen Grinsen zuckte Nici die Schultern. »Anders wärs ja langweilig.«

Sie liefen gemütlicher weiter, da wandte sich Yamuna noch einmal zu ihr um, während sie langsam weiter joggte. Nicis Freundin runzelte nachdenklich die Stirn. »Sag mal... Elias wusste, dass du zu den Krebs-Risikopatienten zählst und deshalb solche Angst vor der Untersuchung hattest, oder?«, fragte sie gedehnt.

Nici nickte nur. Sie verstand nicht, worauf Yamuna hinaus wollte.

»Hat er dich gefragt, was dabei raus gekommen ist?«, rückte Yamuna nun mit der Sprache heraus.

Nici war so überrascht von dieser Frage, dass sie unwillkürlich stehen blieb und fassungslos in die Ferne blinzelte. »Nein.«

Yamuna hielt ebenfalls an und ihr Gesichtsausdruck wurde noch finsterer. »Die Untersuchung war aber noch, bevor er eure Freundschaft offiziell beendet hat, oder?«, bohrte sie nach.

»Ja, aber nachdem er Marlene getroffen hat... Mal ehrlich, frisch verliebt hätte ich auch andere Sorgen«, murmelte Nici und spürte, wie ihre Ohren heiß wurden, als sie Elias in Schutz nahm.

»Zur Wiederholung. *Du* machst dir nicht nur um ihn selbst, sondern auch Sorgen darum, wie es Leuten geht, die *ihm* wichtig sind. Um sein Haustier. Und sogar um die Frau, die ihn sich geangelt hat. Weil du am liebsten immer willst, dass es allen auf der ganzen Welt gut geht... und er hat dich nicht einmal gefragt, was bei dieser Untersuchung raus gekommen ist?« Yamuna klang etwas ungläubig. Nici zuckte nur die Schultern, was wohl Antwort genug war, weil Yamuna wütend die Hände in die Seite stemmte. »Du könntest also sonst was haben und schon mit einer Hiobsbotschaft herum laufen, Diagnose á la >hat nicht mehr lang<, und er hätte es nicht mal mehr erfahren! Noch schlimmer, er hätte dich nicht mal *gefragt*?!«, fauchte sie.

Nici verschränkte trotzig die Arme vor der Brust. »Selbst wenn er gefragt hätte, hätte er es nicht von mir erfahren. Auf eine Freundschaft aus Mitleid hätte ich auch verzichtet«, erwiderte sie leise. »Und selbst wenn die Freundschaft auch *dann* zu Ende gewesen wäre, hätte ich es ihm nicht erzählt. Er soll nicht mit Altlasten und schlechtem Gewissen in sein neues Leben starten, nur weil die Tusse, die sich in ihn verguckt hatte, zusätzlich zu Depressionen jetzt auch noch Krebs oder sonst was hätte. Ich hab ihn von seinen Versprechen entbunden, vergessen? Ich erwarte von niemandem, Versprechen mir gegenüber zu halten.«

Yamuna winkte ungeduldig ab. »Scheiß drauf, Nici, wirklich. Wenn er dich nicht mal gefragt hat, kann er sich nie so viele Sorgen um dich gemacht haben wie behauptet. Dann warst du ihm nie so wichtig, wie er gesagt hat. Damit hat er bewiesen, dass seine Versprechen und Beteuerungen, was eure Freundschaft angeht, wertlos waren! Was für ein Herzchen, wirklich! Sei froh, dass du ihn los bist!«, knurrte sie.

Nici wandte sich ab. »Ich will nicht mehr darüber reden, bitte«, murmelte sie tonlos.

Yamuna seufzte. »Im Innersten weißt du trotzdem, dass ich recht habe!«, rief sie über ihre Schulter zurück, als sie weiterlief. Nici schloss kurz die Augen und wusste, dass sie trotz allem *nie* froh sein würde, eine Freundschaft verloren zu haben.

Eine Zeile aus Elias' Brief ging ihr durch den Kopf. Dass seine Freundschaft ihr vielleicht nicht so gut getan hatte, wie er gedacht hätte... Wollte er damit sein Gewissen beruhigen? Vermutlich.

Nici schnaubte und lief weiter.

Freundschaft war *immer* etwas Gutes, genau wie Hoffnung.

Was weh tat, war das Ende des einen oder des anderen...

Was weh tat, einem nicht gut tat, waren Enttäuschungen.

Freundschaft an sich... war immer etwas Gutes.

Their Last Song

Wenige Wochen später stellte es sich erneut ein...

Das Gefühl, dass irgendetwas in der Luft lag.

Nici hatte das Gefühl, bestimmte Dinge zu Ende bringen zu müssen.

Mittlerweile vertraute sie mehr darauf als früher. Zu oft schon hatte es sich bewahrheitet.

Sie arbeitete mit Vollgas an *Out Of Time* weiter und nahm das Album schließlich Zuhause in ihrem Studio auf, mit nichts als dem Keyboard, der Gitarre und ihrer Stimme. Da sie sich eine professionelle Einrichtung geleistet hatte, konnte sich das Ergebnis wirklich sehen oder besser gesagt hören lassen.

Nur ein Lied fehlte noch. Und sie wusste, dass sie das Album ohne dieses nicht als vollendet betrachten konnte.

Auf dem Album *Out Of Time* gab es noch kein Lied, das diesen Titel trug. Aber sie wusste, welches es sein sollte, welches *Out Of Time* werden würde. Nämlich das Musikstück, das ihr Elias nach ihrem ersten Konzert geschickt hatte, von dem er gesagt hatte, dass es ihr gehören sollte, wenn ihr ein Text dazu einfiel.

Sie setzte sich die großen Kopfhörer auf und hörte wieder und wieder die Audiodatei. Sie drückte auf Wiederholung, schloss die Augen und ließ die Musik durch sich hindurchfließen, wie sie es immer tat.

Sie wusste, dass dieses Lied eine gute Basis bot, aber es war noch nicht ... *ihr* Song.

Nici schlug die Augen auf und starrte an die Decke, als sie begriff, warum sie keinen Text dazu fand. Es war gut, wie alles, was von Elias kam, aber es war nicht... *ihr* Lied. Es passte nicht mehr zu ihr! Sie hatte sich verändert, die letzten Wochen und Monate hatten einen anderen Menschen aus ihr gemacht. Aber das Lied war noch für die alte Nici geschrieben worden.

Sie hatte die Noten des Liedes bereits aufgeschrieben und betrachtete sie nun nachdenklich. Dann holte sie, mit völliger Klarheit, wie das neue Lied klingen sollte, einige leere Notenblätter und einen Bleistift aus der Schublade neben sich und begann, das Lied umzuschreiben. Die Grundmelodie, die Tonfolge blieb. Aber sie verlangsamte den Takt ein wenig und setzte den Ton tiefer an, sodass der Song trauriger und melancholischer klang. Nici schrieb einfach drauflos. Keine zehn Minuten später war sie fertig und atmete durch, als hätte sie die ganze Zeit die Luft angehalten.

Sie ließ ihre Augen noch einmal über die Noten wandern und nickte leicht. Ja, nun war es ihr Song! Nici stand auf um ihre Gitarre zu holen, setzte sich wieder hin und begann zu spielen. Die Noten flossen nur so aus dem Instrument, ebenso wie aus dem Keyboard, als sie es auch darauf versuchte. Es war etwas ganz Neues, dennoch klang es eindeutig nach... Nein! Sie schüttelte über sich selbst den Kopf.

Es klang nicht mehr nur nach Leonita. Es klang nach *ihr*. Nach Nicoletta! Nach Nici. Es war *ihr* Lied. Endlich hörte sie auf, sich zu verstecken!

Und plötzlich wusste sie nicht nur, dass das Lied *Out Of Time* heißen würde. Sie wusste auch genau, wie der Text sein musste.

Auch für diesen brauchte sie nur etwa zehn Minuten. Sie sang das Lied, feilte einige Kleinigkeiten im Text zurecht, damit er besser zur Melodie passte, und schon beim zweiten Durchgang klang der Song wesentlich gefühlvoller, sanfter und flüssiger.

Besser würde es nicht mehr werden! Kurz entschlossen nahm sie diesen Song sofort auf.

Als sie später alle Lieder am Stück anhörte, konnte sie es kaum fassen. Nachdem sie so lange mit Elias daran gearbeitet und das Album dann wochenlang nicht angerührt hatte, erschien es ihr surreal, es tatsächlich anhören zu können.

Out Of Time war … fertig.

Yamuna und Mila waren begeistert. »Das gehört zu den besten Werken, die du je geschrieben hast! Du hast das Potential wirklich ausgenutzt!«, schwärmte Mila bei einem ihrer gemeinsamen Videochats, bei denen Yamuna und Nici in Nicis Arbeitszimmer saßen, während sich Mila in Frankfurt vor ihren Computer setzte.

Nici lächelte schmal. Sie hatte nicht das Gefühl, das verdient zu haben. Ohne Elias gäbe es weder ihr Album *End Of Time*, mit dem ihnen der Durchbruch gelungen war, noch ihre neue Arbeit *Out Of Time*.

Sie legte einen Stapel Papier auf den Tisch. Yamuna und Mila – letztere auf dem Bildschirm, was ziemlich lustig aussah – starrten sie fragend an.

»Das sind die Noten zu allem, was ich je geschrieben hab, auch den begonnenen Sachen«, sagte Nici zögernd. »Ich will euch um einen Gefallen bitten.«

»Welchen?«, fragte Yamuna misstrauisch.

Mila legte den Kopf schräg. »Nici, ist alles in Ordnung?«

Nici seufzte. »Ja, schon. Ich bin nicht krank oder so, keine Angst, und ich hab auch nicht vor, mich umzubringen oder keine Ahnung was sonst. Aber wie ihr wisst, hab ich öfter solche Vorahnungen. Und im Moment ist alles so komisch. Yamuna, du kennst meinen Stil gut. Und Mila, du bist eine tolle Musikerin... Ich will nicht viel darüber nachdenken, wirklich, aber für den Fall, dass mir was passiert, sorgt dafür, dass *Out Of Time* raus kommt und Mila, würdest du alles, was da noch liegt, vollenden, weiter schreiben und vertonen? Yamuna würde dir helfen, das Beste aus meiner Musik zu holen, wie bei mir bisher auch, und ... es würde nicht verloren gehen.« Nachdenklich sah sie auf die Notenblätter hinunter. »Das... neben dem Hof ist das mein Lebenswerk. Unzählige Stunden, schlaflose Nächte, Schmerzen in den Händen vor lauter Schreiben und Spielen, singen, bis ich heiser bin... Mein ganzes Herzblut ist in diesem Stapel Papier. Ich will nicht, dass alles umsonst wäre. Nur für den Fall.«

Sie hob den Blick und sah sowohl zu Mila auf dem Bildschirm als auch zu Yamuna, die verdattert wirkten. »Ich habe einfach das Gefühl, dass es besser ist, das geregelt zu haben. Nur für den Fall. Wirklich«, sagte sie leise.

Yamuna und Mila wechselten, trotz einer Trennung über viele Kilometer, einen Blick und nickten schließlich einvernehmlich.

»Wenn es dich beruhigt, Süße«, meinte Mila und lächelte schief.

Yamuna nickte. »Klar. Die Sachen sind bei uns in guten Händen.«

Nici lächelte. »Ihr seid die Besten.«

Am Abend löschte sie ihren Facebook-Account, nachdem sie über die letzten Wochen hinweg alle Adminrechte auf ihren neuen Account übertragen und ihre Freunde aussortiert hatte.

Ein virtueller Neustart...

Sie hatte Elias, Selina und auch Marlene – obwohl letztere noch am nettesten gewesen war nach dem ganzen von ihr verursachten Chaos – von ihrem neuen Account aus blockiert. So würden die Drei nie auch nur sehen, dass dieser überhaupt existierte. Sie konnten sich nicht mehr zufällig in irgendwelchen Foren begegnen und Nici war wieder frei, sich in Facebook durch die Gruppen zu bewegen. Auf Instagram hatte sie ebenfalls alle blockiert, sodass ihr Account ihnen gar nicht mehr angezeigt werden konnte.

Nach kurzem Nachdenken hatte sie Elias' Nummer auf WhatsApp ebenfalls geblockt. Sie war sich sicher, dass er nicht einmal bemerken würde, wenn ihr Account gelöscht, ihr Name fort war, und selbst wenn, würde er ihr sicher nicht auf anderem Wege schreiben. Dennoch war es ihr ein Bedürfnis und sei es nur, um sich selbst zu beweisen, dass sie *ihn* ebenfalls nicht mehr brauchte.

Sie schluckte. Die Entscheidung war ihr nicht leicht gefallen, aber so war es am besten.

Zögernd schwebte ihr Finger über dem Touchpad ihres Mobiltelefons, über dem Kontakt »Elias Fischer«.

Elias...

Sie dachte noch oft an ihn, aber er sicher kaum noch an sie. Bald würde er sie und was einmal gewesen war, vergessen haben. Alles, was sie ihm erzählt hatte, alles, was sie ihm anvertraut hatte. All ihre schönen, aber auch die traurigen und hässlichen Geschichten.

Obwohl es sie traurig machte, war sie darüber erleichtert. Sie wollte keine Last im Leben eines anderen Menschen sein.

Sie drückte auf »Löschen« und Elias' Nummer verschwand aus ihrem Telefonspeicher.

Danach atmete sie durch und löschte auch den kompletten Chatverlauf, in dem seine Nummer sonst noch immer aufscheinen würde.

Eine schwere Last fiel von ihren Schultern.

Er hatte, vielleicht sogar ohne es zu wissen, mit ihrer Freundschaft abgeschlossen gehabt, lange, bevor er ihr geschrieben und damit den Mut gefunden hatte, sie das auch wissen zu lassen. Und endlich war sie auch umgekehrt fertig mit den letzten Monaten, Wochen... ihm.

Die Vergangenheit war abgeschlossen, das Thema beendet.

Die junge Frau stand auf, um über den Innenhof zu Yamunas Wohnung zu laufen. Sie war sich noch immer nicht sicher, ob sie das wirklich tun sollte, aber die dünne Mappe in ihren Händen schien genau da hinzugehören. Es fühlte sich richtig an.

Sie klopfte an Yamunas Tür und ihre Freundin öffnete kurz darauf, schon in Joggingklamotten für den Abend. »Hey, was ist los?«, fragte sie überrascht.

Nici trat unruhig von einem Fuß auf den anderen. »Ich fahr dann tanzen, du bist ja eh bei den Hunden«, druckste sie herum.

Yamuna nickte und ihr Blick wanderte vielsagend zu der Mappe in Nicis Hand.

Nici seufzte. »Ok... darf ich rein kommen?«

»Na komm.« Yamuna zwinkerte ihr zu und ließ sie hinein.

Yamunas Hündinnen liefen schweifwedelnd auf Nici zu und begrüßten sie mit Schnauzenstupsern gegen ihre Hand. Nici lächelte und strich ihnen über die Köpfe, während sie zu Yamunas Essküche ging. Sie setzten sich und Nici holte tief Luft.

Yamunas Blick wanderte immer wieder kurz zu der Mappe, aber sie verlor kein Wort darüber.

Schließlich räusperte sich Nici leicht. »Ich... ich will dich um einen Gefallen bitten«, sagte sie leise und legte die Mappe auf den Tisch.

»Da wäre ich jetzt nie drauf gekommen!«, spöttelte Yamuna gutmütig und deutete auf die Mappe. »Schließlich rennst du ja immer mit so was spazieren.«

Nici verdrehte die Augen. »Scherzkeks.« Sie legte die Hand auf den Hefter und holte tief Luft. »Ich... ich bitte dich um diesen Gefallen, weil ich dir vertraue.« Ihre Stimme war leise, aber fest. »In dieser Mappe findest du alle Log-Ins und Kennwörter für alle Online-Konten in diversen Plattformen. Für die beiden noch übrigen Facebook-Accounts, für Instagram, meine E-Mail-Konten und so weiter.«

Yamuna nickte leicht. »Okaaaaay«, machte sie gedehnt.

Nici griff in die Mappe und holte einen USB-Stick aus einer Klarsichthülle darin. »Da sind... alle Sachen drauf, die ich geregelt haben will, falls mir was passiert. Die Lieder und meine Notizen dazu für dich und Mila. Ein Brief für Mila, einer für dich. Das, was du auf meine Facebook-Musikerseite schreiben sollst, falls mir was passiert. Ein Brief für meinen Ex und diverse Freunde, die ich in den letzten Jahren verloren habe, und auch die Informationen, wie du diese erreichen kannst.« Sie senkte den Blick. »Für Elias ist auch einer dabei... und einer für Al. Und das komplette Album, also sowohl die Texte, Noten als auch meine Aufnahmen von *Out Of Time*. Das Album soll veröffentlicht werden, egal was passiert. Elias soll 25% bekommen. Mein Testament liegt bei meiner Mutter, da steht auch nochmal alles drin.«

Yamuna nahm die Mappe zögernd entgegen, als Nici sie ihr über den Tisch zuschob. »Nici... verheimlichst du mir was?«

Nici schüttelte entschieden den Kopf. »Wirklich nicht, versprochen. Es ist... nur so ein Gefühl. Und mal ehrlich, ich bin zwar erst 30, aber dennoch ist es in meinem Alter sicher besser, alles geregelt zu haben. Nur für alle Fälle.«

Yamuna seufzte. »Ich mache das gern für dich und fühle mich geehrt, dass du mir so vertraust. Ich werde es natürlich nicht ausnutzen, dass ich hier deine Zugangsdaten hab, keine Sorge. Ich öffne die Mappe nur, wenn dir wirklich was passiert, und keinen Tag vorher. Ich hoffe, damit bist du endgültig beruhigt und hörst auf, dir den Kopf zu zerbrechen.« Yamuna klang resigniert, schien aber begriffen zu haben, dass Diskussionen zwecklos waren.

Nici lächelte. »Ja, das beruhigt mich wirklich. Danke.«

Yamuna verdrehte nur die Augen. »Fahr einfach tanzen. Wir sehen uns später.«

Nici und ihre Mutter blieben wie üblich länger, um einige Dinge zu tanzen, die die Gruppe noch nicht gelernt hatte. War Nici schon eine geschickte Tänzerin und beherrschte mit etwa 150 Choreographien eine breite Palette, spielte Helena noch einmal in einer ganz anderen Liga. Sie hatte schon mehr Tänze wieder vergessen, als ihre Tochter überhaupt gelernt hatte.

Nici hatte mit ihrer Mutter immer über alles geredet, auch über Elias. Nur über das endgültige Ende der Freundschaft hatten sie nicht mehr gesprochen, weil Nici die letzten paar Tanzabende ausgelassen hatte, um an *Out Of Time* zu arbeiten.

Sie setzten sich noch eine Weile in Helenas Auto, um darüber zu reden. Vor dem Vereinshaus, in dem sie ihr Tanztraining machten, schwebten Glühwürmchen durch die Luft. Nici schmunzelte, als sie die winzigen gelben Lämpchen beobachtete. Eines setzte sich direkt vor ihr auf die Windschutzscheibe. Sie brachte ihre Mutter über alles auf den neuesten Stand und lehnte sich dann zurück.

Helena spielte mit dem Schlüsselanhänger ihres Autoschlüssels. »Und wie kommst du klar?«, fragte sie sanft.

Nici zuckte die Schultern. »Ich überlebe. Wie immer.« Dann huschte ein Lächeln über ihr Gesicht. »Ich... Ich habe eine Zugfahrt gebucht. Im April. Nach Frankreich. Ich gehe den spanischen Jakobsweg«, blubberte es plötzlich aus Nici hervor.

Ihre Mutter hob den Blick und strahlte. »Wirklich? Nici, das ist ja toll! Davon hast du ja schon lang geträumt!«

Nici spürte, wie ihre Wangen vor Freude rot wurden, und nickte mit einem breiten Lächeln. »Ja, ich freue mich schon. Sogar darauf, das allein zu machen... Es gibt einfach Dinge, für die man niemanden bei sich haben sollte. Und im Jahr drauf will ich den Franziskusweg in Italien gehen. Von Florenz bis Rom.«

Sie lehnte den Kopf wieder zurück an die Stütze. »Ich habe meinen Account heute zur Löschung vorgemerkt. In zwei Wochen wird er weg sein und in 90 Tagen sind alle meine Spuren aus Facebook getilgt, als wäre ich nie da gewesen.«

Ihre Mutter musterte sie prüfend von der Seite. »Und du willst das wirklich durchziehen?«

Nici fuhr sich durch die kurzen Haare, bevor sie nickte. »Ja. Ich versuche immer wieder an Freundschaften zu glauben, wie man sie in Disneyfilmen sieht. Freunde fürs Leben. Wenn man Fehler macht und sich entschuldigt, wird einem vergeben. Ehrlichkeit lohnt sich. Versprechen werden nie gebrochen... all das. Aber ich habe begriffen, dass es das außerhalb von Filmen und Büchern nicht gibt, zumindest nicht für jemanden mit Depressionen. Yamuna und Mila sind für mich da, aber werden sie das auch noch sein, wenn der nächste Nervenzusammenbruch sie direkt trifft? Beim letzten waren sie schließlich quasi nur Zuschauer.« Nici schluckte. »Ich kann es nur hoffen. Aber...« Sie hob den Blick und beobachtete weiter die Glühwürmchen vor dem Auto. »... ich will genauso eine Freundin *sein*, auch wenn ich solche Freunde noch nie *hatte*, weißt du?« Ihre Mutter schwieg und ließ sie nachdenken, während Nici nach Worten suchte. »Selbst wenn ich wüsste, dass sie nie wieder mit mir reden. Nie wieder für mich da sind. Und nie wieder abheben, wenn ich sie anrufen, nie wieder antworten, wenn ich ihnen schreiben würde... ich würde niemanden ignorieren, der mich nachts anruft oder schreibt, oder gar vor meiner Tür steht und mich um Rat oder Hilfe fragt. Ich werde immer da sein. Für jeden einzelnen. Jeder wird immer irgendeinen Weg finden, wie man mich erreichen kann.«

»Weiß Elias das auch?«, fragte ihre Mutter sanft.

Nici zögerte kurz, aber schließlich nickte sie. »Meine Seiten auf Facebook bleiben erhalten, meine E-Mail-Adresse... Er könnte mich immer finden, aber ich weiß, dass er das nicht tun wird. Er braucht mich nicht... Aber wenn er mich brauchen *würde*, gilt das natürlich auch für ihn, so wie für jeden anderen.«

Stumm sah sie wieder nach draußen, aber sie spürte, wie ihre Mutter lächelte. »Du weißt, dass du damit für deine nächste Inkarnation jede Menge gutes Karma sammelst, oder?«

Nici lachte leise. Ihre Mutter mit ihrer Spiritualität. Nici glaubte zwar auch daran, schließlich hatte sie schon genug Seltsames erlebt, führte immer wieder Rituale durch oder zog Karten, aber gerade in der Situation hatte sie daran zuallerletzt gedacht. »Kann sein, aber ich mach es nicht deshalb, sondern weil ich einfach ein guter Mensch sein möchte. Ich denke, wenn die ganze Welt diese Einstellung hätte, wären die Menschen glücklicher und weniger... allein.«

Ihre Mutter strich ihr über den Hinterkopf, was für ein warmes Gefühl in ihrer Brust sorgte. Das hatte sie nicht mehr gemacht, seit Nici ein kleines Mädchen gewesen war. »Wenn du an Elias und seine Freundin denkst, was würdest du ihnen gern noch sagen?«

Nici runzelte kurz die Stirn, während sie nachdachte. Eigentlich gab es nicht viel, was sie Elias nicht mehr gesagt hatte. Sie zuckte die Achseln. »Dass sie glücklich werden sollen, aufeinander aufpassen und achtgeben. Elias, dass er nie wieder aufhören soll zu schreiben, weil seine Musik auf dieser Welt gebraucht wird. Aber ich weiß, dass sie all das nicht von mir hören müssen, verstehst du? Marlene... sie ist auch Musikerin, er hat sie im selben Netzwerk kennengelernt wie mich. Deshalb wird er nie wieder in Lethargie verfallen. Er hat jetzt jemanden, der diese Leidenschaft nicht nur versteht, sondern mitträgt. Mit wem sonst könnte er glücklich werden, wenn nicht mit einer Musikerin?« Nici lächelte bei diesen Worten. Die Glühwürmchen führten vor der Windschutzscheibe ihre Tänze auf. Ihre Mutter schwieg eine Weile, bevor sie das Wort ergriff.

»Obwohl du so traurig bist, strahlst du richtig, mein Schatz, merkst du das überhaupt? Man spürt regelrecht, dass du die größte und wahre Liebe deines Lebens gefunden hast, nämlich die Liebe zu dir selbst. Das ist wichtig, denn nur diese wird dich durch alle Lebenslagen begleiten, dich immer verstehen und dir immer alles vergeben.«

Sie spürte, dass ihre Mutter bei diesen Worten vor Stolz fast platzte, und lachte leise, bevor sie ihre Hand nach dem Türgriff ausstreckte.

»Da hast du recht... Na gut, meine große Liebe muss jetzt nach Hause und ich sollte lieber mitfahren!«, scherzte sie.

Ihre Mutter lachte ebenfalls. »Ist gut, mein Schatz.«

Gerade als Nici auf ihr Auto zuging, rief ihre Mutter ihr noch hinterher. Sie wandte sich ihr erneut zu. Helena hatte das Fenster heruntergelassen und sah sie ernst an. »Nici... Fahr nicht die schmalen Straßen nach Hause.«

Von dem Ort, wo sie immer tanzten, bis zu ihrem Hof gab es zwei Strecken. Eine gut ausgebaute über die Bundesstraße und eine, die durch kleine Dörfer führte. Nici fuhr fast immer die direkte Route über die Dörfer, weil diese wesentlich kürzer war.

Nici runzelte die Stirn. »Wieso? Was meinst du damit?« Ihre Mutter war mit einer ähnlichen Gabe gesegnet, wie sie sie an Nici weiter gegeben hatte. Sie spürte manche Dinge im Voraus, und ihre Vorahnungen bewahrheiteten sich oft.

Helena hatte die Stirn gerunzelt und wirkte sehr ernst. »Nur so ein Gefühl. Nimm heute die breiten Straßen... bitte.«

Nici seufzte, nickte aber ergeben. »Ist gut, mache ich.«

Ihre Mutter lächelte beruhigt. »Danke. Ruf mich an, wenn du nach Hause kommst.«

Nici winkte, während sie sich ins Auto fallen ließ. »Ist gut!«

Ihre Mutter erhielt den Anruf nie.

Nici merkte erst, dass sie aus Gewohnheit wieder auf die übliche Strecke abgebogen war, als sie die Stadt verließ. Kurz überlegte sie, ob sie umdrehen sollte, besonders wenn ihr die Warnung ihrer Mutter durch den Kopf ging.

Dann entschied sie sich dagegen.

Sie würde einfach vorsichtiger fahren als sonst.

Und das tat sie. Ihr Tempo blieb ruhig, in den Kurven nahm sie den Fuß vom Gas. Zweimal hüpften Rehe im Graben davon, einmal über die Straße, einmal von ihr weg, aber da sie so ruhig fuhr, ging von den Tieren keine Gefahr für sie aus.

Als ihr in einer Kurve, die sich über eine Kuppe zog, viel zu schnell die Scheinwerfer eines anderen Autos entgegen kamen – auf *ihrer* Straßenseite – erwies sich ihre vorsichtige Fahrweise als zwecklos.

Sie verriss das Steuer noch, aber konnte den Zusammenstoß nicht mehr verhindern.

Das letzte, was Nici vor sich sah, als sie die Augen schloss, war ihr Hof... ihre Heimat. Diese eine Liebe, die so groß gewesen war, dass nicht einmal ein Musiker ihr Herz hatte erobern können.

Der riesige Geländewagen rammte den kleinen Golf mit etwa hundertzwanzig Stundenkilometern.

Der andere Fahrer war sturzbetrunken.

Junge Frau (30) kämpft nach schwerem Autounfall um ihr Leben

Am Montag um ca. 23 Uhr war die 30-jährige Nicoletta S. allein in Richtung ihres Heimatdorfes unterwegs. Zur selben Zeit befand sich ein 51-jähriger Grazer in der Gegenrichtung auf dem Heimweg.

Über der Kuppe bei Kilometer 38 verlor der betrunkene Unfalllenker die Kontrolle über sein Fahrzeug und geriet auf die Gegenfahrbahn, wo er frontal das Fahrzeug der 30-Jährigen rammte.

Der Wagen der jungen Frau wurde durch die Wucht der Kollision in den Straßengraben geschleudert, wo er sich auf der Böschung überschlug.

Der 51-Jährige war noch selbst in der Lage, sein Fahrzeug zu verlassen und kam mit leichten Verletzungen davon.

Die 30-Jährige wurde mit dem Notarzthubschrauber ins Krankenhaus gebracht. Neben einem Schädel-Hirntrauma und einigen Knochenbrüchen hat sie auch innere Verletzungen davongetragen. Sie wurde in ein künstliches Koma versetzt. Ihr Zustand ist stabil, aber immer noch kritisch.

Song Collection

Out Of Time

Ein paar Tage später

Da Yamuna nicht zu Nicis Familie gehörte, durfte sie nicht in das Zimmer in der Intensivstation, aber sie wartete vor der Station auf Nicis Mutter. Sie hatten sich für den Beginn der Besuchszeit hier verabredet und Nicis Mutter war spät dran, während Yamuna etwas früher gekommen war.

Nicht, dass sie das im Moment störte. Sie hatten gerade wirklich andere Sorgen.

Seufzend sah sie auf das Radio hinunter, das sie in den Händen hielt. Sie hatte es mit frischen Batterien ausgestattet, die ein paar Tage halten sollten, auch, wenn es durchgehend lief. Nicis Mutter hatte sie darum gebeten. Da wieder erwachte Komapatienten oft berichteten, sie hätten gehört und gespürt, was um sie herum geschah, wollte Helena ein Radio neben Nicis Bett aufstellen. Yamuna hatte ihre Zweifel, ob das etwas bringen würde, aber sie hatten schließlich nichts zu verlieren, oder?

»Yamuna!«, hörte sie da eine Stimme, die sie nur zu gut kannte, aber in dem Moment traute sie ihren Ohren nicht so recht. Sie hob den Blick gerade noch rechtzeitig um Mila zu sehen, wie sie auf sie zustürmte, bevor diese sie schon umarmte.

»Mila?!«, keuchte sie fassungslos und erwiderte die Umarmung perplex. Fest umklammerten ihre Finger das Radio. Fast hätte sie es fallen gelassen. »Was machst du denn hier?«

»Da fragst du noch? Nachdem du mir Bescheid gegeben hast, hab ich mir ein paar Tage frei genommen und mich in den nächsten Zug gesetzt! Du weißt doch, dass das bei mir relativ flexibel geht mit den Urlaubstagen. Begeistert war der Chef natürlich nicht, aber er hatte Verständnis«, plapperte Mila und ließ Yamuna wieder los. »Wie geht es denn unserer Nici?«

Yamuna konnte nur traurig die Schultern zucken. »Ich weiß es nicht. Sie sagen mir nichts, weil ich keine Verwandte bin.« Bei diesen Worten warf sie einer vorbei gehenden Schwester einen bösen Blick zu, den diese geflissentlich ignorierte, während sie die Intensivstation betrat.

Mila schnaubte wütend und runzelte die Stirn. Wenn sie so erbost die Augenbrauen zusammenzog, konnte man fast Angst vor ihr bekommen, dann wandelte sich ihr Ausdruck und plötzlich sah sie unheimlich traurig aus. »Arme Nici. Jetzt sah es endlich aus, als würde alles besser werden, und dann...« Ihre Stimme verklang im Nichts, als würden ihr die Worte fehlen. Sie und Yamuna setzten sich auf die Stühle und starrten bekümmert zu Boden.

Yamuna nickte seufzend. »Ja... Endlich schafft sie es ihren Ex loszuwerden, dann wird ihr das Herz gebrochen und jetzt das. Aber immerhin lebt sie noch. Noch ist also nichts verloren, oder?«

Mila atmete durch und hob mit einem Nicken wieder den Kopf. »Ja, da hast du recht. Solange sie lebt, ist noch alles möglich.«

Kurz darauf kam schon Nicis Mutter um die Ecke. Yamuna sprang sofort wieder auf. Helena sah unheimlich erschöpft aus, als hätte sie

427

schlechte Nachrichten bekommen. »Was ist los?«, fragte Yamuna alarmiert.

Helena hob die Hände. »Nur die Ruhe. Es sind keine allzu schlimmen Nachrichten. Vom Kopf her scheint alles ok zu sein, sie hoffen, dass Nici ohne Komplikationen aufwacht. Im Moment liegt sie noch im künstlichen Tiefschlaf und wird beatmet, bis die Narkosemittel reduziert werden können. Die Untersuchungen geben Anlass zur Hoffnung. Deshalb bin ich später dran als abgemacht, tut mir leid. Ich hab noch mit dem Arzt geredet und das hat länger gedauert als erwartet.«

Yamuna atmete auf und auch Mila wirkte erleichtert. Dann lächelte sie schwach und trat einen Schritt nach vorne, um Helena die Hand entgegen zu strecken. »Hi, ich bin Mila. Ich bin so schnell wie möglich aufgebrochen, als ich von dem Unfall gehört habe.«

Helena erwiderte Milas Lächeln müde und nahm ihre Hand. »Danke, das ist lieb von dir. Nici hat viel von dir erzählt. Yamuna und sie haben dich vor zwei Jahren das erste Mal besucht, oder?«

Mila nickte. »Ja, das war ich.«

Nun wurde Helenas Lächeln offener. »Ich bin wirklich froh, dass mein Mädchen solche Freundinnen wie euch hat.«

Die jungen Frauen lächelten einen Moment, dann wurde Yamuna wieder ernst. »Was ist jetzt mit Nici?«

Helena fuhr sich seufzend durch ihre kurzen Haare. »Wie gesagt, es sieht nicht so schlecht aus. Sie sollte in ein paar Tagen aufwachen. Im Moment halten sie sie noch im künstlichen Koma wegen ihrer inneren Verletzungen. So ersparen sie ihr die Schmerzen und sie sollte sich damit auch nicht bewegen, das wäre schlecht für den Heilungsprozess. Aber...«

Yamuna und Mila strafften fast gleichzeitig die Schultern. Das klang nicht gut. »Aaaaber?«, hakte Yamuna sanft nach.

Helena warf durch die Glastür der Intensivstation einen Blick in Richtung von Nicis Zimmer. »Ihr linkes Handgelenk ist vollkommen zertrümmert. Die Ärzte haben zwar im OP ihr Bestes gegeben, aber es wird nie wieder vollkommen beweglich sein und sie kann auch die Finger nicht mehr normal einsetzen, wenn sie aufwacht. Das heißt, sie kann danach weder Gitarre noch Klavier spielen. Organisch ist mit ihr alles ok, deshalb wird sie zumindest wieder singen können, aber ihre Zeit mit den Instrumenten ist vorbei.«

Es dauerte eine Weile, bis das durchsickerte. »Oh nein... Aber ... Sie liebt Musik doch so sehr!«, flüsterte Mila mit belegter Stimme.

Yamuna nickte und schluckte, bevor sie ein Wort hervorbrachte. »Ich denke, es gibt nur eine Sache, die Nici mehr liebt als ihre Musik: Die Hunde und den Hof. Das wird ein verdammt harter Schlag für sie«, sagte sie leise.

Helena kämpfte sichtlich mit den Tränen und nickte leicht. »Ja. Ich habe ehrlich keine Ahnung, wie ich ihr das beibringen soll.« Wieder warf sie einen Blick auf die Tür. »Nici, Musik und ihre Hunde, das war schon immer etwas, das in einem Satz untergebracht werden musste. Es ist ein so großer Teil ihrer Persönlichkeit, ich hab keine Ahnung, was für ein Mensch Nici ohne Musik wäre. Es hat ihr aus der Depression geholfen. Ohne die Musik hätte sie euch nicht kennengelernt, oder Elias, hätte ihren Hof nicht alleine halten können... Die Musik hat einfach alles in ihrem Leben ins Gute gewandelt.«

Sie deutete auf das Radio. »Die Ärzte reduzieren nach und nach das Narkosemittel. Und in ein paar Tagen sehen wir, ob sie aufwachen wird. Falls ja, wird sie das zu ihrer und Elias' Musik machen. Ob ihr es glaubt oder nicht, aber Radio Supernova macht einen Leonita-Thementag, extra für sie. Der Moderator, Daniel oder wie er heißt, hat mich gestern in einer Konferenzschaltung mit Al kontaktiert und gefragt, ob wir damit einverstanden sind. Al war natürlich Feuer und Flamme und ich dachte mir, was kann es schaden? Ich wollte nicht nein sagen, weil ich an die Kraft der guten Gedanken und guten Wünsche glaube. Und dass diese etwas bewirken können. Ein Tag im Radio, in dem es nur um sie und ihre Musik geht, könnte hilfreich sein.«

Yamuna nickte eifrig und fischte einen USB-Stick aus ihrer Tasche. »Als hätte ich es geahnt. Da sind Nicis Playlists drauf. Sie hat eigene für alle möglichen Stimmungslagen.«

Ein Strahlen machte sich auf Helenas Gesicht breit. »Gute Idee, Daniel meinte, sie wollen nicht nur Leonitas eigene Lieder spielen, sondern auch das, was sie gerne hört. Ich habe ihm deshalb schon eine Liste der Lieder gemailt, zu denen sie am liebsten tanzt und einige der Songs, von denen ich weiß, dass sie sie gern hört. Unter anderem von ihren Lieblingsfilmen.« Sie atmete durch und umarmte Yamuna und Mila kurz. »Danke, dass ihr hier seid. Ich sehe mal nach Nici.« Yamuna übergab ihr das Radiogerät und den USB-Stick und hakte sich bei Mila unter, als Helena durch die Tür der Station in Richtung von Nicis Zimmer eilte.

»Na komm, wir fahren mal zurück. Nici wird sicher nichts dagegen haben, wenn du in ihr Gästezimmer einziehst, solange du da bist. Dann haben ihre Hunde auch wieder Gesellschaft.«

Mila lächelte und nickte. »Das hört sich doch gut an. Dann wollen wir mal.«

Einige Tage danach

Mila und Yamuna durften zwar nicht in Nicis Zimmer, aber man ließ sie zumindest davor stehen und durch das Fenster in der Tür hinein sehen, während ihre Mutter bei ihr war. Neben sich hatten sie auf einem der für Krankenhäuser so typischen, unbequemen Plastikstühle ein batteriebetriebenes Radio abgestellt, in dem leise der Sender Supernova empfangen wurde. Dasselbe Programm, das auch das Gerät neben Nicis Bett ausspuckte.

»Ich würde gerne wissen, ob sie das wirklich hören kann«, murmelte Yamuna.

Mila klopfte ihr leicht auf die Schulter und versuchte sich an einem Lächeln. »Wir finden es hoffentlich bald heraus.«

Nicis Narkosemedikation war abgesetzt worden. Planmäßig sollte sie bald aufwachen.

Wenn alles gut ging.

Daher die Radios.

»Herzlich willkommen liebe Zuhörer, zurück zum Leonita-Tag«, erklang Daniels Stimme aus dem Radio. »Wie die meisten von euch sicher bereits mitbekommen haben, widmen wir heute den ganzen Tag der Künstlerin Leonita, die im Moment wegen eines Autounfalls im Koma liegt. Ich schiebe heute eine Sonderschicht, weil ich sie damals interviewt habe und diesen Tag deshalb gerne leiten wollte.«

Mila schmunzelte leicht. »Niedlich.«

Yamuna kicherte. »Allerdings. Irgendwie rührend.«

»Wir haben heute schon einige von Leos liebsten Liedern gespielt, zu denen sie tanzt oder die sie einfach gerne hört, einige der Songs, die sie schon veröffentlicht hat, und zwischendurch Ausschnitte aus dem

Interview bei uns oder von ihrem Fernsehauftritt, der ein paar Stunden später stattfand. Nun haben wir einige Anrufer in der Leitung, die ihr alles Gute wünschen. Laut meinem Telefonat mit Leos Mutter hat unser Sternchen ein Radiogerät neben dem Bett, sie wird euch also hören. Legt los! Wen hab ich hier gerade in der Leitung?«

»Hallo, hier ist Conny! Ich bin siebzehn und war auf Leonitas Konzert in Wien. Ich fand ihre Musik einfach wunderschön und wollte sagen, dass ich ihr eine schnelle Genesung wünsche!«

»Danke für deinen Anruf, Conny! Wer ist der Nächste?«

»Hi, mein Name ist Patrick. Ich bin 28 und fand Leonitas Auftritt in der Brotfabrik in Frankfurt so toll. Ich hab die Karten damals geschenkt bekommen und war erst mal nicht so begeistert, aber da ich es schade gefunden hätte, sie verkommen zu lassen, bin ich dann doch hingefahren. Ich habe es nicht bereut und hatte einen tollen Abend – wach wieder auf, Leo! Wir wollen mehr von dir hier in Frankfurt!« Hinter ihm waren Jubelrufe und Gejohle zu vernehmen.

Mila grinste. »Wow, wie viele Fans sie hat! Ich bin stolz auf meine Landsleute!«

Daniels Lachen war aus dem Radio zu hören, er schien dasselbe gedacht zu haben. »Hörst du das, liebe Leonita? Die Frankfurter wollen dich wiedersehen, also sieh zu, dass du wieder fit wirst! Als nächstes hab ich eine junge Dame in der Leitung, wie heißt du denn?«

»Hi«, ertönte als nächstes eine schüchterne Mädchenstimme. »Ich heiße Sandra. Ich bin auch aus Frankfurt.«

»Hallo Sandra! Was willst du Leonita denn sagen?«

Das Mädchen schluckte hörbar, bevor es weitersprach. »Mein Großvater hat sie im Taxi in Frankfurt herumgefahren, zum Hotel und den Studioaufnahmen und Terminen und so...« Sandra holte tief Luft und ihre Stimme wurde sicherer. »Als er ihr erzählt hat, was für ein großer Fan ich bin, hat sie ihm ein Autogramm mit persönlicher Widmung für mich mitgegeben. Da habe ich mich riesig darüber gefreut. Und auch all meine Freundinnen haben Autogramme bekommen. Das fand ich total lieb von ihr und ich wollte mich einfach bedanken. Bitte werd wieder gesund, Leonita! Das wünsche ich dir im Namen meines Opas und auch meiner Freundinnen!«

Mila legte sich, offensichtlich gerührt, die Hand aufs Herz. »Ach, wie süß! Ich hab Gänsehaut!«

Yamuna lächelte mit verdächtig glänzenden Augen. »Von dem Taxifahrer hat sie uns erzählt, weißt du noch?«

Auch Helena, die neben dem Bett von Nici saß, lächelte, als sie all das hörte und strich ihrer Tochter leicht über die Wange. »Hörst du das, mein Schatz? Von wie viel Liebe du umgeben bist?«, fragte sie sanft.

So ging das noch eine Weile, gelegentlich unterbrochen von einem von Nicis Liedern oder einem ihrer Lieblingssongs. Noch ungefähr fünfzehn Leute kamen kurz zu Wort, die aus allen Ecken Deutschlands und Österreichs zu kommen schienen.

»Woher wissen die alle von diesem Thementag?«, meinte Yamuna ehrlich erstaunt.

Mila grinste mit leicht schräg gelegtem Kopf. »Eventuell... vielleicht... möglicherweise... habe ich auf Facebook und Instagram ein bisschen die Werbetrommel gerührt. Und die Mitteilung von

Radio Supernova über diesen Thementag in diversen Gruppen geteilt. Und den Link, um den Sender online zu hören.«

Yamuna lachte auf. »Du bist die Wucht.« Sie war in den letzten Tagen so damit beschäftigt gewesen, sich um Nicis Hunde mit zu kümmern, dass sie kaum online gewesen war. Daniel meldete sich wieder zu Wort.

»Tut mir leid liebe Zuhörer, wir haben keinen Platz mehr für eure Anrufe! Danke an alle, die es versucht haben, auch wenn ihr nicht durchgekommen seid. Aber ich bin sicher, dass Leo weiß, dass ihr an sie denkt, auch wenn ihr nicht mit ihr reden konntet! Sicher kämpft sie wie eine Löwin und steht bald wieder auf der Bühne!« Daniels Stimme klang so fröhlich, wie es sich für einen Radiomoderator gehörte, und dennoch angemessen ergriffen.

»Nun, der Produzent Herr Keller und Leonitas Manager Albert Neumann – der mich ausdrücklich gebeten hat ihn nur Al zu nennen, wie mir gerade einfällt, ups, sorry Al! – haben mir exklusiv Lieder aus Leos neuen Alben zugespielt. Zu einem davon sollte eigentlich die Konzerttour stattfinden, das andere hat sie erst kürzlich bei sich Zuhause fertig aufgenommen. Wir spielen jetzt für euch das erste Mal im Radio den Song *Too Strong For You*, um die liebe Leo daran zu erinnern, dass sie zu stark ist, um sich unterkriegen zu lassen!«

Während der Song aus dem Radio erschallte, stand Helena auf und ging um das Bett herum, um den Ton lauter zu stellen. »Das Lied hast du geschrieben, mein Liebling. Deine Lieder im Radio, weißt du noch?« Die Ärzte hatten ihr gesagt, dass Erinnerungslücken nach einem Koma vorkommen könnten und Nici möglicherweise nicht mehr von allem wissen würde, was vor dem Unfall geschehen war. Sie hoffte nicht, dass das der Fall war.

Sie ging kurz aus dem Zimmer, als sich auch diesmal nichts rührte. Nici zuckte mit keinem Finger, nicht einmal ihre Augen bewegten sich. Helena seufzte, während sie sich zu Yamuna und Mila gesellte, die sie erwartungsvoll ansahen. »Reagiert sie?«, fragte Mila eifrig.

Helena schüttelte leicht den Kopf. »Nein, aber ich hoffe auf das nächste Lied.«

»Welches?«, wollte Yamuna wissen.

Helena sah die beiden an. »*Out Of Time.*«

Die jungen Frauen pressten die Lippen aufeinander, bevor Mila die Stimme erhob. »Ein Lied, in dem sie sich mehr oder weniger vom Leben verabschiedet? Haltet ihr das für eine gute Idee?«, fragte sie mit einem Hauch von Zynismus.

»Es geht um das Ablaufen der Zeit, nicht darum, zu sterben«, korrigierte Helena sie mit hochgezogenen Augenbrauen. »Man kann es auslegen, wie man möchte. Vielleicht zeigt es auch dem Koma, dass seine Zeit abgelaufen ist. Mir ging es eher darum, dass das der letzte Song ist, dessen Melodie sie nicht allein geschrieben hat, sondern...«

Erkenntnis machte sich auf den Gesichtern von Nicis Freundinnen breit. »Weil das Lied von Elias kommt, selbst wenn sie es umgeschrieben hat.«

Helena nickte. »Genau.«

In dem Moment sagte Daniel im Radio das Lied an. »Al und Leos Mutter, die liebe Helena, haben mich gebeten, das Lied zu spielen, das Leonita zuletzt geschrieben hat. Natürlich sage ich dazu gerne ja.

435

Meine lieben Hörer, das Lied kennt bis jetzt noch kaum jemand! Ich habe die Ehre, euch den Song *Out Of Time* zu präsentieren.«

Helena huschte zurück in Nicis Zimmer und die Tür fiel hinter ihr ins Schloss.

Out of Time

When we first met
we were on the same page
We could talk
about anything,
and every day
I never got to understand
that I wanted
You to be mine
Until our friendship was running
Out of time

And as you smiled
I could laugh too
I knew as long as you
were standing right by my side
I could make it through
Even the stormiest tide

This friendship was so strong
I couldn't believe
finally someone was

really accepting me.
You said you liked me as I was
And as you said that,
Everything was fine
But all too soon it was running
Out of time

You watched behind my Pokerface
You knew how I felt
Every day
You wanted me to talk about
Everything pressing me down
You saved me
As I was about to drown

Someday I suddenly knew
I just wanted to belong
To nobody but you
But I was too afraid to speak the truth
I was afraid,
you would never be mine
So I never said a word
Until we were running
Out of Time.

Now it is too late,
I still think about my mistake... every day
Knowing I never was

as important to you as I thought
Now I'm sitting here crying
Because I know
I'm running
Out of time

Something's clearly changing
I know my feeling's right
I can see that
I'm running
Out of time

I don't know when
I'm running
Out of Time

But all I know is
that I'm running
Out of Time

Everything is running
Out of Time

My days are running
Out of Time

My whole life is running
Out of Time...

Helena lächelte mit Tränen in den Augen, als sie sah, dass Nicis Finger zuckten und griff vorsichtig nach der heilen Hand ihrer Tochter. Obwohl bei der anderen die Finger unter dem Gips hervorragten, hätte sie Angst ihr wehzutun, wenn sie sie dort berührte.

Zitternd öffneten sich Nicis Lider.

Verwirrt blinzelte sie an die Decke des Krankenhauszimmers. Ihre braunen Augen huschten einen Moment panisch umher, bevor ihr Blick auf ihre Mutter fiel und ruhiger wurde.

»Mutti«, krächzte sie. Ihre Stimme war heiser. »Was... ist passiert?«

»Du hattest einen Autounfall, Spätzchen. Aber es wird alles gut«, antwortete Helena behutsam.

Nici schloss die Augen wieder, als wäre es zu anstrengend, sie offen zu halten. »Was... ist mit... meinen Hunden?«

»Sind alle wohlauf. Mach dir keine Sorgen.« Nicis Mutter drückte ihre Finger leicht.

»Ok... Ich... werde noch... etwas schlafen.« Ihr Murmeln war kaum hörbar.

»Willkommen zurück, mein Schatz«, flüsterte Helena lächelnd.

Dass Nici mit ihrem zertrümmerten Handgelenk nicht mehr Gitarre oder Klavier spielen konnte, würde sie ihr schonend beibringen müssen, wenn sie wieder bei Bewusstsein war.

Aber bis dahin wollte sie nur, dass ihre Tochter sich erholte.

Nicoletta Strasser, bekannt als Leonita und liebevoll von all ihren Freunden Nici genannt, war noch am Leben, und das war alles, was zählte.

Sie gab ihrer Tochter einen leichten Kuss auf die Stirn.

»Ich wusste, dass du wieder aufwachen würdest, mein Schatz«, sagte sie leise. Sie spürte, dass Nici sie irgendwo tief im Unterbewusstsein hören konnte. »Meine Dualseele mag vor dreißig Jahren gegangen sein. Aber deine wartet noch auf dich. Und du wirst bald bereit sein, sie zu treffen…«

Epilog

Fighting Like A Lioness

Nach wochenlanger Therapie war Nici froh, wieder Zuhause angekommen zu sein. Sie konnte wieder gehen – wenn auch langsam und auf längeren Strecken mithilfe einer Krücke – und nur noch die Schiene an ihrem linken Unterarm erinnerte optisch an das, was vor ein paar Wochen passiert war.

Der Zeitraum vor ihrem Unfall, der aus ihrer Erinnerung verschwunden war, umfasste ungefähr drei Monate. Sie hatte versucht, das so gut es ging zu verheimlichen, obwohl es ihr schwergefallen war, aber sie wusste ja immer noch alles über ihr Leben. Nur eben über die letzten Monate nicht mehr allzu viel. Aber damit würde sie klarkommen.

Da ihre Lieder für sie schon immer so etwas wie ein Tagebuch gewesen waren, konnte sie anhand ihrer Musik, der sie jeden Tag mit ihren Kopfhörern lauschte, sehr viel rekonstruieren.

Die Lieder anzuhören, holte Bilder und Erinnerungen zurück an die Oberfläche ihres Bewusstseins. Sie erinnerte sich an Tagträume von sich und einem Mann, der sie besser behandeln würde als Thomas. Daran, wie sie die Hand eines Kindes hielt, das einen epileptischen Anfall erlitt, und wie danach die Erkenntnis in ihr hochkam, dass sie irgendwann doch eine gute Mutter sein würde.

Wie sie ihre Vergangenheit losließ und in die Zukunft blickte, während ihr Ehering, den sie kurz nach dem Aufwachen im ersten

Moment vermisst hatte, die Wasseroberfläche eines Fischteiches durchbrach und in den Tiefen des Gewässers verschwand.

Aber obwohl nur vereinzelte Bilder an die Wochen vor dem Koma zurückkamen, nur manche ihrer Gedanken und eher selten ein schwaches Echo der Gefühle, die sie durchmachen musste, hatte ihre Amnesie einen großen Vorteil, mit dem wohl kaum jemand gerechnet hätte: Es ermöglichte ihr, das, was passiert war, mit einer neuen Distanz zu betrachten und es abzuschließen.

Doch diese langsam zurückkehrenden Bilder, Gedanken und Gefühle reichten, um ihre Erinnerungen wiederherzustellen, wenn auch nur in winzigen Schritten. Obwohl bereits einige Wochen vergangen waren, fehlte ihr noch immer jede Menge aus der Zeit vor dem Unfall. Sie hoffte, irgendwann wieder alles zu wissen, aber die Ärzte rieten ihr, nicht zu viele Hoffnungen zu haben, damit sie nicht enttäuscht wurde, wenn nicht alle Erinnerungen zurückkehrten. Wie das menschliche Gehirn und Gedächtnis funktionierten, war noch immer ein großes Mysterium. Ob und wie alle ihre Erinnerungen zurückkehren würden, konnte kein Arzt sagen.

Da sie ihren alten Facebook-Account gelöscht hatte, ging sie alle Chats in WhatsApp durch. Zwar hatte sie dort nicht so viel geschrieben wie im Messenger, aber was sie geschrieben hatte, reichte, um sich den Rest zusammenzureimen. Obwohl sie sogar die Unterhaltungen mit Elias gelöscht hatte. Inklusive Backup! Sie war wirklich gründlich gewesen vor diesem Unfall...

Sie und Elias waren keine Freunde mehr. Das hatte sie ziemlich verwirrt, bevor sie es schaffte, Teile ihrer Erinnerungen zurückzuholen, aber nachdem sie die Musik angehört und die Chats mit Yamuna und Mila noch einmal gelesen hatte, war es ihr schnell klar geworden. Offenbar hatte sie sich in ihn verliebt...

Sie schüttelte über sich selbst den Kopf. Warum verliebte sie sich in ihren besten Freund? Aber da sie sich nur noch an die Zeit davor zurückerinnerte, wo ihr das Geflachse und Gescherze noch geschwisterlich erschienen war, konnte sie es beim besten Willen nicht mehr sagen. Aber gut, auch wenn er ihr furchtbar fehlte, respektierte sie seinen Wunsch und meldete sich nicht als »wieder unter den Lebenden weilend« zurück, und er für seinen Teil fragte auch nicht nach ihr.

Vielleicht war es besser und gesünder, dass sie es so beenden konnte. Wie konnte man ein bisschen Herzschmerz leichter löschen, als durch einen kleinen Gedächtnisverlust? Andere, denen das Herz gebrochen wurde, wünschten sich oft sprichwörtlich, diese Zeit aus ihrem Gedächtnis streichen zu können. Na bitte, für sie war das in Erfüllung gegangen! Sie grinste schief, während sie ihr eigenes Lovesong-Album hörte. Ein Album voller Lovesongs, von ihr, der Zynikerin. Sie fragte sich, ob Liebe etwas für Vollidioten war und falls ja, stellte sie fest, dass sie gern wieder zu diesen Idioten gehören würde. Denn auch wenn sie wieder auf den Status zurückgefallen war, dass sie nicht besonders an die Liebe glaubte, hörten sich diese Lieder wunderschön an. Hoffnungsvoll und glücklich. Sie hatte offenbar daran geglaubt und... es hatte ihr scheinbar gut getan.

Sie würde ihr Herz nicht verschließen. So inspiriert zu sein, dank der Liebe so etwas erschaffen zu können, war jeden Schmerz wert.

Immerhin erinnerte sie sich noch an das freundschaftliche Treffen mit Elias vor ein paar Monaten. Ein kleiner Schatz, eine glückliche

Erinnerung an eine tolle Freundschaft, die sie im Gedächtnis behalten konnte.

Durch ihren Unfall ergaben sich jedoch noch andere kleine und große Probleme.

Zum einen: Sie hatte sämtliche Noten und Texte vergessen, die sie in den letzten Monaten geschrieben hatte. Das war noch das weniger gravierende Problem – sie musste sie eben nur wieder lernen, und als Vollblut-Musikerin fiel ihr das ziemlich leicht.

Sie sang wieder und obwohl sie anfangs kurzatmig gewesen war, hatte der Unfall ihrer Stimme nicht geschadet. Sie sang so klar und kräftig wie eh und je.

Nur...

Sie warf einen frustrierten Blick hinab auf ihre linke Hand.

Obwohl sie es immer wieder versuchte, immerhin war sie kämpferisch veranlagt und zu stur, um die Diagnose der Ärzte einfach hinzunehmen, gab es an der Tatsache nichts zu rütteln: Die Finger ihrer linken Hand waren in ihrer Beweglichkeit eingeschränkt. Jeder Griff auf der Gitarre und jede Tonfolge am Klavier überschritt ihre Schmerzgrenze so sehr, dass ihr die Tränen über die Wangen liefen, wenn sie länger als fünf Minuten versuchte, mit dieser Hand zu spielen. So konnte sie unmöglich noch allein Konzerte geben.

Laut den Ärzten waren Folgeschäden fast unmöglich zu vermeiden. Dazu waren die Verletzungen zu gravierend gewesen. Sie konnte ihre Hand wieder beweglich machen, wenn sie sich nicht zu sehr schonte, aber ob sie je wieder die volle Leistung erbringen und die alte Ausdauer erreichen würde, stand in den Sternen. Nici trieb sich trotzdem immer wieder an, über ihre Grenzen hinaus zu gehen. Sie hasste es, von anderen abhängig zu sein, aber es schien, als müsse sie sich mit dem Gedanken anfreunden, eine Band zu engagieren. Oder wenigstens einen Keyboarder oder Gitarristen. Darüber musste sie unbedingt mit Al sprechen.

Ihr Handy klingelte. Sie nahm den Kopfhörer ab, um abzuheben. »Hallo?«

»Hey, Superstar!«, trällerte Al.

Ein Strahlen breitete sich auf Nicis Gesicht aus und sie setzte sich mühsam auf. »Hey, Al. Wie geht es dir?«

»Alles gut, Süße. Hey hör mal, du wirst bald Musiker brauchen für deine Konzerttour. Ich habe schon eine Ausschreibung gestartet, ich hoffe, das ist in Ordnung für dich?«

»Ja, natürlich!«, rief Nici. »Das muss so etwas wie Gedankenübertragung sein, ich hab gerade an dasselbe gedacht.«

»Nun, Süße, Radio Supernova würde dich in zwei Wochen für ein neues Interview einladen. Erinnerst du dich noch an Daniel?«

»Zu meinem Bedauern nicht«, gab sie zerknirscht zu. Al war der Einzige neben ihrer Mutter, Yamuna und Mila, denen sie anvertraut hatte, dass ihr ziemlich viel von den letzten Monaten fehlte. Immerhin musste er als ihr Manager wissen, was er ihr zumuten konnte und was nicht.

»Aaaach, nicht so schlimm, Mausebärchen. Jedenfalls freut er sich, dass du wieder auf dem Damm bist und möchte dich wieder interviewen, dich ein paar Songs singen lassen und dass du mit ein paar Hörern plauderst, die anrufen. Geht das klar für dich?«

»An sich schon, aber wie stellen wir das mit dem Singen an? Musik aus der Dose? Ich kann kein Instrument spielen«, hielt sie ihm entgegen.

»Och Schätzchen, der Kerl ist schon unterwegs zu dir! Er wird meiner Schätzung nach, wenn Google Maps die Strecke richtig berechnet hat, in...« Al machte eine kurze theatralische Pause, als würde er auf die Uhr sehen, »... fünf Minuten bei dir eintreffen.«

Nici fiel die Kinnlade runter. »Alles ohne Vorbereitung? Was soll das denn werden? Ich dachte, das Interview ist in zwei Wochen?!«

»Ist es auch, er *kommt* wegen der Vorbereitung, meine Süße. Vertrau doch deinem Onkel Al! Ich weiß, was ich tue. Daniel hatte als Jugendlicher eine Band, falls du es wissen möchtest. Er spielt Instrumente, und das ziemlich gut. Rein zufällig Gitarre und Keyboard. Er wird die Hintergrundmusik liefern, wenn du in Radio Supernova singst. Dafür müsst ihr eben ein paar Mal proben.«

Nici war so überrascht, dass sie nur nervös lachen konnte und sich erneut durch die Haare strich. Eine ihrer ersten Amtshandlungen nach der Entlassung aus dem Krankenhaus war ein Friseurbesuch gewesen, daher waren die Haare wieder sehr kurz und frisch gefärbt, diesmal in knalligem Weinrot. »Ist das ein Witz? Deshalb rückst du gleich meine Adresse raus?« Sie versuchte, angemessen empört zu klingen, aber das gelang ihr nicht besonders.

Al schnaubte. Offensichtlich hatte er sie sofort durchschaut. »Schnuckelchen, du hast einen Gnadenhof mit Tierpension und eine Website als Hundetrainerin. Deinen echten Namen musste er für die Einladung wissen. Und deine Adresse findet mithilfe deines Namens jeder, der weiß, wie man googelt.«

In dem Moment läutete es an der Haustür und Nicis Hunde sprangen bellend auf, um dorthin zu rennen. Knurrig zog sie sich auf die Füße. »Wenn wir keinen Vertrag hätten, würde ich dich feuern, Al!«

Al machte ein Kussgeräusch. »Nein, würdest du nicht, das wissen wir beide. Ich schulde dir einen Drink, wenn du wieder in Frankfurt bist, Superstar. Dann sind wir quitt.«

»Mindestens drei Drinks!«, schimpfte Nici, die ihn über das Bellen der Hunde kaum verstand. »Aber richtig teure Cocktails.«

Albert lachte schnaubend. »Versuch nicht wie eine Diva zu klingen, Schätzchen. Wir alle wissen, dass dir Apple Cider ohnehin am besten schmeckt!«

Tja... kalt erwischt.

Nici seufzte. »Tschüss, Al! Wir hören uns noch wegen der Band, die mich in Zukunft begleitet!«, rief sie ins Telefon und legte auf, während sie auf die Tür zuhumpelte.

Sie schickte die Hunde entschieden auf ihre Plätze und ging dann in den Hof hinaus. Durch die Milchglaselemente der Hoftür zeichnete sich eine Gestalt ab, die etwas auf dem Rücken trug.

Sie schloss auf und vor ihr stand Daniel, der Moderator von Radio Supernova, mit einer umgeschnallten Gitarrentasche. Da sie sich an das Interview nur noch bruchstückhaft bis gar nicht mehr erinnern konnte, kannte sie nur seine Stimme aus dem Radio. Nun ja, zumindest hatte sie jetzt ein Gesicht dazu. Er lächelte sie charmant an und sie erwiderte es wie von selbst. »Hi, Nicoletta. Oder Leonita. Hat Al dich schon vorgewarnt?«

Irgendwas an seiner Stimme brachte eine Saite in ihr zum Klingen. Bruchstückhaft erinnerte sie sich daran, sie gehört zu haben, während sie im Koma gelegen hatte. Dass man ihr Glück und gute Genesung wünschte, und dass seine Stimme all die Lieblingslieder angesagt hatte, die durch ihr Bewusstsein geströmt waren, während ihr Körper reglos auf einem Krankenhausbett lag.

Die Stimme vermittelte ihr den Eindruck von... Geborgenheit und Nähe.

Von Schutz. Freundschaft.

Nici trat einen Schritt zur Seite. »Ja, er hat. Komm rein. Herzlich willkommen. Ich hab jetzt aber nicht aufgeräumt.«

Daniel legte mit einem verschmitzten Grinsen den Kopf schräg. »Ach, ich bin ein Single in einer Männer-WG. Mich schockt so schnell nichts.«

Nici lachte. »Darf ich dir was zu trinken anbieten? Ich hab allerdings nur Wasser. Schließlich habe ich nicht mit Besuch gerechnet.«

»Wasser reicht völlig, Dankeschön.«

Während sie auf Nicis Studioräume in einem der Nebengebäude zugingen, bellten die Hunde in den Zwingern. Daniel passte sich ihrem Tempo an und warf einen Blick auf die Schiene an ihrem Handgelenk. »Brauchst du nur vorläufig musikalische Begleitung oder musst du dir eine Band suchen?«

Nici hob seufzend die Schultern. »Ich fürchte, letzteres. Ich kann nur noch singen.«

»Das tut mir leid.«

»Ach, ist schon gut«, erwiderte sie lächelnd. Bevor sie nach der Tür greifen konnte, überholte Daniel sie mit zwei schnellen Schritten und hielt sie ihr auf. »Bitteschön, Madame«, lächelte er.

Nici lachte auf. »Oh nein, bitte nenn mich nicht Madame. Da fühle ich mich steinalt!«

Daniel grinste verlegen. »Oh, sorry. Wie darf ich dich denn nennen?«

Nici betrat das Studio und schaltete das Licht ein. »Meine Freunde nennen mich Nici.«

»Okay, Nici...«

Sie drehte sich grinsend zu Daniel um und unterbrach ihn, indem sie die Hand hob. »Meine Freunde. Wir sind keine Freunde, dazu kenne ich dich zu wenig!«

Daniel wirkte irritiert, aber als sie ihm zuzwinkerte, begann er zu lachen und sah sich in ihrem Studio um. »Gut, Leonita. Hübsches Studio. Ist hier *Out Of Time* entstanden?«

»Ich vermute es. Ich kann mich nicht erinnern.«

Nici ging in einen der Nebenräume, um Daniel das versprochene Glas Wasser zu holen. Als sie wieder zurückkam, sah er sie betroffen an. »Du hast Amnesie?«

»Nur ein bisschen. Ein paar Monate fehlen mir, oder das meiste davon. Ich erinnere mich auch nicht mehr besonders gut an unser Interview, tut mir leid«, sagte sie leise und stellte das Glas auf einem Beistelltisch ab. »Aber ich erinnere mich an deine Stimme. Als ich im Koma lag. Das Radio neben meinem Bett hat Supernova empfangen.«

Daniel nickte nachdenklich. »Ja. Wir haben einen ganzen Tag dir und deiner Musik gewidmet. Sowohl deiner eigenen als auch deinen Lieblingsliedern.«

»Das ist nett.«

»Ähm... gern geschehen.« Daniel wirkte unsicher und strich sich über die kurz geschorenen Haare, bevor er sich räusperte und umsah. »Also, Leonita. Hast du Notenblätter für deine Lieder für mich?«

Etwas rüttelte an Nicis Gedächtnis und kam zurück an die Oberfläche ihres Bewusstseins, während sie die Noten aus einer Schublade ihres Schreibtisches holte und sie Daniel gab, damit er sie sich ansehen konnte. »Weißt du was, Daniel?«

»Was?« Er sah sie an und dabei bemerkte sie, dass er sanfte, braune Augen hatte.

Sie lächelte zu ihm auf. »Nenn mich einfach Leo.«

(Not?) The End

Danksagung

Zuerst einmal möchte ich mich bei meinen Testleserinnen bedanken, die mir laufend Feedback zu meinen Werken geben. Ohne euch wären meine Bücher und Protagonisten – ach was, die Geschichten an sich nicht dieselben! Danke für eure Zeit und dass ihr mich anfeuert (mal im Ernst, ohne euch verrückten Hühner würde ich nicht ständig meine eigenen Wordcount-Rekorde brechen) - ich hab euch lieb! <3

Dann will ich mich natürlich bei meinen Schreib-Buddys bedanken – Jasmin, Sandra, Angelika, Cornelia und Sabrina, danke, dass es euch gibt. Ihr habt nicht nur, wenn es ums Schreiben geht, sondern auch für meine Sorgen immer ein offenes Ohr und ich bin froh, euch zu meinen Freundinnen zählen zu dürfen. Bleibt der verrückte Haufen, der ihr seid, denn genauso seid ihr klasse!

Ein Dankeschön ergeht natürlich an Luise, die eines meiner Manuskripte lektoriert hat und mir seither immer noch mit Rat und Tat laufend zur Seite steht. Egal ob Klappentexte basteln, Plotlöcher stopfen oder Exposés zerpflücken, auf dich ist einfach Verlass!

Ein weiteres großes Dankeschön geht an meine Mutter, die nicht nur immer für mich da ist, sondern mir auch gelegentlich den Rücken freihält, damit mir mehr Zeit zum Schreiben bleibt... Danke für das Zusammenlegen ganzer Wäscheberge, damit ich vor dem Laptop bleiben konnte!

Nicht zuletzt möchte ich mich auch beim Team des Gegenstromschwimmer Verlags bedanken – dafür, dass sie meinem Debüt eine Chance geben, und bei Christiane für ihre einfühlsame Art, dieses Buch zu lektorieren.

Last, but not least – danke, lieber Leser, dass du Nici auf ihrer Geschichte begleitet hast! Ich bin glücklich über jeden einzelnen, der dieses Buch in der Hand hält und liest.

Mögen eure Tage voller Musik sein <3

Eure M.E.